Peter Kaufhold

# Von den Göttern verlassen?

*Vorwort: Professor Dr. Friedrich Karl Dörner*

Meyster

© 1984: Meyster Verlag GmbH., München
Schutzumschlag: Axel Oleniczak, Neu-Isenburg
Satz: Fotosatz-Service Weihrauch, Würzburg
Farblithos: Schwitter AG, Basel
Druck und Einband: Mohndruck Graphische Betriebe,
Gütersloh
ISBN 3-8131-8136-7
Printed in Germany

*Für Ulrike*

# Inhalt

»Wohin und wie weit wir blicken, zwischen Religion und Naturwissenschaft finden wir nirgends einen Widerspruch, wohl aber gerade in den entscheidenden Punkten volle Übereinstimmung.«

Max Planck (1858–1947)

# Vorwort

Dieses Buch ist nicht nur eine ungewöhnliche Kampfansage, die Kampfansage eines jungen Realisten, der sich zu einer Kritik und Infragestellung unbewiesener Theorien berufen fühlt, zur Kritik gegen einen Phantasten, der seinen eigenen Eingebungen folgt, sondern es zeigt außerdem, wie aufregend wirkliche Wissenschaft sein kann.

Gewöhnlich ist es in der Geschichte geistiger Fehden umgekehrt gewesen, daß nämlich nüchterne alte Männer sich bemühten, junge Feuerköpfe zu dämpfen. Peter Kaufhold fordert dagegen in seinem Buch den etablierten Bestseller-Autor Erich von Däniken auf, der hier als Beispiel für alle pseudowissenschaftlichen Schreiber steht, sich seinen begründeten Einwänden zu stellen.

Der Autor ist ein Außenseiter, der die Gelehrten bat, ihm bei seiner Argumentation Hilfestellung zu leisten. Aber bis auf wenige Ausnahmen haben es die Wissenschaftler vorgezogen zu schweigen. Sie wissen, daß die Menge nicht nach dem harten Brot der wissenschaftlichen Erkenntnis, sondern nach einem goldenen Märchenschatz verlangt. Dennoch versteht es Kaufhold hervorragend, solche Erkenntnisse spannend darzustellen und sie mit der Götterastronauten-Theorie zu vergleichen. Er ist nicht grundsätzlich gegen diese Theorie, sondern untersucht vielmehr den Wahrheitsgehalt ihrer Aussage anhand derzeitiger wissenschaftlicher Erkenntnisse, und dies auch Dänikens »Beweise« betreffend.

Die meisten Gelehrten regen die fabulösen Erzeugnisse des Erich von Däniken nicht auf. Ein jahrelanges Studium, aufgebaut auf den Forschungsergebnissen vorangegangener Generationen und erweitert durch neueste Erkenntnisse, geben ihnen neben der Schulung zur sachlichen Kritik eine innere Ruhe, um die Grenzen ihres Wissens zu erkennen. Sie sind über die als »wissenschaftliche Erkenntnisse« frisierten Ergebnisse, die Däniken und andere ihren wißbegierigen Leser immer wieder präsentieren, eher belustigt als schockiert.

So ging es mir selbst, als ich die Schilderungen in der türkischen Presse las, die in zahlreichen, mit großer Reklame aufgemachten Artikel, über die Ersteigung des Nemrud Dag durch Erich von Däniken berichteten, und in denen er als Entdecker des Götterberges gefeiert wurde, obwohl dieser Berg und im besonderen das Denkmal auf seiner Spitze bereits seit einem Jahrhundert Gegenstand intensiver wissenschaftlicher Forschung ist.

Für Däniken ist der Nemrud Dag ein Landeplatz und Betätigungsort außerirdischer Gewalten gewesen, doch soll es dem Leser überlassen bleiben, sich selbst ein Urteil zu bilden, wie diesbezüglich eine phantasievolle Märchenwelt erdacht wurde.

Der Autor verneint die Mutmaßung, die Transzendenz der Bibel, wie sie beispielsweise in Hesekiel beschrieben wird, sei nichts weiter als ein außerirdischer Raumfahrer gewesen. Er vertieft sich in wissenschaftliche Literatur und findet, daß von Däniken sie einfach übersehen oder nach seinem Gefallen nur auszugsweise benutzt hat. Er stellt somit die Arbeitsweise von Dänikens deutlich heraus.

Trotzdem ist dieses Buch nicht nur desillusionierend oder eine trockene Entgegnung. Die Begeisterung des Wahrheitssuchers verleiht dem Verfasser Flügel, und so bietet er in einer populärwissenschaftlichen Abhandlung zu Dänikens These eine überzeugende Anti-These, ein aufregendes Weltbild, das nicht ausschließt, daß es noch andere Zivilisationen im Weltall gibt, aber die Ursache aller Dinge in einer höheren Instanz begründet sieht, einer Instanz, die so unfaßbar und gewaltig ist, daß sie keiner Konkurrenz in Form einer pseudowissenschaftlichen Ersatzreligion bedarf. Die Menschen sind nicht allein in den unendlichen Weiten des Universums sondern, dem Autor nach, das Produkt einer allumfassenden Schöpfung, die uns aber nicht von der Verantwortung befreit, die Probleme dieser Welt selbst zu lösen, anstatt an »Götter« zu glauben, die uns behüten, bewachen und letztlich unsere Fehler in Ordnung bringen, wovon die heutigen UFO-Sekten-Anhänger sichtlich überzeugt sind. Wir brauchen nicht mit außerirdischen Wundern zu rechnen – es gibt genug Wunder auf dieser Welt.

*Prof. Dr. Friedrich Karl Dörner*

# Vorbemerkung

Dieses Buch will nicht nur die Argumentationsweise bestimmter Autoren verdeutlichen, die glauben, Außerirdische hätten einst die Erde besucht, um die vorzeitlichen Hominiden durch genetische Manipulation intelligent zu machen. Es weist darüber hinaus auf die Gefahren des Irrglaubens für unsere Gesellschaft hin, der heute in den sogenannten UFO-Heilslehren seinen Höhepunkt gefunden hat.

Daher ist es notwendig, ausführlich auf die Götterastronauten-Theorie Erich von Dänikens einzugehen, die eng mit dem UFO-Glauben verbunden ist. Es stellt sich die Frage, inwieweit Götterastronauten und UFOs unser Denken beeinflussen und ob dieser Glaube sinnvoll oder befriedigend ist. Spricht die Bibel wirklich nur von einem *Astronauten,* der irgendwann mit seiner Mannschaft auf diese Erde kam und sich als *Gott* verehren ließ, oder meint sie in Wahrheit eine alles umfassende Transzendenz, den Schöpfer des Universums? Die Menschen sind vielfach der Ansicht, daß sich heute, im Zeitalter der Wissenschaft, auf rationaler Basis nicht mehr für eine wahre Transzendenz argumentieren läßt, da ihnen die Kirche eine solche nicht mehr glaubhaft machen kann. Sie erkennen nicht den Irrtum, der in dieser Annahme liegt.

Einer der brillantesten Physiker unseres Jahrhunderts, Max Planck (1858–1947), Nobelpreisträger und Begründer der Quantentheorie, bemerkte hierzu: »Wohin und wie weit wir auch blicken, zwischen Religion und Naturwissenschaft finden wir nirgends einen Widerspruch, wohl aber gerade in den entscheidenden Punkten volle Übereinstimmung.«

In diesem Sinne, und unter Berücksichtigung des Umstands, daß der UFO- und Götterastronautenglaube für viele Menschen zu einer Ersatzreligion geworden ist, behandelt dieses Buch die physikalischen Möglichkeiten der interstellaren Raumfahrt nach derzeitigen wissenschaftlichen Erkenntnissen und die damit verbundene Frage, ob Außerirdische uns einst besuchten und – ob sie es heute noch tun. Es geht in die Tiefen der Physik, beschreibt mögliche Raumfahrzeugantriebe der Zukunft und gibt letztlich in einer wissenschaftlich-philosophischen Gesamtbetrachtung, die vom Urknall über die Entstehung des Lebens führt, ein neues, nicht nur befriedigendes, sondern auch vernünftiges Weltbild, das die Existenz einer alles schaffenden Intelligenz unabdingbar einschließt und damit den Sinn des Lebens erkennbar werden läßt. Denn nur durch ein Weltbild, das eine transzendentale Wirklichkeit und somit die Hoffnung auf ein »Danach« beinhaltet, sind wir in der Lage – ohne auf eine Ersatzreligion zurückgreifen zu müssen –, die Probleme der heutigen Zeit zu lösen und bewußter zu leben.

*Der Verfasser*

# Kapitel 1
# Auf den Spuren des Erich von Däniken

# Der Goldschatz der Armenkirche Maria Auxiliadora

In seinem Buch »Aussaat und Kosmos« (4) behauptet Erich von Däniken, in Cuenca, im Hinterhof der Armenkirche Maria Auxiliadora, befände sich ein riesiger vorsintflutlicher Goldschatz, der dort von einem Padre namens Carlo Crespi gehütet würde.

Dieser Schatz bestehe zum Großteil aus Goldplastiken und dicken Goldtafeln, versehen mit Inschriften und uralten Darstellungen, die auf das einstige Wirken der »Götterastronauten« schließen lassen. Padre Crespi habe einen ganzen Raum, in dem diese massiven Goldplatten gestapelt wären. Demnach mußte es sich um mehrere Tonnen Gold handeln.

All diese Kostbarkeiten soll der Padre im Laufe der Jahre aus Dankbarkeit von den Indios geschenkt bekommen haben, die diese aus geheimen Höhlensystemen geholt hätten, deren Lage sie aber niemandem, auch nicht für alles Geld dieser Welt, verraten würden.

Weiter behauptet Erich von Däniken, er sei, zusammen mit einem Mann namens Juan Moricz, in einer Höhle gewesen, die aus einem System von exakt rechtwinkligen Gängen besteht. Die Wände wären wie glasiert und könnten nur mit hochentwickelten technischen Geräten in den Fels geschnitten worden sein. Außerdem gäbe es dort riesige, rechtwinklige Hallen, von denen manche so groß wären, daß eine Boeing 747, ein Jumbo-Jet, darin Platz fände.

Überdies schreibt Däniken, in einer dieser Hallen, die 240 Meter tief unter der Erde liegen soll, befände sich eine, aus mehreren tausend Metallplatten bestehende Bibliothek. Diese Platten stammen angeblich aus der Zeit vor der Sintflut und sollen zum Teil aus einem äußerst dünnen Material bestehen, das diesen Folianten (96 × 48 cm) trotzdem ermöglicht, aufrechtzustehen.

Nach Däniken ist jeder dieser Folianten beschriftet, »trägt Stempel, ist gleichmäßig wie von einer Maschine bedruckt«. Die Metallbibliothek wurde geschaffen, »damit sie die Zeiten überdauere, um noch in Ewigkeiten lesbar zu bleiben . . .«, um den Menschen der Zukunft über ihre wahre Abstammungsgeschichte zu berichten.

In der Nähe dieser Bibliothek stünde ein Konferenztisch mit sieben Stühlen, die, so vermutet Däniken, aus einem eigentemperierten Kunststoffmaterial bestünden. Hinter den Stühlen wären riesige Tierfiguren aus reinem Gold aufgebaut, und in der Nähe befände sich noch ein kleiner, kunstvoll gefertigter Kuppelbau.

All dies sollen Außerirdische vor Jahrtausenden in diese Höhle gebracht haben, die sie zuvor selbst mit Hilfe technischer Geräte erbaut hatten.

Weiterhin läge vor dem Höhleneingang ein riesiger Stein mit seltsamen Schriftzeichen, und wilde Eingeborene bewachten den Eingang. Jedem Fremden, der sich der Höhle näherte, würden sie mit vergifteten Pfeilen förmlich das Lebenslicht ausblasen.

Dies alles faszinierte mich, und ich fragte mich, warum sich die Wissenschaft noch nicht damit beschäftigt hatte. Allerdings überhörte ich auch nicht die kritischen Stimmen vieler, die Däniken einen Phantasten oder gar einen Lügner nannten. Da ich mir aber nicht sicher war, wer jetzt Recht hatte, Däniken oder seine Kritiker, beschloß ich, der Sache selbst auf den Grund zu gehen.

Ich wollte es jetzt wissen: Ist Däniken ein Schwindler, oder neiden ihm die anderen lediglich seine »Beweise«?

Insgeheim hoffte ich aber doch, seine Behauptungen bestätigt zu finden, da sie sehr aufregend waren. Außerdem traute ich einem Sachbuchautor mit mehr oder weniger wissenschaftlicher Argumentation keinen Betrug zu.

Zunächst einmal galt es, die genaue Lage der Höhle ausfindig zu machen. Ich schrieb Erich von Däniken und bat ihn um Auskunft.

Er antwortete mir, es sei zwecklos, die Höhle in so kurzer Zeit aufsuchen zu wollen. Solch eine Expedition würde vermutlich etwa $ 250 000 kosten. Außerdem könne man nur mit einem Hubschrauber dorthin gelangen und dazu brauchte man Beziehungen zum obersten Militärgeneral (s. S. 22).

Diese Antwort verwunderte mich, da Däniken in seinem Buch behauptet, er sei zusammen mit dem Entdecker der Höhle, Juan Moricz, in einem Toyota-Jeep dorthin gelangt. Däniken schien nicht im mindesten daran interessiert, daß jemand auf seinen Spuren wandele.

Durch Zufall hörte ich, daß es bereits 1976 eine Expedition zu der Höhle gegeben hatte, an der unter anderen auch der Astronaut Neil Armstrong teilgenommen hatte. Also schrieb ich Armstrong mit der Bitte, mir die genaue Lage der Höhle bekanntzugeben. Armstrong verwies mich jedoch an den Schotten Stanley Hall, der Chairman der Expedition gewesen sei. Doch Stan Hall riet mir in seinem Schreiben ebenfalls ab, da die Expedition sehr schwierig und gefährlich wäre. Aus diesem Grunde sei es für ihn auch sicher, daß Erich von Däniken diese Höhle niemals betreten habe.

Es war zum Verzweifeln – es schien fast unmöglich, irgendwelche Informationen über die Lage der Höhle zu bekommen. Ich wußte lediglich den Namen der Höhle, »Cueva de los Tayos«, den sie wegen der schwarzen Vögel, die dort unten leben, erhalten hatte.

Schließlich traf ich mich im Mai 1982 mit Erich von Däniken. Nach einem langen, ausführlichen Gespräch

**ERICH VON DÄNIKEN**

4532 Feldbrunnen/SO, 13. April 1982
Baselstrasse 10
Telefon 065/23 11 13

Herrn
Peter Kaufhold
Hilberstr. 19

D-4355 **W A L T R O P**

Sehr geehrter Herr Kaufhold,

Haben Sie Dank für Ihr Schreiben vom 4. April und das bekundete
Interesse an meinen Arbeiten.

Es ist ganz einfach unmöglich, die unterirdischen Höhlen in Ecuador in kurzer Zeit zu besuchen. Sie müssten dazu eine Expedition
auf die Beine stellen, welche sicherlich ein halbes Jahr Planung
voraussetzt und vermutlich etwa 250000.-- US $ kosten würde. Der
Einstieg in diese Höhlen liegt im tiefsten Urwald. Von Strassen
oder Wegen weit und breit keine Spur. Nur mit einem Helikopter
ist es in kürzerer Zeit zu machen, doch dazu benötigt man Bezie-
hungen zum obersten Militär-General. Und immer noch Geld. Heli-
kopterflüge sind verdammt teuer.

Was Herrn Ditfurth angeht, so war er nie in Ecuador und hat mit
mir diesbezüglich auch nie korrespondiert. Ebenfalls irren Sie
sich in einem andern Punkt: ich war nie bei einer Sendung mit
Hoimar von Ditfurth zu Gast. Ich habe den Herrn noch nie persön-
lich zu Gesicht bekommen.

Meine ausführliche Stellungnahme zum gesamten Höhlenkomplex finden Sie im Taschenbuch ERICH VON DAENIKEN IM KREUZVERHOER (ECON-
Verlag, erhältlich über jede Buchhandlung).

Ich lege zu Ihrer Information einige Unterlagen bei.

Mit freundlichen Grüssen

Erich von Däniken
(nach Diktat verreist)
W. Dünnenberger, Sekr.

PS Die Unterlagen erhalten Sie separat per Drucksache.

verriet er mir dann endlich die ungefähre Lage der Höhle; die genaue Position wüßte er nicht mehr, dazu sei das Ganze schon zu lange her. Ihm sei nur noch in Erinnerung, daß sie die ganze Nacht durchgefahren wären, bis die Straße zu Ende gewesen sei. Von dort aus hätte es lediglich eines Fußmarsches von etwa einer halben Stunde bedurft, um zum Eingang der Höhle zu gelangen. Ich fragte ihn, ob es Hindernisse irgendwelcher Art, wie Flüsse, Schluchten etc. gegeben hätte. Däniken verneinte dies, doch sei er sicher, daß sich der Eingang in der Nähe des Flußufers des Rio Zamora befinde. Nochmals fragte ich ihn nach der Metallbibliothek, dem Tisch, den Stühlen und den anderen Sachen, worauf er mir alles so lebhaft und plastisch schilderte, wie es nur jemand vermag, der entweder die Wahrheit sagt oder aber über eine sagenhafte Phantasie verfügt.

Weiter sagte er mir, er sei sich aber nicht mehr sicher, ob sich die Bibliothek noch in der Höhle befinde. Vor kurzem habe er erfahren, daß Juan Moricz mit einem Kamerateam einer kalifornischen Filmgesellschaft in der Höhle gewesen sei und phantastisches Bildmaterial aufgenommen hätte. Er, von Däniken, habe daraufhin den Präsidenten besagter Gesellschaft gebeten, ihm das Material zu zeigen, worauf der Präsident zugestimmt habe, doch er, Däniken, müsse dazu nach Kalifornien kommen. Als er dann kurze Zeit später in Kalifornien eingetroffen sei, habe der Präsident ihm allerdings gesagt, es täte ihm leid, aber das gesamte Filmmaterial wäre bereits für eine enorme Summe an eine religiöse Gemeinschaft verkauft worden, deren Religion sich auf den Fund solcher Metallplatten stütze. Dies klang so, als spiele Däniken dabei auf die Mormonen an.

Ich bohrte weiter und wollte wissen, was dies mit der Metallbibliothek in der Höhle zu tun habe, denn schließ-

lich wäre ja nur das Filmmaterial von besagter Religions-
gemeinschaft aufgekauft worden. Darauf befand Däniken, gerade deshalb sei er fast sicher, denn wenn diese
Leute erst einmal das Filmmaterial hätten, könne es
nicht lange dauern, bis sie sich die echte Bibliothek hol-
ten. Darauf erwiderte ich, daß dies für mich nicht so
schlimm wäre, da es mir schon reichte, wenn ich den
Tisch aus unbekanntem Kunststoffmaterial, die riesigen, exakt rechtwinkligen Hallen mit den glasierten
Wänden und die Goldfiguren sehen könnte. Doch im
Verlaufe dieses Gesprächs gewann ich immer mehr den
Eindruck, als wolle Däniken mich von meinem Vor-
haben abhalten, was er mit allen nur erdenklichen Einwänden versuchte. Doch dies gelang ihm nicht; trotzdem trennten wir uns nach drei Stunden als gute Bekannte.

Diese bis jetzt erlangten Informationen waren zwar
noch recht dürftig, dennoch wollten wir die Reise nach
Ecuador wagen. Dort im Lande würden wir sicher mehr
erfahren.

Wiewohl ich auf dieser Reise noch einige andere
Untersuchungen durchführte, die ich ausführlich in
meinem ersten Buch, »Auf den Spuren des Erich von Däniken«, beschrieben habe, möchte ich mich in dem nun
folgenden ausschließlich auf die Behauptungen Erich
von Dänikens beschränken.

Nach einem langen, zermürbenden Flug war unser erstes
Ziel Ambato, die Hauptstadt der Provinz Tungurahua.
Dort bekamen wir von unserem Freund Luis Vargas,
dem Gouverneur dieser Provinz, ein Empfehlungs-
schreiben, das uns noch sehr nützlich sein sollte. Am
Morgen des 31. Juli 1982 starteten wir mit dem Bus in
Richtung Cuenca, um dort den sagenhaften, vorsintflut-

lichen Goldschatz des Padre Crespi in Augenschein zu nehmen. Die Fahrt führte uns durch die phantastische Landschaft der Anden, durch Wolken, über schmale Bergstraßen und an tiefen Schluchten vorbei, bis wir spät am Abend erschöpft die Stadt Cuenca erreichten.

Als wir am nächsten Tag die Armenkirche Maria Auxiliadora gefunden hatten, erfuhren wir dort, daß Padre Crespi bereits im April dieses Jahres gestorben war. Daraufhin führte man uns zu seinem Nachfolger, Padre Flores, dem Direktor der Schule, die gerade zum Andenken an Padre Crespi erbaut wurde. Padre Flores begrüßte uns freundlich und erklärte uns, das Museum von Crespi sei aufgelöst und viele der Gegenstände an die Banco Central in Cuenca verkauft worden, wo man sie als zeitgenössische Kunst der heutigen Indios besichtigen könne; alles übrige befände sich noch in dieser Schule.

Als ihm meine Frau Ulrike erzählte, daß wir für die deutsche Presse arbeiteten, um den Wahrheitsgehalt der Behauptungen des Erich von Däniken zu überprüfen, wurde er zornig. Er nannte Däniken einen schlechten Menschen, der von ihm und Padre Crespi viele Informationen bekommen habe, die er dann falsch ausgelegt und allein für sich und seine Propaganda benutzt habe.

Nicht einen Pfennig habe ihm von Däniken als Spende für die Kinder und die Schule gegeben. Däniken habe mit seinen Lügen Millionen verdient und er, Padre Flores, könne nun sehen, wie er den Bau der Schule mit Almosen vollende. Sogar die Kinder wären zur Mitarbeit gezwungen. Wenn Däniken sich hier noch einmal blikken ließe, würde er ihn achtkantig hinauswerfen.

Wir versuchten, ihn zu beruhigen, denn schließlich wären wir ja hier, um die Wahrheit herauszufinden. Daraufhin wurde seine Miene wieder etwas freundlicher. Wir sollten ihm nur Fragen stellen, er würde uns jede

Information geben, ließ aber durchblicken, daß er eine kleine Spende für die Schule nicht verachten würde.

Als wir nach den Goldplatten von Padre Crespi und nach ihrem Gewicht fragten, begann der Padre auch schon laut zu lachen. Gold, nein, das hätte es hier niemals gegeben; das wären alles die Hirngespinste des Herrn von Däniken. Alles in allem gäbe es vielleicht hundert Gramm. Als ich ihn ungläubig fragte, ob er mich auf den Arm nehmen wolle, begann er erneut zu lachen, wobei er mich ein wenig mitleidig musterte.

Darauf kramte ich eilig Dänikens »Aussaat und Kosmos« aus der Tasche, schlug Seite 31 auf und las ihm vor:

»Cuenca hat ein Goldmuseum, es kann aber mit Crespis Schätzen nicht mithalten. Wenn deshalb nun von Gold und immer wieder von purem Gold die Rede sein wird, ist das in jedem Fall wörtlich zu nehmen, es handelt sich eben um pures Gold, das nun durch meine Kamera erstmals einer staunenden und verständlicherweise zweifelnden Welt vorgeführt wird.«

Dann zeigte ich Padre Flores einige Bilder der Goldtafeln aus Dänikens Buch, doch er winkte ab und meinte, er kenne dieses Buch schon auswendig; doch er wolle mir jetzt die »Goldtafeln« zeigen, die Däniken seinerzeit in seinem Beisein fotografiert habe und noch viel mehr, worauf er meinen Arm griff und uns aus dem Büro führte.

Draußen sahen wir Kinder, die Steine schleppten, um so mitzuhelfen, ihre eigene Schule zu vollenden. Etwas derartiges wäre bei uns in Deutschland undenkbar.

Als der Padre uns schließlich die Tür zur »Schatzkammer« öffnete, kamen wir aus dem Staunen nicht mehr heraus. »Dies ist der sagenhafte Goldschatz von Padre Crespi!« erklärte der Padre ironisch.

Wir waren ziemlich enttäuscht, als wir dort nur billigen Plunder liegen sahen, denn statt zentnerschwerer Goldplatten fanden wir nichts weiter als dünnes, industriell gefertigtes Messingblech *(Farbabb. 5)*.

»Ist das alles?« fragte ich immer noch staunend und schon ein wenig verärgert. Der Padre nickte. Wir sahen uns genau um, zogen einige der Blechplatten aus den Stapeln und fotografierten sie. »Ist dies wirklich die ganze Bibliothek von Padre Crespi?« fragte ich.

Der Padre nickte und sagte, Padre Crespi habe ihn kurz vor seinem Tode gebeten, diese Platten zu verwahren. Er habe ihm am Sterbebett immer wieder gesagt: »Verwahre mir meine Zeitung.« Und er habe zunächst nicht gewußt, was Crespi damit meinte, bis er darauf gekommen sei, daß er diese Platten meinte. All die Platten reichten aus, um damit den gesamten Schulhof zu pflastern. Wir erfuhren, daß diese Arbeiten von heute noch lebenden Indiokünstlern gefertigt worden seien und etwa zwanzig bis dreißig Jahre alt sind. Er glaubt, einiges sei nach alten überlieferten Motiven hergestellt, doch bei den meisten Sachen bestünde überhaupt kein Zweifel, daß es plumpe Fälschungen sind. So auch eine zerbrochene Steinskulptur *(Farbabb. 4)*, die von den Indios aus Zement und Eisenstangen gefertigt wurde. Sie ist mit bunten Glassplittern bedeckt. Der Zementmörtel, der stellenweise abgebröckelt ist, gibt den Blick auf die Eisenstangen frei, die dem ganzen eine gewisse Festigkeit verleihen.

Die Indios haben Crespi, der im Alter den Überblick verlor, mit Fälschungen getäuscht. Sie fertigten die Dinge so an, daß sie sich in Crespis Theorie einfügten.

Diese Theorie besagte, daß alle Kultur über den Atlantik und den Amazonas nach Südamerika gelangte. Crespi war davon überzeugt, daß am zweiten oder dritten Tag der Sintflut Flöße oder Schiffe aus Ägypten von Strömungen über Mittelmeer und Atlantik an die südamerikanische Ostküste getrieben und an der Mündung des Amazonas gelandet seien. Und in der Nähe von Cuenca befänden sich heute noch Spuren jener Ägypter.

Diese Theorie war den Indios in Cuenca natürlich bekannt, und so kam es, daß bald Messingplatten mit Pyramiden, Elefanten und alten Schriften Eingang in Crespis Sammlung fanden, die von Däniken dann später fotografierte und seinen Lesern als vorsintflutliche Goldschätze verkaufte. Und all dies, obwohl Däniken vorher ausdrücklich darauf hingewiesen wurde, daß es sich dabei um billige Fälschungen handelt, hergestellt von den heute dort lebenden Indios, die dabei wahrscheinlich nicht einmal eine böse Absicht verfolgten, sondern ihrem Padre eine Freude bereiten wollten – aus Dankbarkeit, daß er sich jahrelang um sie gekümmert hatte. Padre Flores sagte, Crespi habe die Sachen teilweise von den Indios geschenkt bekommen, andere Arbeiten habe er ihnen abgekauft. Er zeigte uns einige interessante Keramikarbeiten, Tongefäße, die geschickt auf alt gemacht waren. An der Linienführung konnte man jedoch genau erkennen, daß diese Gefäße auf einer Töpferscheibe gefertigt wurden, die aber während der Zeit, aus der die Arbeiten stammen sollten, hier noch unbekannt war. Die damaligen Künstler gestalteten ihre Gefäße individuell mit der Hand, unter Zuhilfenahme primitiver Steinstempel.

Ob die Indios Padre Crespi nun aus Habgier oder aus Gutmütigkeit täuschten, spielt keine Rolle und ist auch nicht mehr nachvollziehbar. Fest steht, daß sie, als der Vorrat an echten Relikten zur Neige ging, Padre Crespi Fälschungen verkauften, zu denen ganz zum Schluß auch ein alter Autokühler und eine riesige Baßgeige aus Messingblech zählten, die Däniken jedoch wohlweislich verschwieg.

Padre Crespi hielt all diese Arbeiten wohl für echt,

*Originalseite aus Dänikens »Aussaat und Kosmos«, S. 29, mit dem Text der Däniken-Bildunterschrift:*
*Bemerkenswert an dieser Pyramiden-Goldplastik: die Schlangen sind dort, wohin sie gehören – am Himmel, am Fuße der Pyramiden Elefanten, die Künstler um 12 000 in Südamerika nicht gesehen haben können. Die Schrift am unteren Pyramidenrand ist unbekannt, bis zum heutigen Tage nicht gedeutet*

nicht nur aufgrund seiner in den letzten Lebensjahren aufgetretenen geistigen Verwirrung, sondern auch, weil sie einfach in seine Theorie paßten.

Während wir den Raum verließen und einen anderen betraten, blätterte Padre Flores im Däniken-Buch umher, so, als suchte er etwas Bestimmtes. Hier in diesem Raum sahen wir dann die Originale, die auch Däniken seinerzeit fotografierte und in seinem Buch abgebildet hat. Wir verglichen die Platten mit den Abbildungen aus dem Buch von Däniken und mußten feststellen, daß sie absolut identisch sind *(Farbabb. 1 und 2)*. Doch es war wieder nur Messingblech, einfaches, billiges Messingblech.

Inzwischen war Padre Flores in Dänikens Buch fündig geworden. Er sei sicher, daß der Kuppelbau auf Seite 24 und die Steinfigur auf Seite 25 sich ehemals in Crespis Museum befunden hätten und nicht, wie Däniken be-

*Weitere Däniken-Gags aus Messing, die er in »Aussaat und Kosmos« abgebildet hat. Nachfolgend dazu seine Bildunterschriften:*

*Auf dieser 98 × 48 × 3 cm großen Goldplatte wird man immer neue Entdeckungen machen ... ein Stern, ein Wesen mit dickem Bauch, ein Mensch im Panzerhemd mit Helm, Gesichter, ein Rad, aus dem ein Gesicht späht, ein Gesicht, das aus einem anderen herauswächst undundund ... Der ganze turbulente Wirrwarr wird von einer fallenden Bombe bedroht, die der Künstler deutlich durch zwei Scharniere hervorhob.*

*Prunkstück einer Goldstele: 52 cm hoch, 14 cm breit, 4 cm dick. In 56 Quadrate sind 56 verschiedene Schriftzeichen wie »gestempelt«. Die Folien der Metallbibliothek im Großen Saal zeigen haarscharf dieselben Zeichen! Kannte der Verfertiger dieser Stele einen Code, ein Alphabet von 56 Buchstaben oder Symbolen, die sich zu einer Schrift ordneten? Bisher wird behauptet, in den südamerikanischen Kulturen habe es keine alphabetähnlichen Schriften gegeben!*

hauptet, in der Cueva de los Tayos (s. S. 57 ff.)

Zuletzt gab uns der Patre noch Einblick in die Liste der an die Banco Central veräußerten Gegenstände, sowie in den Kaufvertrag mit der Bank. Nirgendwo auf der Liste stand das Wort »Gold«, sondern immer wieder die beiden Worte »Kupfer« und »Messing«.

Bronzegüsse in Cuenca, die assyrische Motive aufweisen. Sie stellten sich sehr bald als zeitgenössische Fälschungen heraus

# Die geheimnisvollen Bronzeplatten

Wie schon erwähnt, zeigte uns Padre Flores in Cuenca außer den vielen Fälschungen auch einige seiner Meinung nach echte Bronzegüsse. Diese hatte Däniken nie gesehen, und ich interessierte mich deshalb dafür, da sie die einzigen echten Metallgegenstände in der Sammlung des Priesters sein sollten. Später wurden zwei Fotos davon in meinem Buch (19) abgedruckt.

Erst als mir mehrere Leser schrieben, daß diese Bronzegüsse assyrische Motive aufwiesen und dies vielleicht ein Indiz dafür sei, daß Ecuador in der Vorzeit Besuch von Ägyptern gehabt hätte, wurde ich hellhörig. Obwohl feststand, daß diese Motive nicht südamerikanischen Ursprungs sein konnten, hatte ich eine derartige Möglichkeit nie in Erwägung gezogen. Sollte Crespi letztlich doch recht behalten, daß sich heute noch Spuren der alten Ägypter in der Nähe von Cuenca fänden?

Wenn diese Platten echt waren, bedeutete das eine Revolution in der Archäologie, die auch ohne die Annahme von »Göttern« aus dem Weltraum phantastisch genug wäre. Auf einem der Bronzegüsse ist ein sitzender Schreiber abgebildet, der augenscheinlich eine Schrift auf ein nicht definierbares Material bringt. Die Archäologen aber behaupten, die Kulturen Südamerikas hätten keine Schrift gekannt. Eine andere Platte zeigt eine Mischung aus Tier und Mensch, offenbar einen geflügelten Stier mit Menschenkopf, der große Ähnlichkeit mit jenen Wesen besitzt, die einst in Stein gemeißelt die mächtigen Bauten des assyrischen Reiches bewachten.

Sollten die Diffusionisten unter den Altertumsforschern doch recht behalten? Gab es vor Jahrtausenden schon eine Verbindung zwischen der Alten und der Neuen Welt? Thor Heyerdahl, einer der eifrigsten Verfechter dieser Theorie, glaubt, daß einst Anrainer des Mittelmeerraums auf Papyrusbooten, wie sie im alten Ägypten in Gebrauch waren, mit dem Kanarenstrom nach Mittelamerika gelangten, und von dort aus die Kulturen Lateinamerikas beeinflußt hätten. In Peru waren sie unter dem Namen Viracochas (Meerschaummenschen wegen ihrer weißen Hautfarbe) bekannt, große weißhäutige Männer mit teilweise rotblondem Haar und blauen Augen, die von den Indios wie Götter verehrt wurden.

Nach einer Überlieferung der Chimu-Indianer an der Küste Perus kamen diese weißen Götter von Norden mit großen Schiffen übers Meer gesegelt, verweilten eine Zeit bei den Küstenindianern, um dann hinauf zum Titicaca-See zu wandern, wo sie unter ihrem Anführer »Con-Tici-Viracocha« ihre Herrschaft errichteten. Heyderdahl nimmt an, daß sie die Megalithbauten von Tiahuanaco in Bolivien schufen und dies nicht mit außerirdischen Werkzeugen, wie Däniken mutmaßt, sondern mit ihrer Hände Arbeit und einem hohen Wissen um die Bearbeitung von hartem Gestein mit einfachen Hilfsmitteln. Dieses Wissen ist inzwischen zum großen Teil verlorengegangen und man weiß bis heute im einzelnen nicht, wie die tonnenschweren Steinblöcke von Sacsayhuaman in Peru und Tiahuanaco derart präzise zusammengefügt wurden (Farbabb. 15). Man arbeitete mit Schleif- und Sägetechniken, die heute kaum mehr gebräuchlich sind und zu jener Zeit einen ungeheuren Arbeitsaufwand erforderten; dies hielt die »weißen Götter« wie auch nachfolgende Generationen jedoch nicht davon ab, ihr Wissen und Können in die Tat umzusetzen.

Con-Tici-Viracocha ließ sich auf einer Insel des Titicaca-Sees nieder, wo er Kinder zeugte, die er den Eingeborenen als Abkömmlinge der Sonne vorstellte. Aus ihnen ging vermutlich die Dynastie der Inka hervor. Noch zu Zeiten der spanischen Eroberung gab es unter den Inka-Fürsten Menschen mit heller Haut und hellem Haar. Von ihnen behaupteten die Inkas, sie seien direkte Nachkommen der Viracochas vom Titicaca-See.

Eines Tages aber kam ein Häuptling namens Cari auf Con-Ticis Insel und führte Krieg gegen ihn und seine Leute. Dabei wurden die meisten getötet; nur Con-Tici selbst und einigen aus seinem Gefolge glückte die Flucht nach Westen über den Pazifik. Sie gelangten zuerst auf die Osterinsel, die damals um 400 n. Chr. noch bewaldet war. Dort rodeten sie Teile der Insel und errichteten gewaltige, nach den Sternen ausgerichtete Megalith-plattformen (Ahu von Vinapu) in der gleichen perfekten Bauweise wie in Peru und Bolivien. Doch bevor sie Süd-amerika verließen, hatten sie den dort lebenden Indianer versprochen wiederzukommen.

Und jene »weißen Götter«, die Viracochas, von denen die Überlieferungen der Inka- und Vorinkakulturen be-richten, hält Däniken für Götter aus dem Weltraum, die einst die Erde besuchten, um die urzeitlichen Homini-den durch genetische Manipulation zu intelligenten Wesen zu machen. Erst viel später kehrten sie zurück und brachten – so Däniken – den Menschen in Latein-amerika ihre Kultur. Sie zeigten den Maya, wie man große Pyramidentempel und Straßen baut, vermittelten ihnen ein hohes Wissen in der Astronomie und gaben ihnen ein kompliziertes Kalendersystem, ebenso wie sie ihre Spuren im heutigen Peru und Bolivien hinterließen, indem sie Megalithbauten wie Tiahuanaco und Sacsay-huaman errichteten. Danach reisten sie in ihren Raum-schiffen zurück zu den Sternen, nicht ohne das Ver-sprechen zu hinterlassen, sie würden wiederkommen.

Soweit die Annahmen Dänikens, die in völligem Widerspruch zu allen bisherigen wissenschaftlichen Erkenntnissen stehen.

Aber auch Heyerdahls These ist bis heute nicht eindeutig bewiesen. Von den Isolationisten unter den Altertumsforschern wird sie sogar heftig abgelehnt, wiewohl Heyerdahl unzählige Indizien beibringen konnte. Dennoch ist seine These um einiges wahrscheinlicher als die der Däniken-Götterastronauten; dies stellte er durch die abenteuerliche Fahrt auf dem Kon-Tiki-Floß über den Pazifik und des weiteren durch die Atlantiküberquerung mit einem Papyrusschiff unter Beweis. Auch führte er zahlreiche Indizien auf botanischer Ebene sowie alte Überlieferungen ins Feld, die zumindest einen teilweisen Einfluß von Menschen aus dem Mittelmeerraum auf Gebiete Lateinamerikas und Polynesiens zu bestätigen scheinen. So berichtete noch im Jahre 1772 der holländische Admiral Roggenveen, der als erster Europäer die Osterinsel erreichte, daß er dort zwischen dunkelhäutigen Polynesiern große, weiße Männer gesehen habe, die rotblondes Haar, blaue Augen und Bärte hatten.

Doch auch für die Anwesenheit der »weißen Götter« in Südamerika gibt es genügend Beispiele: Als die Spanier bei ihrem Eroberungszug durch Peru in *Vinaque*, zwischen Cuzco und dem Ozean, eines der beeindruckendsten Beispiele megalithischer Architektur fanden, berichtete der spanische Chronist Cieza de León: »Als ich die Indianer der Gegend danach befragte, wer dieses uralte Denkmal geschaffen habe, antworteten sie, daß es ein anderes Volk getan habe, das bärtig und weiß wie wir selber gewesen sei. Diese Menschen kamen, wie sie sagten, lange Zeit vor der Herrschaft der Inka in dieses Gebiet und siedelten sich hier an.« Diese Quelle zitiert Heyerdahl in seinem Buch »Zwischen den Kontinenten«.

Die Konquistadoren setzten entlang des Andenhochplateaus ihres Weg nach Süden fort, raubten und plünderten von Cuzco bis nach Cacha, wo sie einen riesigen Inka-Tempel vorfanden, der Con-Tici-Viracocha geweiht war. Im Tempelinneren stand eine große Steinstatue, die den Priester-König selbst als bärtigen Mann mit langem Gewand und in fürstlicher Haltung darstellte. Inka Garcilaso schrieb über die Begebenheit: »Als die Spanier diesen Tempel und die Statue in der beschriebenen Form gesehen hatten, wollten sie daraus entnehmen, daß der heilige Bartholomäus bis nach Peru gereist sei, um den Heiden zu predigen, und daß die Indianer diese Statue zur Erinnerung an das Ereignis geschaffen hätten.«

Die Eroberer waren von der realistischen Darstellung dieses Ausländers, der Peru in ferner Vergangenheit mit seinem weißen, bärtigen Gefolge besucht hatte, so beeindruckt, daß die Statue noch viele Jahre vor der Zerstörung verschont blieb; dann erkannten die Spanier ihren Irrtum, zerschlugen ihr Gesicht und brachen sie in Stücke.

In dieser Weise gibt es noch viele Überlieferungen, die von Con-Tici-Viracocha erzählen. Sie stammen aus den verschiedensten, weit voneinander entfernten Gebieten des einstigen Inkareichs, und sie stimmen in ihren wesentlichen Aussagen überein.

Als der Chronist Betanzos »die Indianer fragte, welche Gestalt dieser Viracocha hatte, als ihre Vorfahren ihn gesehen hatten, sagten sie, daß sie nach allem, was sie erfahren hätten, ein großer Mann in weißem Gewand gewesen sei, das ihm bis auf die Füße, und daß dieses Gewand einen Gürtel hatte und daß er das Haar kurz mit einer Tonsur auf dem Kopf getragen habe, in der Art eines Priesters, und daß er feierlich gegangen sei und daß er in der Hand einen gewissen Gegenstand getragen habe, der sie heute an ein Brevier zu erinnern scheint, das die Priester in den Händen tragen«.

Paßt diese Beschreibung nicht allzu gut auf einen Einwanderer aus dem Mittelmeerraum? Eines steht jedenfalls fest: Wenn er wirklich existiert hat, dann brachte er sein Gefolge mit Schiffen übers Meer und nicht in Raumfahrzeugen.

Die Theorien Heyerdahls sind faszinierend, doch müssen weitere Indizien und Beweise gefunden werden, um sie zu verifizieren. Im Gegensatz zu Dänikens Annahmen liegen sie im Bereich des heute Möglichen, weshalb man sie nicht verwerfen sollte, auch wenn es heute Fakten gibt, die dagegen zu sprechen scheinen. Aber bewiesen nicht die Bronzeplatten des Padre Crespi, daß es einst eine Verbindung vom Mittelmeerraum nach Südamerika gegeben hat? Bevor sie jedoch diese These stützen konnten, mußte sichergestellt sein, daß es sich bei den Bronzegüssen um »echte« Stücke handelte. Ich schickte einige Fotos an das Altorientalische Seminar der Universität Münster, zu Händen von Frau Prof. Dr. Mayer-Opificius, die diese gemeinsam mit einem Amerikanisten untersuchte.

Beide Experten kamen zu dem Schluß, daß es sich bei den Platten einwandfrei um Arbeiten aus neuerer, möglicherweise aus der Kolonialzeit handeln müsse und somit Fälschungen darstellten.

In einem Brief vom 7. 2. 83 erhielt ich Auskunft:

»..., die mir von ihnen zugesandten Fotos mit den Bronzeplatten bilden deutliche Fälschungen ab, wobei bei der einen neuassyrische und syrische Kunst Pate gestanden haben.«

Die übrigen Platten, die nach Meinung der Wissenschaftlerin auch Fälschungen sind, scheinen südamerikanische Vorlagen gehabt zu haben.

Schließlich bleibt die Frage, woher die Fälscher die Vorlagen hatten. Die Antwort liegt auf der Hand: Cuenca ist eine moderne Stadt mit etwa 80 000 Einwohnern; es gibt dort Bibliotheken, alle Arten von Zeitschriften und vor allem viele handwerklich geschickte Künstler. Es war somit nicht schwer, Vorlagen für derartige Motive zu bekommen, ähnlich wie die von Däniken angeführten »Steine von Ica« in Peru, die auch samt und sonders Fälschungen darstellen. Auf einem der Steine, die nach Däniken natürlich echt sind, ist eine Herzoperation abgebildet: Ein Beweis für die einstige Anwesenheit von Extraterrestriern auf der Erde.

Als man den Fälscher schließlich fragte, woher er die Vorlage dazu habe, erwiderte er: Aus einer Zeitschrift!

Somit sind auch die Bronzegüsse zu den vielen Fälschungen zu zählen, die man Padre Crespi als echt andrehte.

## Die »Götterhöhle« von Ecuador

Nachdem wir auf diesen Schwindel gestoßen waren, erwarteten wir von der »Götterhöhle« auch nicht mehr viel. Doch wir wollten trotzdem versuchen, dort hinzugelangen.

So machten wir uns auf den Weg nach Limón, auch General Plaza de Gutierrez genannt. Wieder wagten wir die gefährliche und doch so phantastische Busreise durch die Kordilleren, über tiefe Schluchten, nur Zentimeter an tiefen Abgründen vorbei, und alles in einem Tempo, das uns häufig erblassen ließ.

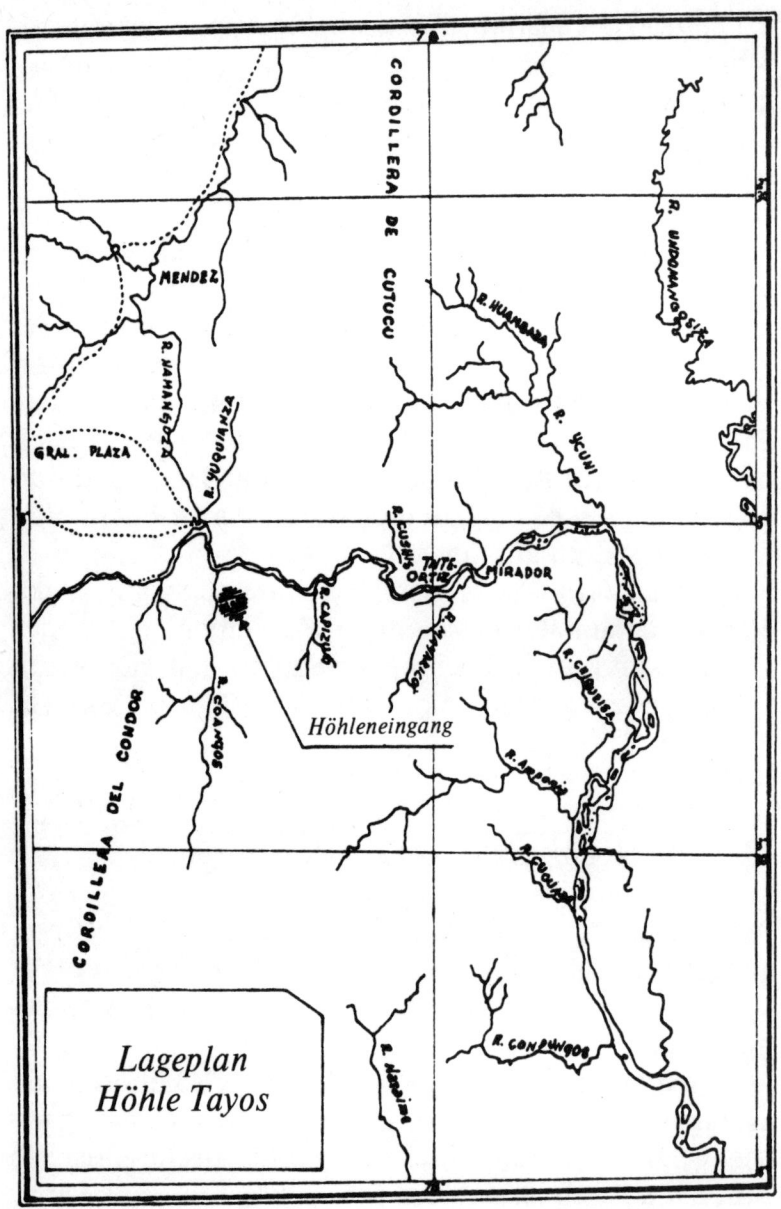

Höhleneingang

Lageplan
Höhle Tayos

Als wir am späten Abend Limón erreichten, suchten wir uns ein Hotel, oder das was man im Dschungel ein Hotel nennt. Wir haben dort zwar keine Ratten gesehen, doch schlichen des Nachts riesige Kakerlaken durch die Zimmer, und auch das Bettzeug war über einen längeren Zeitraum nicht mehr gewechselt worden.

Etwas später, in einem kleinen »Restaurant«, das dem Hotel gegenüber lag, erkundigten wir uns bei einigen Gästen nach der Cueva de los Tayos. Sofort wollten sie wissen, ob wir die sogenannten Schätze des Erich von Däniken und des Juan Moricz suchten. Als wir dies ein wenig erstaunt bejahten, fragten sie, ob wir diesen Unsinn wirklich glaubten. Däniken und Moricz hätten doch alles nur erfunden, um »Geld zu machen«. Sie selbst und noch viele andere Einheimische würden die Höhle wie ihre Hosentasche kennen, doch niemals habe man etwas wie eine Bibliothek aus Metallplatten und all die anderen Gegenstände gefunden, von denen Däniken in seinem Buch berichtet. Das einzige, was man dort unten fände, wäre Vogelmist, tonnenweise Vogelmist.

Ich wollte wissen, ob jemand, der die Schätze vielleicht gefunden hätte, diesen Fund eventuell verheimlichte, um ihn für sich selbst zu nutzen.

Sie erwiderten, dies sei unmöglich, da die Leute in dieser Gegend so geschwätzig wären, daß niemand die Tatsache eines solchen Fundes länger als einige Stunden für sich behalten könnte. Schließlich würde sich die Nachricht innerhalb weniger Tage bis über die Grenzen Ecuadors hinaus verbreiten. Seit Jahren hätten viele Einheimische die Höhlen in der Umgebung bis auf den letzten Zentimenter durchkämmt, in der Hoffnung, vielleicht doch noch etwas zu finden, obwohl man die Höhlen schon lange vorher erforscht hatte. Doch man habe niemals Sachen gesehen, die auch nur entfernt so aussahen

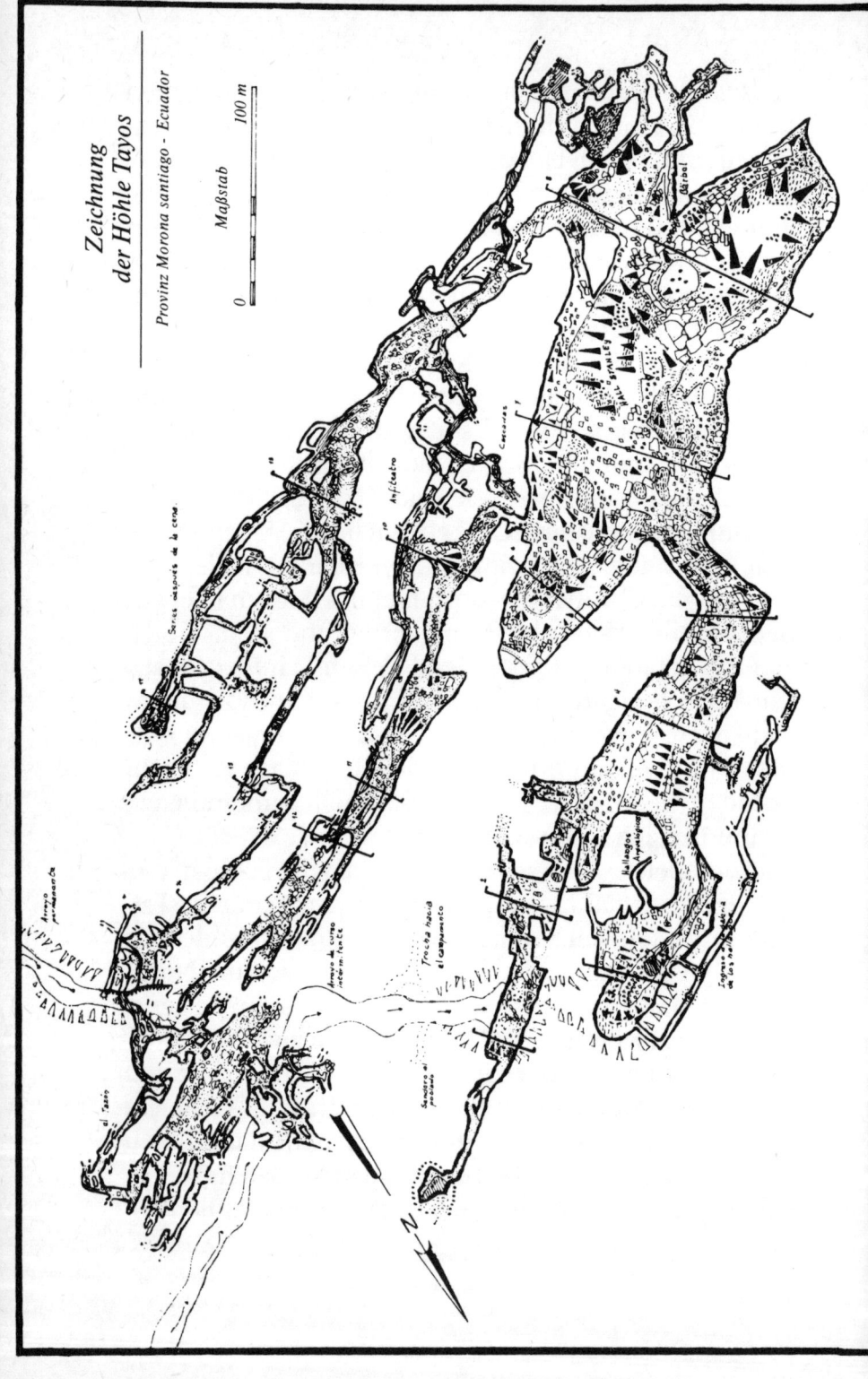

Zeichnung
der Höhle Tayos

Provinz Morona santiago - Ecuador

Maßstab

0    100 m

wie Dänikens Phantasiegebilde und erst recht keine Gegenstände aus Metall oder Kunststoff.

Die Frage, ob die Höhle in der Nähe noch einen zweiten Eingang besitze, beantwortete ein Lehrer namens Marcello Valencia mit Nein. Gäbe es einen solchen Eingang, wüßte man längst davon.

Es befänden sich zwar noch zwei weitere kleinere Höhlen in der Nähe der Cueva de los Tayos, doch wären auch diese bis ins kleinste erforscht. Außerdem lebten in den kleinen Höhlen keine Tayos (schwarze Vögel). Die große Höhle, in der Däniken gewesen sein will, liegt von Limón aus hinter dem Rio Cuangos und sie ist durch einen etwa 30 Meter tiefen Schacht zu begehen, der die Form eines Schornsteins habe.

»Gibt es eine andere Höhle, die über drei Plattformen, welche jeweils 80 Meter auseinanderliegen, zu begehen ist?«

»Nein, dies alles sind Hirngespinste, doch keine Realität«.

»Gibt es in der Cueva de los Tayos große, rechtwinklige Hallen mit glasierten Wänden?«

»Nein, es gibt zwar riesige Hallen, doch keine davon ist rechtwinklig. Alles ist auf natürliche Weise entstanden.«

»Wie weit ist der Höhleneingang von hier aus entfernt?«

»Luftlinie sind es etwa 25 Kilometer. Durch die Berge das Doppelte.«

Ich begann zu rechnen: Wenn die Höhle 5 Kilometer lang ist und sich in unsere Richtung erstreckt, bleiben noch 20 Kilometer übrig, um zu einem imaginären Eingang am Ende der Höhle zu gelangen. Gäbe es diesen Eingang wirklich, bedeutete dies, daß Däniken eine Strecke von 20 Kilometern Luftlinie in einer halben Stunde zurückgelegt haben müßte, denn er hatte mir erzählt, er sei

43

zusammen mit Juan Moricz so lange gefahren, bis die Straße zu Ende gewesen wäre. Von dort hätten sie nur noch etwa eine halbe Stunde Fußmarsch gebraucht.

»Gibt es irgendeine Möglichkeit, mit einem Geländewagen in die Nähe der Höhle zu gelangen?«

»Mit einem Geländewagen? Unmöglich! Da kommt ihr kaum mit dem Pferd oder zu Fuß durch! Zu Fuß oder zu Pferd braucht ihr mindestens zwei bis drei Tage. Selbst mit einem Pferd könnt ihr nicht die ganze Strecke reiten. Teilweise wird es so gefährlich, daß ihr absteigen müßt.«

Die 20 Kilometer Luftlinie, die Däniken zu einem Nebeneingang zurückgelegt haben will, bedeuten durch den bergigen Dschungel das Doppelte, also 40 Kilometer. Dies konnte er jedoch niemals geschafft haben, jedenfalls nicht in so kurzer Zeit. Dazu hätte er wenigstens zwei Tage benötigt.

Somit war für mich klar, daß Däniken niemals in der Cueva de los Tayos gewesen sein konnte, zumal er mir auch einen völlig falschen Lageort genannt hatte.

Später haben wir dann noch erfahren, daß Däniken allein schon aus zeitlichen Gründen nicht in der Höhle gewesen sein konnte. Denn allein für die Höhlenexpedition benötigt man schon ein Minimum von vierzehn Tagen. Däniken war jedoch alles in allem nur eine Woche in Ecuador (s. S. 60). Und von dieser einen Woche hat er noch zwei Tage in Cuenca mit den »Goldschätzen« von Crespi zugebracht.

Trotzdem machten wir uns am nächsten Morgen, geleitet von einem Führer namens Segundo Zamora, auf den Weg zur Tayos-Höhle.

Wir marschierten acht Stunden über schlammige Pfade, oft bis über die Knie im Morast, durch dichten Dschungel, unter mächtigen Urwaldriesen, von denen lange Lianen baumelten, über große, glatte Steine und durch reißende Bäche. Die Strapazen dabei waren teilweise derart mörderisch, daß wir Däniken mehr als einmal in die Hölle wünschten. Besonders die Hitze und die Moskitos, die mir bald untrennbar miteinander verbunden schienen, machten uns zu schaffen. Unsere Rucksäcke wurden von Stunde zu Stunde schwerer, bis sie uns schier erdrücken wollten.

Als wir endlich am Abend unsere erste Zwischenstation erreicht hatten, stand die Erschöpfung in unseren Gesichtern geschrieben. Bereits über die Hälfte der Wegstrecke hatten wir hinter uns gebracht. Wenn alles gut ging, würden wir morgen am späten Nachmittag an der Höhle sein.

Doch es kam anders. In der Nacht erkrankte mein Bruder Andreas an Amöbenruhr, einer Erkrankung, die von starken Schmerzen, Erbrechen und Durchfall begleitet wird. Hier in Ecuador ist diese Krankheit auch unter dem Namen »Atahualpas Rache« bekannt.

Da sich sein Zustand bis zum Morgen weiter verschlechtert hatte, waren wir zur Umkehr gezwungen.

Und so benutzten wir die Pferde, die eigentlich für den Weitermarsch gedacht waren, für den Rückweg.

Aber wir hatten unsere Pläne bezüglich der Höhle noch nicht aufgegeben.

Also fuhren wir zum Gouverneur nach Macas, der Provinzhauptstadt von Morona Santiago. Wir baten ihn, uns einen Hubschrauber zur Verfügung zu stellen, um auf diese Weise leichter zu der Höhle zu gelangen.

Da er jedoch keinen Hubschrauber zur Verfügung hatte, gab er uns ein Empfehlungschreiben für den Kommandanten der Militärbasis von Shell Mera mit. Und für den Fall, daß wir auch dort keinen Helikopter bekommen könnten, ein weiteres Schreiben, das an den Archäologieprofessor Porras gerichtet war, der 1976 die ecuadorianische Sektion der »Los Tayos-Expedition« geleitet hatte.

Professor Porras wüßte alles über die Höhle und würde uns jegliche Information geben.

Schließlich fuhren wir nach Sucua, wo ich Gelegenheit bekam, mit einem Flugzeug das Gebiet der Höhle zu überfliegen und einige Fotos zu schießen.

Da meine Frau Ulrike und mein Bruder Andreas mit einer anderen Maschine etwa 200 Kilometer weiter im Urwald einen Fehlstart erlebten, bei dem das Flugzeug in die Bäume abschmierte, mußte ich allein nach Shell Mera fliegen, wo ich die beiden wiedertraf.

Dort zeigte ich mein Schreiben vom Gouverneur und meine Legitimation von der »Westdeutschen Allgemeinen Zeitung«, worauf ich nach einer eingehenden Leibesvisitation zum Kommandanten geführt wurde.

Wieder bat ich um einen Hubschrauber. Doch der Kommandant bedauerte, er habe leider im Moment keinen zur Verfügung, da alle in einem Manöver eingesetzt wären.

Als er meine große Enttäuschung bemerkte, rief er das Verteidigungsministerium in Quito an.

Das Gespräch ergab, daß man mir frühestens in acht Tagen einen Helikopter zur Verfügung stellen konnte. Doch so lange zu warten, war uns aus zeitlichen Gründen leider nicht möglich.

Nach einem zweitägigen, abenteuerlichen Aufenthalt im Dschungel am Rio Napo, war unser nächstes Ziel das archäologische Institut der Katholischen Universität in Quito, dessen Leiter Professor Porras ist.

Da wir uns zuvor telefonisch angemeldet hatten, wurden wir auch sofort zu ihm vorgelassen. Professor Porras begrüßte uns freundlich und fragte, wie er uns helfen könne. Er führte uns in sein Arbeitszimmer, wo wir eine

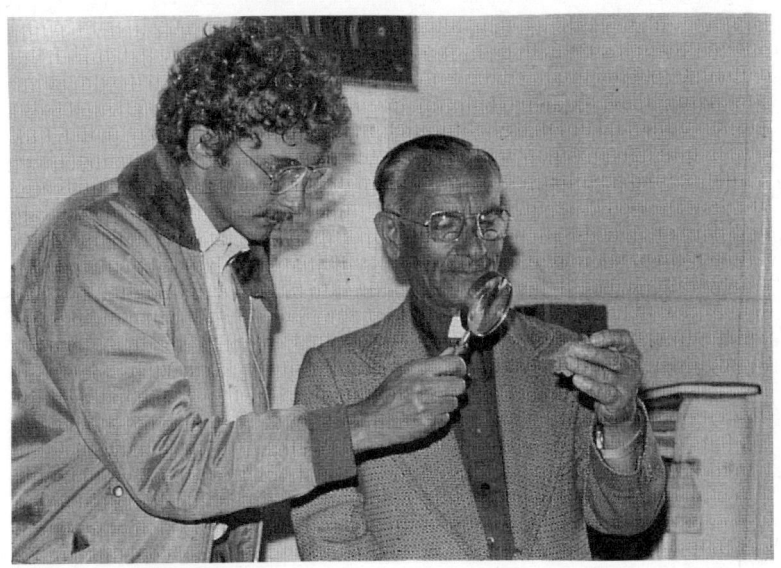

Professor Porras und der Autor im archäologischen Institut der Katholischen Universität in Quito

Dia-Serie vom Inneren der Cueva de los Tayos zu sehen bekamen. Das erste Bild zeigte den schachtartigen Einstiegskanal, der senkrecht in die Tiefe führt. Dann sahen wir eine riesige Halle, in der einige Expeditionsteilnehmer wissenschaftliche Untersuchungen anstellten. Wir waren fasziniert von den gewaltigen Formationen. Vor einem torartigen Durchgang lagen tonnenschwere Steinquader umher, als hätte jemand mit ihnen gewürfelt. Dann folgte eine Halle, die einem Amphitheater verblüffend ähnlich sah, doch von glasierten Wänden und exakt rechtwinkligen Hallen konnte man nichts erkennen.

Wir erfuhren, daß die Höhle etwa bereits um 1500 v. Chr. von Menschen besucht und offensichtlich auch als Kultstätte genutzt wurde.

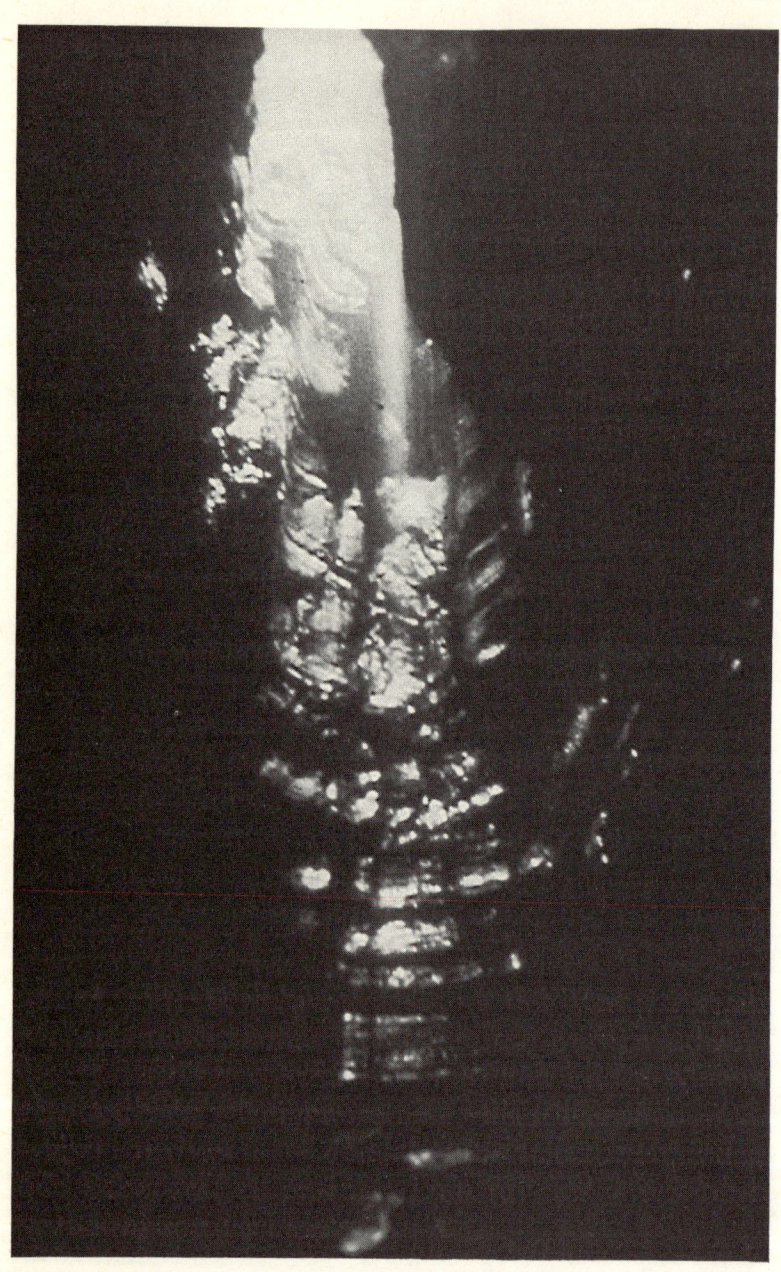

*Einstiegsschacht in die Tayos-Höhle*

Prof. Porras: »In der Höhle haben wir sehr alte Tonscherben in der Nähe eines Altars aus Steinen gefunden. Wir vermuten deshalb, daß die Höhle vor langer Zeit den Eingeborenen als Kultstätte diente. Die Besonderheit an der Höhle ist jedoch, daß darin krähengroße, schwarze Vögel leben, welche die Höhle oder das Höhlensystem nur nachts verlassen und tagsüber, ähnlich wie Fledermäuse, an den Felsen hängen. Der Boden der Höhle ist vollkommen mit Kot bedeckt. Da die Tayos jedoch Samen und Körner fressen, gibt es keinen Gestank in der Höhle. Bedingt durch den Gärungsprozeß riecht es vielmehr nach frischem Most. Aus diesen Samen wachsen sogar kleine Pflanzen, die Teile des Bodens bedecken.«

Wir fragten Professor Porras, ob er uns den Einstieg in die Höhle etwas genauer beschreiben könnte.

»Der Eingang ist ein Felsloch, wie Sie ja bereits gesehen haben. Dort geht es also vierzig Meter wie in einem Schornstein in die Tiefe. Ich bekomme heute noch ein flaues Gefühl in der Magengegend, wenn ich an den Abstieg denke; 40 Meter an einem Seil hinunter! – Dann kamen wir in eine riesige Halle von mehreren hundert Metern Länge. Dort befindet sich auch der Altar aus Steinblöcken, wo wir die Artefakte aus vorchristlicher Zeit entdeckten. Am Ende dieser Halle geht es nochmals 15 Meter in die Tiefe; dort haben die Shuaras, die Eingeborenen, die in der Nähe der Höhle leben, bereits eine Holzleiter angebracht. Die Shuaras steigen meist im Monat April in die Höhle, um die Tayos zu fangen, die ihnen als Nahrung dienen.

Sie singen dabei:
Tayo, wir kommen, um dich zu besuchen.
Tayo, wir kommen, um dich zu fangen.
Tayo, du bist unser, durch deinen Tod
Gibst du uns das Leben.

Die gesamte Höhle ist etwa 7 Kilometer lang und besitzt phantastisch anzusehende Steinformationen, wie zum Beispiel in dem riesigen Amphitheater, das ich Ihnen vorher zeigte. Alles in allem ist die Höhle unbeschreiblich schön und mächtig, doch exakt rechtwinklige Hallen und Gänge mit glasierten Wänden gibt es dort unten nicht. Es ist alles auf natürliche Weise entstanden und wissenschaftlich genau zu erklären.«

Um ganz sicherzugehen, auch wenn ich mir schon ein wenig lächerlich vorkam, fragte ich den Professor, ob man etwas von Dänikens Bibliothek, dem seltsamen Tisch mit Stühlen und all den anderen Sachen gefunden habe.

Prof. Porras hielt inne, ein leichtes Schmunzeln glitt über sein Gesicht. Schließlich sagte er:

»Ich glaube nicht, daß Däniken jemals in seinem Leben diese Höhle betreten hat. Wie Sie ja selbst erfahren haben, ist es nur unter ungeheuren Mühen möglich, dorthin zu gelangen. Man muß zwei Flüsse überqueren, einen davon über ein Drahtseil. Däniken behauptet in seinem Buch, er sei mit einem Jeep zusammen mit Juan Moricz die ganze Nacht durchgefahren und so in die Nähe der Höhle gelangt. Nach einem tiefen Schlaf hätten sie dann schließlich die Höhle bestiegen. Man kommt aber mit dem Auto nicht in die Nähe der Höhle. Wie Sie ja wissen, benötigt man zwei bis drei Tage zu Fuß oder zu Pferd. Er kann also die Höhle nicht am selben Tag betreten haben. Oder sind Sie da anderer Meinung?«

»Nein, aber Däniken hat mir, und auch anderen gegenüber behauptet, er sei gar nicht am Haupteingang der Höhle gewesen. Juan Moricz habe ihn zu einem versteckten Nebeneingang geführt. Doch ich glaube das nicht. Die Eingeborenen, wie auch die Führer in Limón, die diese Gegend wie ihre Westentasche kennen, sagten mir, es gebe keinen Nebeneingang. Doch nehmen wir nur einmal an, die Höhle verliefe in voller Länge in Richtung auf Limón und am Ende befände sich wirklich ein Nebeneingang. Dann hätte Däniken, bedingt durch die Windungen und Höhenunterschiede, immer noch eine Strecke von etwa 36 Kilometer zurücklegen müssen. Wie will er das in einem Tag, geschweige denn in einigen Stunden, geschafft haben? Dies ist unmöglich. Und seltsam ist auch, daß Däniken in seinem Buch alles sehr ausführlich beschreibt, bis auf den Marsch zur Höhle. Ist er vielleicht nie über Cuenca hinausgekommen? Hat er vielleicht dem angeblichen Entdecker der Höhle, Juan Moricz, einige Fotos nebst Informationen abgeschwatzt, um dann die Sache so darzustellen, als sei er selbst in der Höhle gewesen? Oder haben Däniken und Moricz vielleicht gemeinsame Sache gemacht?«

»Sie haben recht. Wie anders ist es zu erklären, daß Däniken behauptet, er sei an einem Seilzug über zwei Plattformen, dreimal 80 Meter hinabgestiegen. So eine Höhle gibt es in ganz Südamerika nicht. Er behauptet auch, vor dem Eingang läge ein riesiger Felsblock mit seltsamen Schriftzeichen, dieselben Schriftzeichen, die der Häuptling des Stammes, der die Höhle angeblich bewacht, auf der Stirn tragen würde, wenn er einmal im Jahr bis auf die erste Plattform hinabsteige, um rituelle Gebete zu verrichten.

Doch es existieren weder der Stein vor dem Eingang noch die Zeichen auf der Stirn des Häuptlings. Dies alles gibt es nicht, hat es nie gegeben, außer in Dänikens Phantasie. Und daß Däniken nur diese Höhle und keine andere meinen kann, geht daraus hervor, daß nur in dieser Höhle die schwarzen Vögel leben, die Däniken gesehen haben will und deren Rauschen er angeblich hörte.

Und was die ›Metallbibliothek‹ der Außerirdischen, den Kunststofftisch mit den Stühlen und all die anderen Dinge betrifft, so hat weder Däniken noch Moricz je ein Foto von diesen Dingen beibringen können. Und dies wäre doch wohl das erste, was ein Forscher täte, um seine Kritiker zu überzeugen.

Die ganze Angelegenheit ist doch ein riesiges Hirngespinst, das hier zu Lande niemand mehr ernst nimmt. Den einzigen Vorteil von dieser Geschichte haben Däniken und die im Höhlengebiet lebenden Indios, die seitdem Pferde und Ausrüstung zu überhöhten Preisen an die vielen Fremden vermieten, die, verführt durch Dänikens Märchen, von der Höhle angezogen werden.

Und selbst diese Indios, die jetzt Kapital aus der Sache schlagen, sagen, Dänikens Gegenstände gäbe es nicht. Obwohl sie eigentlich Grund genug hätten, das Gegenteil zu behaupten, da sie laufend einen finanziellen Gewinn aus der Geschichte ziehen. Sie sind eben sehr wahrheitsliebend und führen so leicht keinen Menschen wissentlich in die Irre.«

Zum Schluß erzählte uns der Professor noch, daß Neil Armstrong, der erste Mann auf dem Mond, selbst gar nicht in der Höhle gewesen sei. Er wäre während der Expedition 1976 am Eingang der Höhle ausgerutscht und habe danach keine Lust mehr gehabt hinabzusteigen.

Ich muß gestehen, dieses Gespräch mit Prof. Porras hat uns sehr ernüchtert. Wir kannten nun die Arbeitsweise des Erich von Däniken. Die Dinge sind in Wirklichkeit gar nicht so geheimnisumwittert, wie er uns in seinen Büchern glauben machen will. Doch sind sie trotz allem interessant und faszinierend, und auf den Wegen dorthin erlebt man so manches Abenteuer.

Dies sind die Ergebnisse bezüglich der Behauptungen des Erich von Däniken soweit sie unsere Reise nach

Ecuador betreffen. Die nun folgenden Fakten stammen aus nachträglichen Recherchen, die Dänikens Aussagen endgültig widerlegen.

## Die Wahrheit über die »Götterhöhle«

Am 4. März (38) traf Erich von Däniken im zehnten Stock des »Atahualpa«-Hotels in Guayaquil mit Juan Moricz zusammen. Dort erzählte Moricz Däniken von der Cueva de los Tayos, von riesigen künstlich angelegten Sälen, von der Bibliothek der Außerirdischen und all den anderen Dingen. Däniken war begeistert von diesen Schilderungen und wollte immer mehr wissen.

»Ich habe ihm alles erzählt. Stunden-, tagelang hat er mich ausgequetscht. Er wollte immer mehr hören. Er hat sogar mit 200 000 Dollar für eine Höhlenexpedition gewinkt.« Daraus wurde jedoch nichts, denn »eine Expedition zu den Höhlen im östlichen Ecuador hätte mindestens vierzehn Tage gedauert«, aber Däniken »war nur etwa eine Woche hier«, berichtet Juan Moricz.

Nach diesem Gespräch fuhren Däniken und Moricz zwei Tage mit einem Jeep nach Cuenca. In der Nähe von Cuenca ließ sich Däniken mit Moricz vor einem verfallenen Höhleneingang fotografieren, von dem er dann später behauptete, es sei der geheime Nebeneingang zur Cueva de los Tayos gewesen, obwohl diese über 100 Kilometer von Cuenca entfernt liegt.

Danach nahmen sie Padre Crespis Museum in Augenschein. Und obwohl Däniken auf die vielen unechten Stücke aufmerksam gemacht wurde, fotografierte er sie, um sie dann später als echt auszugeben:

»Wir haben ihm gesagt, daß Crespi früher zwar viel Wertvolles zusammengetragen hat, daß heute aber die

echten Stücke unter lauter Mist begraben sind. Das meiste in den beiden bis unter die Decke vollgestopften Räumen ist Blech. Trotzdem wollte Däniken alles fotografieren. Er ist völlig durchgedreht. Von morgens um zehn bis nachmittags um drei hat er geknipst, und ich glaube, es sind nicht gerade die echten Stücke, die er in seinem Buch abgebildet hat«, sagte Moricz.

Däniken hat also in diesem Fall wider besseres Wissen die Unwahrheit gesagt. Auch ist er niemals in irgendeiner Höhle in Ecuador gewesen, da dies schon allein aus zeitlichen Gründen unmöglich war.

Und die Höhlenfotos in seinem Buch »Aussaat und Kosmos« zeigen zwar Teile der Cueva de los Tayos, doch stammen diese Fotos nicht von Däniken, sondern von Juan Moricz, der sie bereits 1969 während der Ceturis-Expedition aufgenommen hatte.

Zum Beweis dafür die entsprechende Seite aus Dänikens Buch: und das entsprechende Foto von der Ceturis-Expedition von 1969, die Juan Moricz leitete:

Man sieht, beide Fotos zeigen denselben Ort in der Cueva de los Tayos, ja sogar denselben Höhlenforscher. Und auch die Gegenstände, die Däniken angeblich in der Höhle fotografiert haben will, obwohl er nach eigenen Angaben in der Höhle gar nicht fotografieren durfte, stammen in Wahrheit aus dem Museum von Padre Crespi.

*Faksimiliertes Foto aus »Aussaat und Kosmos«, S. 15 (oben) und darunter das Originalfoto, das Juan Moricz bereits 1969 geschossen hat, während Däniken erst 1972 in Peru gewesen ist. Nachfolgend der dazu gehörige Däniken-Text: »Im Innern des künstlichen Tunnelsystems. Es wimmelt von zahllosen seltsamen Vögeln; die Kotschicht an zwei gemessenen Stellen beträgt 82 bzw. 90 cm. – Die Decken sind plan bearbeitet, die Wände im rechten Winkel und oft wie von einer Glasur überzogen«*

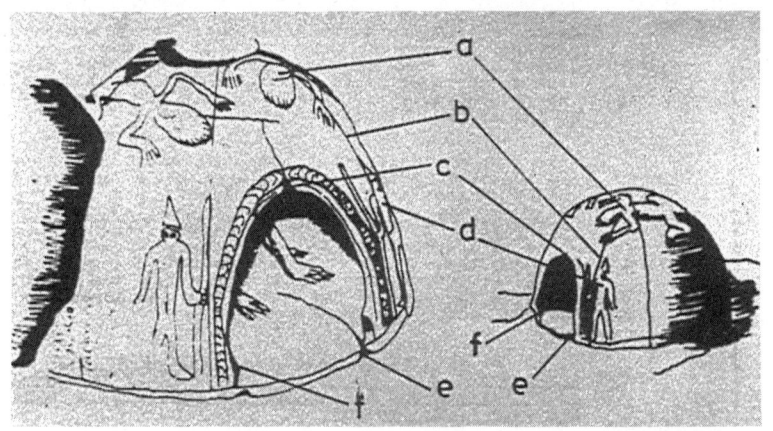

KUPPELBAU VON DÄNIKEN     KUPPELBAU VON TUROLLA

a ECHSE                               c KERBE, SPRUNG
b NAHT (GEHT ÜBER DEN OBERARM    d WÄCHTER
   DES WÄCHTERS UND ÜBER DIE       e KERBE, SPRUNG
   PFOTE DER ECHSE)                   f KNICK

So beispielsweise dieser kleine Kuppelbau, der in seinem Buch auf Seite 24 abgebildet ist – siehe links oben.

Auf dem Foto darunter ist jedoch zweifelsfrei zu erkennen, daß sich dieser Kuppelbau ehemals im Museum von Padre Crespi befand.

Dieses Foto wurde bereits im Jahre 1969 von dem Archäologen Pino Turolla veröffentlicht. Däniken war aber erst 1972 in Ecuador.

Hier noch einmal eine zeichnerische Darstellung von Walter Hain aus der Zeitschrift »Contra«. (36)

Der Vergleich macht nochmals deutlich, daß es sich um ein und denselben Gegenstand handelt.

Oben an der Kuppel je zwei Echsen. Bei der rechten geht die Naht des Kuppelbaus über den Hals und die lin-

57

ke Pfote sowie eine über den Rücken der Echse (a, b). Die erste Naht verläuft außerdem noch über die linke Schulter des einen Wächters (d). Ganz oben an der Öffnung befindet sich eine Kerbe oder ein Sprung (c). Unten an der Öffnung rechts, ebenfalls ein Sprung (e) und links davon ein Knick (f).

Da hiermit bewiesen ist, daß die Kuppelbauten auf dem Foto von Pino Turolla aus dem Jahre 1969 und dem Foto von Däniken von 1972 identisch sind, steht auch fest, daß das »Büro«, der »quadratische Steinraum«, in dem Däniken diese Kuppel angeblich fotografierte, kein Raum in der »Götterhöhle« war, sondern der ›Schrottladen‹ von Padre Crespi.

Ebenso wie mit diesem Kuppelbau steht es mit dem von Däniken fotografierten »kleinen Clown« auf Seite 25 von »Aussaat und Kosmos«, dem »goldenen Skelett« und der »vorzeitlichen Steinmetzarbeit«, die einen »Dinosaurier« zeigen soll. (36)

Demnach war Däniken also nie in einer Höhle in Ecuador, und das ›Göttergold‹ hat es nie gegeben.

Doch wie ist dieser ganze Schwindel entstanden?

Bereits im Jahre 1968 ging der Archäologe Pino Turolla dieser Höhlengeschichte nach und fand heraus, daß sie ursprünglich von einem Major der ecuadorianischen Armee, Petronio Jaramillo Abarca, stammt. Ein halbes Jahr später sprach Jaramillo seine Geschichte dem Archäologen auf Tonband. Sie begann 1941, als ein gleichaltriger Indianerjunge dem damals zwölfjährigen Jaramillo von riesigen Höhlen im Osten Ecuadors erzählte. In den Höhlen sollten Vögel mit großen Augen leben, die die dortigen Indianer »Tayos« nennen.

Später, als Jaramillo bereits Soldat war, begegnete er auf einer Dschungel-Patrouille dem ehemaligen Indianerjungen zum zweiten Mal. Darauf führte ihn dieser in die Höhle. Später berichtete dann Jaramillo von »einem großen Gewölbe, das angeblich von Menschenhand geschaffen wurde, von einem riesigen geschwungenen Stuhl für gut sieben bis zwölf Personen (aus diesem Stuhl für sieben Personen machte Däniken später sieben Stühle und einen Tisch), von Gegenständen aus gelbem Metall, von steinernen Tieren (aus diesen Tieren wurden später bei Däniken goldene Tiere), ein »zoologischen Garten der Verrücktheiten«, [Seite 17 »Aussaat und Kosmos«] und »Büchern aus gelbem Metall mit breiten roten Rücken. Diese maßen ungefähr 60 Zentimeter im Quadrat und waren etwa 30 Zentimeter dick. Die Seiten waren aus sehr dünnem grünlich-gelbem Metall und darauf waren Inschriften wie auf den Figuren eingraviert oder eingepreßt. Insgesamt waren es etwa 200 Bücher, die einzeln etwa 50 kg wogen.« (36)

Soweit nun der Bericht von Jaramillo, der dem Dänikens sehr ähnlich ist.

Jaramillo war aber damals, genau wie 1969 Juan Moricz und Pino Turolla und 1972 Erich von Däniken, im ›Goldmuseum‹ von Padre Crespi auf dem Hinterhof der Armenkirche Maria Auxiliadora in Cuenca gewesen. Dort, und nur dort, befanden sich in Wahrheit die Gegenstände, von denen Jaramillo berichtete, zum Beispiel dieser »riesige geschwungene Stuhl für *sieben* bis zwölf Personen« *(Farbabb. 3)*, aus dem Däniken *sieben* Stühle machte.

Der Archäologe Pino Turolla berichtet:

»Viele der Objekte, die Jaramillo beschrieb, standen vor meinen Augen auf Crespis Regalen. Selbstverständlich war Jaramillo hier und hat diese Sammlung gesehen. Er verbrachte mehrere Jahre in diesem Gebiet.«

Aus den Höhlen und den Kunstgegenständen aus Padre Crespis Museum konstruierte Jaramillo eine abenteuerliche Geschichte, die zuerst Juan Moricz und 1972 dann auch Erich von Däniken übernahm.

Doch Däniken genügten die Gegenstände noch nicht, von denen Jaramillo und Moricz berichteten, er brauchte fotografische ›Beweise‹, die er sich jedoch schnellstens verschaffte, indem er bei Crespi den Kuppelbau und alle anderen Gegenstände fotografierte und kurzerhand behauptete, diese Dinge habe er in der Höhle gesehen, der Höhle, die er nie betreten hat.

Am 19. März 1973 erschien im SPIEGEL ein Interview mit Juan Moricz (38):

SPIEGEL: Herrr Moricz, in seinem jüngsten Buch behauptet Erich von Däniken, mit Ihnen in Ecuador in eine geheimnisvolle Höhlenwelt hinabgestiegen zu sein.

MORICZ: Däniken ist nie in den Höhlen gewesen – es sei denn, vielleicht in einer fliegenden Untertasse ...

SPIEGEL: Wie kommt Däniken dann zu seinen Behauptungen?

MORICZ: Ich habe ihm alles erzählt. Stunden-, tagelang hat er mich ausgequetscht. Er wollte immer mehr hören. Er hat sogar mit 200 000 Dollar für eine Höhlenexpedition gewinkt.

SPIEGEL: Warum wurde daraus nichts?

MORICZ: Er hatte keine Zeit. Eine Expedition zu den Höhlen im östlichen Ecuador hätte mindestens 14 Tage gedauert. Er war aber nur etwa eine Woche hier.

SPIEGEL: Statt dessen haben Sie ihn zu einem Seiteneingang der Höhlenwelt, wie Däniken es nennt, geführt?

MORICZ: Ja, wir sind zwei Tage mit ihm im Jeep nach Cuenca gefahren und haben ihm dort einen der vielen Höhleneingänge in der Umgebung dieses Ortes gezeigt. Aber man konnte nicht hinein, sie ist verschüttet. Däniken kann lügen soviel er will, ich nicht.

Soweit der Auszug aus dem Interview mit Juan Moricz, dem »argentinischen Glücksritter«, der Däniken den Schwindel von der Götterbibliothek erzählte. Doch ebenso wenig wie Däniken hat Moricz den Goldenen Zoo und diese Bibliothek jemals gesehen. Im Unterschied zu Däniken hat Moricz wahrscheinlich niemals an die Existenz dieser Dinge geglaubt. Er inszenierte eine große Gaunerkomödie und führte Däniken auf den Leim. Überhaupt scheint Moricz einen fragwürdigen Charakter zu besitzen, was die Meinungen einiger Personen aus Ecuador zu bestätigen scheinen. »Ein Schwindler, ein Abenteurer« nennt ihn Hernán Crespo Toral, der Direktor des archäologischen Instituts von Quito. Und sogar der uralte Pater Crespi hatte für ihn nur einen verächtlichen Schnaufer: »Geschäftemacher!« (38)

## Eine Expedition, die stattgefunden hat

Die Behauptungen Dänikens und Moricz' bezüglich der ›Götterhöhle‹ in Ecuador waren Schwindel. Aber wäre es nicht vielleicht doch möglich, daß die Höhle einige geheimnisvolle Dinge enthält, die bis jetzt noch niemand gefunden hat. Dem steht entgegen, daß die englisch-ecuadorianische Tayos-Expedition im Jahre 1976 als die bis heute größte und aufwendigste Unternehmung zur Erforschung einer Höhle in Ecuador nichts gefunden hat. Alles in allem waren über hundert Personen, darunter namhafte Wissenschaftler beider Nationen beteiligt, die jeden Winkel der Tayos-Höhle erforschten. Man hätte auf jeden Fall etwas gefunden, wenn die ›geheimnisumwitterten‹ Gegenstände, von denen Däniken spricht, tatsächlich existierten.

Der nachstehende Auszug aus dem Expeditionsbericht vermittelt einen kleinen Eindruck (35):

Erich von Däniken behauptet, er sei mit einem Jeep zu unseren Höhlen gefahren; das ist nicht vorstellbar, denn auf 160 Kilometer gibt es keine Straße, nur dichten Dschungel. Wir wunderten uns über seine Phantasie. Wir flogen 240 Kilometer mit einem ecuadorianischen Transportflugzeug Richtung Süden. Es mußten 15 Flüge durchgeführt werden, um die ganze Expedition während unseres Aufenthaltes zu versorgen. Ich weiß bis heute nicht, wer diese sagenhafte Organisation auf die Beine stellte oder wer letztendlich die Rechnung zahlte, aber ein solcher Mann ist offensichtlich ein Vermögen wert für jede Expedition.

Eine Gruppe, die mit einem Hubschrauber flog, amüsierte sich köstlich über den Piloten, der eine Bruchlandung in eine Dschungellichtung machte und einige dort lebende Indianer nach dem Weg fragte.

Das Basiscamp war ein ecuadorianischer Stützpunkt am Santiago River, direkt an der umstrittenen Grenze nach Peru, an der ein leichter Kriegszustand herrschte.

Einen Tag im Camp werde ich nie vergessen. Ich trug gerade den Hut eines Sanitäts-Offiziers, als sich urplötzlich ein Durchfall bei mir einstellte. Ein Soldat litt unter Blinddarmentzündung, mein Kollege lag mit erhöhtem Fieber darnieder, und wir mußten feststellen, daß die angekündigten 410 Kilogramm Arzneimittel noch in Aldershot waren. Sie können sich vorstellen, es war nicht zum Lachen. Wir waren fertig.

Zu unserem Team gehörte eine britische Kommandoeinheit mit drei Schlauchbooten, ausgerüstet mit einem 30-PS-Außenborder. Diese Leute und unsere ausgesprochen harten Männer versuchten mit vereinten Kräften, die Boote stromaufwärts zu bewegen, was allerdings durch die gefährlichen Stromschnellen zunichte gemacht wurde. Besonders herabwürdigend war dann die Bergung durch einen Ecuadorianer in einem Einbaum, der allerdings mit einem stärkeren Motor ausgerüstet war.

Letztlich mußte die Expedition mit einem Hubschrauber durchgeführt werden. Der Flugplan, mit militärischer Präzision erstellt, wurde von total nervösen ecuadorianischen Touristen durcheinandergebracht, worauf 40 Leute mit all ihrem Hab und Gut in einer Dschungellichtung abgesetzt wurden. Nur eines fehlte, die 450 Kilogramm Verpflegung.

## Die Höhle der Tayos

Dave Judson und Arthur Champion flogen schon sehr früh los, lokalisierten den Einstiegsschacht, seilten sich 49 Meter in die Tiefe ab und begannen die Cueva de los Tayos zu erforschen. Beim abendlichen Briefing, das für die Arbeitsweise der Armee typisch ist, konnten sie berichten, daß in der Höhle Erich von Dänikens kein Gold zu finden ist, keine Relikte. Sie sei ein typisches Kalksteinhöhlensystem ohne irgendwelche Zeichen einer Einwirkung durch Hitzestrahlen oder Laser – nur eine Höhle mit allerhand sportlichen Möglichkeiten, voll von wildem Leben, doch bedauerlicherweise ist sie ab etwa 183 m Tiefe versumpft. Ich glaube nicht, daß irgend jemand von uns ernstlich erwartet hatte, all diese Phantastereien in unserer Höhle zu finden, doch nehme ich an, daß wir alle umherschlichen und auf eventuelle Kuriositäten lauerten. Aber jetzt wußten wir, daß es nichts weiter als die Erforschung einer Höhle war, ohne Schätze, die mit denen eines Tut Ench Amun hätten konkurrieren können.

Wie wir dem Bericht der Expeditionsteilnehmer entnehmen konnten, handelt es sich bei der Tayos-Höhle um ein typisches Kalksteinhöhlensystem – ohne irgendwelche Zeichen einer Einwirkung durch Hitzestrahlen oder Laser. Wie konnte es dann aber zur Bildung von teilweise rechtwinkligen Tunnelabschnitten mit nahezu planen Decken und senkrecht abfallenden Wänden kommen? Sind sie nicht der schlagende Beweis für eine einstmals stattgefundene künstliche Bearbeitung, ganz gleich mit welchen Gerätschaften? Daß dies keineswegs so ist, sondern alles auf natürliche Weise entstand, soll im folgenden kurz dargestellt werden:

Die Tayos-Höhle im Osten Ecuadors ist eine Kalksteinhöhle, die vor langer Zeit durch einen unterirdischen Flußlauf geschaffen wurde. Dies geschah vorwiegend durch Korrosion, zum Teil sicher auch durch Erosion. Anfangs suchte sich das Regenwasser kleine Spalten und Risse im Gestein, in denen es versickerte. Durch seinen Gehalt an Kohlensäure und Huminsäure löste es den Kalk des Gesteins, so daß die Spalten und Risse im Laufe von Jahrtausenden zu immer größeren Räumen, Schächten und Gängen ausgeweitet wurden. Durch Mitführung fester Bestandteile entstanden dabei teilweise glatte Flächen, die bei einem Laien leicht den Eindruck einer künstlichen Bearbeitung hervorrufen können, ebenso wie das teilweise Vorhandensein von annähernd rechtwinkligen Gängen, auch Kastenprofile genannt. Diese Kastenprofile kommen ausschließlich in waagerecht, oder nahezu waagerecht gebankten Gesteinen vor, das heißt, in Gesteinen mit einer waagerechten Schichtung.

Befindet sich zwischen zwei Schichtfugen eine Gesteinsschicht, die leichter löslich ist als die umgebenden, wird diese Schicht vom Wasser ausgeräumt, wobei ein

Gang mit einer planen Decke und nahezu senkrecht abfallenden Wänden entsteht. Dies geschieht meist im Zusammenhang mit einer parallelen Verwerfung. In anderen Fällen dürfen für die Entstehung von Rechteckprofilen auch Zerrungen und Zerreibungen einzelner Schichtpakete im Zuge von Faltungsvorgängen angenommen werden. Auch können durch Versturzvorgänge, die eine Folge tektonischer Bewegungen, wie Zerrungen, Hebungen und der daraus resultierenden Spannungen im Gestein sind, torähnliche Ausbrüche entstehen, die dann ebenfalls wie künstlich geschaffen wirken.

Dabei kann es durchaus vorkommen, daß sich von der Decke einer Höhle riesige, fast quadratische Blöcke lösen, die gerade und scharfe Kanten aufweisen. Dies beruht auf der Eigenschaft kristalliner Gesteine, an orthogonalen Schwächeebenen zu brechen, wodurch symmetrische Formen und rechte Winkel entstehen können. Denken wir dabei an die Herstellung von Pflastersteinen, bei der man sich diese Eigenschaft zunutze macht.

Auch in der Cueva de los Tayos sind derartige Blöcke und torähnliche Ausbrüche zu finden. Diese Höhle weist eine nahezu waagerechte Bankung des Kalksteins auf, weshalb alle Profile in ihr auf einen natürlichen Ursprung zurückzuführen sind. Nur einem Laien erscheinen sie auf den ersten Blick künstlich, so auch Erich von Däniken, der, nachdem ihm Juan Moricz die Bilder der Tayos-Höhle gezeigt hatte, schrieb:

»Die Höhlengänge sind samt und sonders rechtwinklig, mal schmal, mal breit, die Wände glatt, oft wie poliert, die Decken plan und wie von einer Glasur überzogen. Das freilich sind keine auf natürliche Weise entstandenen Gänge – Luftschutzbunker unserer Zeit sehen so aus!« (4)

Man muß indessen nicht erst nach Südamerika reisen, um derartige Kastenprofile zu finden. Es gibt sie auch hier in Deutschland, auf der Schwäbischen Alb, die zum überwiegenden Teil aus gebanktem Jura-Kalk besteht.

Erst kürzlich besuchte ich die Falkensteiner Höhle bei Urach und fand dort die typischen Kastenprofile mit planen Decken und teilweise senkrechten Wänden (Farbabb. 6, 7).

In dieser Höhle gibt es zwar keine riesigen Hallen wie in der Tayos-Höhle, was aber ohne Belang ist, da die Tayos-Hallen ohnehin nicht rechtwinklig sind, sondern lediglich einige Teilbereiche von Verbindungsgängen, ebenso wie in der Falkensteiner Höhle.

Aber auch sonst findet man in Europa eine Vielzahl geometrischer Gesteinsformationen außerhalb von Höhlen. In Mittelspanien beispielsweise fand ich fantastische geometrische Gebilde an Felswänden, die alle natürlichen Ursprungs sind (*Farbabb. 8, 9, 11*). Ein besonders schönes Beispiel für das Bruchverhalten von kristallinen Gesteinen entdeckte ich in Südfrankreich, nahe dem Dorf Coux, das bei Privas liegt. Dort erhebt sich hinter einem kleinen Fluß, nahe bei einer alten Mühle, eine steile Felswand, die voll von nahezu rechtwinkligen Ausbrüchen ist. Der Fluß unterhalb der Felswand bahnt sich seinen Weg durch eine flache Gesteinsformation am Boden. Diese Formation zeigt unzählige Risse, die in fast rechten Winkeln zueinander verlaufen, so daß es wirkt, als seien Teile des Ufers künstlich mit Steinplatten belegt worden.

Weiter oberhalb von Coux, in Richtung der Grotten, findet man einen Felsen, der übersät ist mit kreisrunden Vertiefungen, die eine natürliche Korrosion und Erosion als Ursache haben. Am Rande der Formation machen diese Auskolkungen den Eindruck von großen, runden

Sesseln, die künstlich geschaffen wurden (*Farbabb. 10*). Man fragt sich unweigerlich, wie es die Natur fertigbringt, solche exakten Formen zu schaffen. Dennoch dürfen sie nicht Objekt sinnloser Spekulationen werden; sie können heute wissenschaftlich exakt erklärt werden und haben nichts mit außerirdischen Göttern zu tun.

Ich kann daher nur all jenen, die glauben, daß die teilweise und nahezu rechtwinkligen Profile in der Tayos-Höhle künstlich geschaffen wurden, empfehlen, die von mir beschriebenen Orte selbst aufzusuchen und in Augenschein zu nehmen, um sich vom natürlichen Ursprung jener Formen und Gebilde zu überzeugen.

## Erich von Däniken »stellt sich«

Nach unserer Rückkehr aus Ecuador wurde ich vom WDR-Fernsehen zu der Sendung »Ich stelle mich« mit Erich von Däniken eingeladen.

Zuvor hatte das WDR-Team einen kurzen Film in meiner Wohnung gedreht, in dem auch Teile meines Fotomaterials verarbeitet wurden. Unter anderem zeigten diese Fotos, wie ich die angeblichen zentimeterdicken, vorsintflutlichen Goldplatten von Padre Crespi mit zwei Fingern in der Luft hielt (*Farbabb. 1*).

Nach den Maßangaben in Dänikens Buch und meinen Berechnungen müßte die kleinste dieser angeblichen Goldplatten genau 56 Kilogramm wiegen. Man zeige mir den Herkules, der das Gewicht von mehr als einem Zentner zwischen den Fingerspitzen in die Luft heben kann. Dies schafft wohl niemand außer »Dänikens Götter«. Rechnet man das Gewicht der anderen Platten nach den Maßangaben von Däniken aus, kommen sehr schnell einige hundert Kilogramm zusammen.

Schließlich war es dann am 24. Oktober 1982 soweit. Zusammen mit meiner Frau saß ich neben vielen anderen im Studio – der Physiker und Schriftsteller Dr. Herbert Franke war auch zugegen – und wartete gespannt auf den Beginn der Sendung.

Ich fragte mich, welche Ausreden Däniken diesmal parat haben würde. Wie er gezielten Fragen, seine sogenannten »Beweise« betreffend, ausweichen würde.

Als Däniken schließlich meinen Film gesehen hatte, an dessen Schluß ich ihn fragte, wo das angebliche »Göttergold« sei und ob er wissentlich gelogen hätte, begann er aufgeregt zu lamentieren. Diese Sache sei schon so lange her. Außerdem wäre sie damals schon durch die gesamte Presse gegangen. Kurz, er tat so, als sei das Ganze überhaupt nicht der Mühe wert.

Danach ließ er ein Dia auf den Bildschirm projizieren, welches das Innere irgendeiner Höhle zeigte, die mir nicht bekannt war. Darauf fragte er mich: »Herr Kaufhold, waren Sie in dieser Höhle?«

»Nein«, erwiderte ich und fragte mich, wie er plötzlich auf die Höhle kam. Davon war im Moment doch gar nicht die Rede. Es ging hier eindeutig um die »vorsintflutlichen Goldplatten« aus Messingblech.

»Moment mal«, sagte ich, »hier ist die Rede von den Goldplatten in Cuenca und nicht von irgendeiner Höhle, in der ich nie war.«

Nun ließ er ein anderes Dia vorführen, das einen Raum zeigte, der voller Steine lag. Was sollte das? Er sprach: »Dies ist einer der Räume von Padre Crespi. Diese Arbeiten sind uralt und echt. Haben Sie diese Kunstgegenstände gesehen?«

»Nein, Herr von Däniken. Ich spreche hier auch nicht von alten Steinen. Sie weichen meiner Frage aus! Wo ist das Gold, das Sie in Ihrem Buch beschreiben und das in

Wahrheit Messingblech ist? Sie haben soeben im Film gesehen, daß ich die Platten, die Sie in Ihrem Buch als Gold bezeichnen, mit zwei Fingern in der Luft halte.«

Däniken zeigte ein anderes Buch und sagte: »Ich habe nie behauptet, daß diese Platten aus Gold sind. Das steht in keinem meiner Bücher.«

In diesem Moment wurde unser Streitgespräch unterbrochen, da man, so wurde gesagt, nicht so sehr in die Einzelheiten gehen wollte.

Dänikens Antwort war ziemlich befremdlich. Nicht nur, daß er meiner Frage laufend ausgewichen war und versucht hatte, auf ein anderes Thema zu lenken, nein, jetzt stritt er sogar ab, er habe jemals behauptet, die Platten wären aus Gold.

Später am Biertisch sagte er dann im Beisein meiner Frau und von Dr. Franke: »Ich kann mich überhaupt nicht erinnern, daß in einem meiner Bücher steht, die Platten wären aus Gold. Ich habe dies nicht behauptet. Ich kann mir auch nicht vorstellen, wie dies in eines meiner Bücher gekommen ist. Und die Stele, die Sie vorhin im Film zeigten, habe ich von einem Professor einer Universität in Kalkutta untersuchen lassen, der mir bestätigt hat, sie sei absolut echt. Die Schrift ist inzwischen übersetzt und als Altbrahmanisch erkannt worden. Ich besitze sogar ein wissenschaftliches Gutachten darüber.«

Die Wissenschaftlichkeit solcher Gutachten muß man allerdings stark bezweifeln. Die Stele, die Däniken ansprach, hatte Cuenca niemals verlassen. Der Professor konnte also nur ein Foto untersucht haben, womit dieses Gutachten ohne wissenschaftlichen Wert bleibt. Denn jedermann könnte hergehen und eine alte Schrift, die er zuvor einem archäologischen Buch entnommen hat, in Messingblech einhauen, das Kunstwerk hernach fotografieren, um sich dann von einem Professor aus Kalkutta bestätigen zu lassen, daß es sich auf dem Foto um alte Schriftzeichen handelt.

Als ich dann schließlich auf die Höhle zu sprechen kam und Däniken fragte, wieso er den Eingang der Höhle so falsch beschrieben und behauptet habe, vor dem Einstiegsloch läge ein riesiger Stein mit seltsamen Schriftzeichen darauf, erwiderte er: »Ich habe seinerzeit mit Juan Moricz ein Abkommen unterschrieben, wonach ich die Lage der Höhle nicht bekanntgeben darf. Ich mußte also so schreiben, als sei ich am Haupteingang gewesen. Juan Moricz hat mich aber zu einem Nebeneingang geführt, doch wo der liegt, das weiß ich nicht mehr.«

»Herr von Däniken, Sie hätten bei der Fahrt zur Höhle durch mehrere Städte kommen müssen. Sie müssen sich doch erinnern können.«

»Wir sind durch keine Stadt gekommen. Da war absolut nichts. Wir haben auch keine Flüsse überquert. Wir sind über eine schmale Straße gefahren und Juan Moricz hat immer wieder Ausschau gehalten, da er auch nicht mehr gewußt hat, wo der Eingang liegt. Immer wieder ist er ausgestiegen, ein Stück in den Wald gegangen, bis er endlich die richtige Stelle gefunden hatte. Von da aus sind wir dann etwa vier bis fünf Stunden zu Fuß gegangen.«

Nun waren es schon vier bis fünf Stunden geworden; bei unserem ersten Gespräch war es noch eine halbe Stunde gewesen. Außerdem hätte er durch mehrere Städte kommen müssen. Es gibt nämlich in Ecuador keine Straße, an der nicht auch Städte, Siedlungen oder Dörfer liegen.

Däniken versuchte, den Eindruck zu erwecken, daß er wahrscheinlich gar nicht in der Cueva de los Tayos gewesen war, sondern in irgendeiner anderen Höhle, die Moricz ihm nicht nennen wollte, wiewohl die Fotos – die Moricz-Fotos – in seinem Buch eindeutig Teile der Tayos-Höhle zeigen.

Und letztendlich gibt es in diesem Gebiet keine Höhle, die von der Straße aus in einer halben Stunde oder in vier bis fünf Stunden zu erreichen wäre. Außerdem hatte Däniken behauptet, die Metallbibliothek mitsamt dem Tisch und den Stühlen habe sich in einer Halle befunden, die so groß wäre, daß eine Boeing 747 darin Platz fände.

Die einzige Höhle, die Hallen von annähernd diesem Ausmaß aufweist, ist die Cueva de los Tayos, die er aber niemals betreten hat.

Als ich ihn dann speziell auf diese Metallbibliothek ansprach, sagte er: »Ich habe diese Bibliothek nur aus etwa 20 Metern Entfernung im Schein der Lampen gesehen. Genaueres konnte ich nicht erkennen.«

Wie konnte dann aber Däniken die Platten oder Folianten so genau beschreiben, wenn er sie nur aus zwanzig Meter Entfernung gesehen hat?

In »Aussaat und Kosmos« ist auf Seite 18 zu lesen: »Der Schatz der Schätze steht auch in diesem Saal, jene Metallbibliothek, von der in der Notariatsurkunde die Rede war, unter der ich mir aber nichts, gar nichts hatte vorstellen können. Gegenüber dem zoologischen Garten, links hinter dem Konferenztisch, steht die Bibliothek aus Metallplatten. Teils Platten, teils millimeterdünne Metallfolien, die meisten in der Größe 96 × 48 cm. Mir ist nach *langem, kritischen Betrachten* schleierhaft, welches Material eine Konsistenz hat, die das Aufrechtstehen so dünner und großer Folien ermöglicht. Jede Tafel ist beschriftet, trägt Stempel, ist gleichmäßig wie von einer Maschine bedruckt.«

# Kapitel 2
# Die Außerirdischen in Südamerika

## Die Wüstenzeichnungen von Nazca –
## Flughafen der Götter

Im Jahre 1931 entdeckte eine Gruppe junger Männer, die nach Peru gekommen waren, um die Vergangenheit des vorkolumbischen Peru vom Flugzeug aus zu erforschen, in der Nazca-Wüste riesige geometrische Figuren – Dreiecke, Rechtecke, trapezförmige Flächen.

Wie mit einem Lineal gezogen führten durch die trockene Pampa endlos scheinende Linien, die sich an bestimmten Punkten kreuzten, um dann wieder auseinanderzulaufen. Oft verliefen sie über steinige Bodenwellen, zogen sich durch kleine Täler und verschmolzen schließlich weit hinten mit dem Horizont.

Aus der Luft erinnerten diese gigantischen Gebilde an Landepisten für Flugzeuge, was Erich von Däniken später zu der Vermutung veranlaßte, es handele sich einwandfrei um einen prähistorischen Flughafen, den einst die »Götter« zur Landung ihrer Weltraumschiffe benutzten.

Doch befinden sich in diesem Gewirr von Linien auch Spiralen und Tierfiguren von riesigen Ausmaßen, zum Beispiel ein gigantischer Affe, ein über hundert Meter langer Vogel, eine mehrere hundert Meter lange Eidechse, das Bild eines überdimensionalen Mörderwals usw. Zudem führt allein der Umstand, daß viele Linien über Berghänge und durch Täler verlaufen, sowie der weiche Boden der Pampa von Nazca die »Götter-Landeplatz-Theorie« ad absurdum.

Aber wer schuf diese gigantischen Gebilde in der Wüste und zu welchem Zweck?

Um dies zu klären, ist es notwendig, etwas genauer auf die Geschichte der Entdeckung und Erforschung der Wüstenzeichnungen einzugehen, die durch Abtragen der dunklen Erosionsschicht an bestimmten Stellen der Wüstenoberfläche zustandekamen.

Nach Robert Shipees, der die Zeichnungen zusammen mit seiner Gruppe zum erstenmal aus der Luft entdeckte, war Dr. Paul Kosok der zweite, der zur Erforschung der Vergangenheit Perus ein Flugzeug bestieg.

Kosok war damals unter anderem Leiter des Lehrstuhls für Geschichte an der Universität in Long Island. Er war fasziniert von den riesigen Gebilden, die geradezu flehend nach einer genauen Erforschung verlangten und zu denen es in der gesamten alten Welt, in Europa, Asien und Afrika, kein Gegenstück von solchen Ausmaßen gab.

Selbstverständlich war sich Kosok zum Zeitpunkt seiner Entdeckung noch nicht bewußt, um was es sich bei den Wüstenzeichnungen handeln könnte und wer sie geschaffen hatte.

Erst viel später, bei einem abendlichen Spaziergang durch die Pampa de Nazca, als die Sonne gerade im Begriff war unterzugehen, kam Kosok auf die Lösung des Rätsels. Er konnte beobachten, wie der letzte leuchtende Strahl der untergehenden Sonne exakt auf eine der langen Geraden von Nazca fiel. Das war es, denn es war genau der 22. Juni, der Tag der Wintersonnenwende auf der südlichen Halbkugel. Als Historiker wußte er natürlich, daß dem Zeitpunkt der Winter- und Sommersonnenwende in vielen alten Hochkulturen eine entscheidende Bedeutung zukam.

So folgerte Kosok weiter, daß die Nazca-Zeichnungen mit dem Kalender ihrer Schöpfer zusammenhängen mußten, da sie zweifelsfrei mit der Zeit der Sonnenwenden verbunden waren ...

Soweit zu Paul Kosoks Überlegungen, die erst viel später von der deutschen Mathematikerin Maria Reiche

(23) weitgehend bewiesen wurden. Sie belegte eindeutig die Verbindung zwischen den Geraden in der Nazca-Wüste und der Sommer- und Wintersonnenwende.

Nach der Sommersonnenwende am 21. Dezember beginnen nämlich die sonst ausgetrockneten Flüsse Wasser zu führen, das aus den Kordilleren kommt und für die Menschen von lebenswichtiger Bedeutung ist. Dann bestellen die Bauern ihre Felder und alles Leben erblüht. Es wimmelt von Fischen und Krebsen in den Flüssen und die nunmehr gutgenährten Tiere vermehren sich.

Das Datum der Sommersonnenwende war zu damaliger Zeit lebenswichtig für die Menschen, da sie keinen Kalender besaßen, wie wir ihn kennen. Trotzdem mußten sie genau wissen, wann sie ihre Felder zu bestellen hatten.

Auch einige Tierdarstellungen stehen ganz offensichtlich mit den Sonnenwenden in Zusammenhang. Maria Reiche fand heraus, daß Schnabel und Hals eines riesigen Vogels exakt auf den Sonnenaufgangspunkt bei der Wintersonnenwende ausgerichtet sind. Desgleichen zeigt eine Linie, die vom Schnabel eines anderen Vogels ausgeht, genau auf die Stelle des Sonnenaufgangs am 21. Dezember, dem Tag der Sommersonnenwende in Peru. Derart ausgerichtete Bilder fand Maria Reiche noch mehr, Zeichnungen, welche die Stelle des Sonnenaufgangs zur Winter- und Sommersonnenwende markierten.

Die Zeit der Sonnenwende spielt aber auch bei vielen nichteuropäischen Kulturen eine wesentliche Rolle, wie der Völkerkundler und Archäologe Miloslav Stingl (31) bei seinen Forschungsreisen nach Ozeanien herausfand. So diente den Polynesiern in alter Zeit ein steinernes Denkmal, Haamonga genannt, zur Feststellung der Zeit der Sonnenwende. Dieses steinerne Monument zeigte den Bewohnern der Insel Tongatapu an, wann sie mit der Bestellung ihrer Felder und Plantagen zu beginnen hatten.

Dieselben und ähnliche Funktionen müssen auch den Wüstenzeichnungen von Nazca zugeschrieben werden. Jedoch könnten sie, wie Kosok einst formulierte, auch Ort und Zeit des Auf- und Untergangs des Mondes bestimmt haben, so wie die Megalithen von Stonehenge in England offensichtlich nach dem Mond orientiert waren.

Einige altperuanische Kulturen praktizierten ebenfalls den Mondkult. Ebenso könnten Teile der Nazca-Zeichnungen eine auf die Mondbewegung ausgerichtete Kultstätte gewesen sein. Für diese Annahme sprechen die Forschungsergebnisse Hoimar v. Ditfurths (11), der nachwies, daß viele geometrische Figuren einst Läuferstrecken waren, die fackeltragende Menschengruppen nachts zu kultischen Zwecken benutzten, wobei der Anblick Hunderter brennender Fackeln, welche die Formen der riesigen Trapeze und Dreiecke aus der Dunkelheit der Wüste leuchten ließen, sicher faszinierend war. Nach Kosok bestimmten viele Linien außerdem die Stellung oder Bewegung der Sternbilder, von denen im alten Peru den Plejaden die größte Bedeutung beigemessen wurde, da diese in der Wüste von Nazca an der gleichen Stelle aufgehen, wie die Sonne zur Zeit der Sonnenwende.

Auch andere Sternenkonstellationen wurden auf diese Weise markiert, so wie das Sternbild des Großen Bären durch die riesige Zeichnung eines Affen, der durch eine dünne Linie mit einer der breiten Linien verbunden ist. Diese wiederum läuft auf den Punkt zu, an dem der Große Bär zum Zeitpunkt der Sommersonnenwende, am 21. Dezember, aufgeht. Mit dem Großen

Bären bzw. dem Affen aber kommt das Wasser und somit das Leben in die Wüste.

Damit scheint bewiesen, daß die Nazca-Linien teils ein riesiges astronomisches Bilderbuch darstellen, das für die alten Peruaner lebenswichtig war, da sie keinen Kalender kannten. Andererseits hatten die Stellungen der Gestirne, wie Mond, Sonne, Plejaden usw. eine ganz bestimmte Bedeutung für die einstigen Bewohner des Nazca-Gebietes, ähnlich wie manche »aufgeklärten« Menschen heute noch an die Macht der Sternbilder über ihr Schicksal glauben.

Wer waren aber jene Menschen, die dieses großartige Werk schufen und wie stellten sie es her, mit welchen Werkzeugen?

Maria Reiche (23) vermutet, daß man, um die Linien genau gerade zu ziehen, einen Holzpflock benutzte, den man in großer Entfernung aufstellte und immer wieder anvisierte. »Was man heute mit einem Theodoliten machen würde, konnten diese Leute schon mit ihrer Sehschärfe erreichen«, sagt Maria Reiche. In der Nähe einer der Zeichnungen fand man die Reste eines solchen Holzpflocks. Die Untersuchung durch den Radiocarbontest ($C_{14}$-Test) ergab ein Alter von etwa 1500 Jahren. Es ist anzunehmen, daß die gleichen Menschen, die einst diesen Pflock in die Erde rammten, auch die Scharrzeichnungen anfertigten. Diese Annahme wird nicht nur durch die Ergebnisse des $C_{14}$-Tests gestützt, sondern ebenfalls durch die Motive der Nazca-Keramik. Diese ähneln sehr denen, die man in der Wüste findet, so beispielsweise das Scharrbild eines Mörderwals, der eine von zwei Gottheiten des Kriegerkultes der Nazca-Indianer war. Mit diesem Kult hing wahrscheinlich auch die bei den Nazca allgemein verbreitete Kopfjagd zusammen, denn die Mützen, welche die Kopfjäger trugen, hatten die Form eines Mörderwal-Schwanzes, wie man anhand der Darstellungen auf den Keramikgefäßen herausfand. An der Bauchflosse jenes stilisierten Wals hängt ein Menschenkopf, die bekannte Kriegstrophäe der Nazca-Indianer, was nochmals deutlich macht, daß die Schöpfer des gigantischen Wüstenbilderbuchs mit den Nazca-Indianern identisch sind.

Somit leuchtet ein, daß die Zeichnungen nicht von raumfahrenden »Göttern« zum Zwecke eines provisorischen Flughafens errichtet wurden.

Auch die neuere Behauptung von Däniken, einst sei ein Raumschiff in diesem Wüstengebiet gelandet und habe eine lange Landespur hinterlassen, eine Spur, welche die damaligen Zeugen des Geschehens veranlaßte, weitere Spuren zu zeichnen, um die »Götter« erneut vom Himmel zu locken, ist absurd.

Mit einem Raumfahrzeug, das derartige Landepisten benötigt, käme man bestenfalls bis zum Mond. Schon für ein einfaches Sportflugzeug ist der Boden der Nazca-Wüste ziemlich holprig. Bereits ein schweres Fluggerät, wie der amerikanische Space-Shuttle könnte auf diesem Untergrund bestenfalls eine Bruchlandung vollziehen.

Wenn man schon behauptet, die Außerirdischen wären einst auf der Erde gelandet, sollte man ihnen doch eine bessere Technik zutrauen, eine, die es ihnen ermöglicht, an jedem beliebigen Ort vertikal zu landen und zu starten. Und wenn die »Götter« schon solche »Landepisten« benötigt haben sollen, warum hat man dann in Mexico, Guatemala, Ecuador, keine Pisten gefunden, wo die »Götter« angeblich ebenfalls präsent waren?

Wie man die Dinge auch betrachtet, die Deutung eines prähistorischen Raumschifflandeplatzes ergibt nicht den geringsten Sinn, wohl aber die eines riesigen astronomischen Kalenders der Nazca-Indianer.

Auch Erich von Däniken scheint sich dieser Tatsache anfangs bewußt gewesen sein, als er 1968 über die Vermessung der Nazca-Linien schrieb (6):

»Die Ergebnisse erhärten eindeutig die Hypothese, daß die Linien nach astronomischen Plänen angelegt wurden.«

Trotz dieser Einsicht versucht er weiterhin seine Raumschiff-Landeplatz-Therorie zu bekräftigen, indem er mutmaßt, der riesige Dreizack der Bucht von Pisco sei ehemals eine Art von Wegweiser für anfliegende Raumschiffpiloten gewesen.

So schreibt er: »Besteht etwa zwischen dem Dreizack der Bucht von Pisco, den Gebilden der Ebene von Nazca und dem Ruinenfeld auf der Hochebene von Tiahuanaco ein Zusammenhang?! Mit einer minimalen Abweichung sind sie auf einer geraden Luftlinie miteinander verbunden.«

Bei einer genauen Betrachtung aber weist der Dreizack etwa *800 km* an Tiahuanaco und *250 km* an der Nazca-Ebene vorbei. Diese Abweichung ist derart enorm, daß ein Flugzeugführer, der es mit der Navigation nicht allzu genau nimmt, bei einem Flug von München nach Brüssel vermutlich in der Nähe von Berlin landen würde (15).

## Stein für Stein – Die Außerirdischen und die südamerikanischen Megalithbauten

In »Zurück zu den Sternen« (10) beschäftigt sich Erich von Däniken unter anderem mit den Megalithbauten von Sacsayhuaman bei Cuzco (Peru) und Tiahuanaco in Bolivien. Natürlich kann er sich auch hier nicht des Gedankens erwehren, diese Bauten seien mit Hilfe der außerirdischen Götter erstellt worden.

*Die größte Ausmeißelung im »Chingana Grande«, einer Kalksteinklippe, die als magischer Komplex diente, ist ein 3 Meter hoher Thron*

Zunächst geht es dabei um die natürlichen Felsformationen, die Sacsayhuaman umgeben und die von den Indios kunstvoll bearbeitet wurden und rituellen, magischen Zeremonien dienten.

»Wer kann sich ausdenken, daß menschliche Hände und menschliche Kraft diesen Block freilegten, transportierten und bearbeiteten ... Welche titanischen Kräfte waren hier am Werk?« fragt Erich von Däniken (6) in einem anderen Buch.

»Das Felslabyrinth über Sacsayhuaman erweckt den Eindruck eines mit letztem technischen Raffinement erstellten Superbauwerks. Wer tagelang in der dünnen Luft dieses Hochplateaus zwischen Steingiganten, Höhlen und Felsungetümen herumgeklettert ist, wer die glatten perfekt bearbeiteten Wände betastet hat, der kann schwerlich noch die Erklärung akzeptieren, dies alles sei vor Zeiten von Menschenhand mit nassen Holzkeilen und simplen Steinfäustlingen geschaffen worden.« (10, S. 43)

Eine Bildunterschrift in dem gleichen Buch besagt: »Dieser Steinblock von der Größe eines vierstöckigen Hauses zeigt präzise bearbeitete Stufen. Eine glaubhafte Deutung gibt es nicht.«

Darunter ist eine Felsformation abgebildet, die wohl das Labyrinth »Chingana Grande« darstellt.

»Chingana Grande« ist ein ehemals magischer Komplex, eine Kalksteinklippe, mit vielen aus dem Felsen gehauenen Stufen, Treppchen, Sitzen und Altären (*Farbabb. 14*). Die größte Ausmeißelung in dieser natürlich gewachsenen Kalksteinformation stellt ein 3 Meter hoher Thron dar. Die Oberfläche des etwa 6 Meter hohen Felsens ist mit zahlreichen Skulpturen bedeckt. Diese Felsbearbeitungen stellen jedoch keine Rätsel dar. Kalkstein läßt sich sehr leicht und mit einfachen Mitteln bearbeiten, da er wasserlöslich ist. Außerdem wird er sehr stark von natürlich vorkommenden Säuren wie Kohlensäure und Huminsäure angegriffen. Es kann auch nicht ausgeschlossen werden, daß man damals per Zufall, durch Erhitzen von Sulfiterzen, die Herstellung von schwefeliger Säure entdeckte. Doch auch ohne die Zuhilfenahme von Säuren ist die Bearbeitung von Kalkstein denkbar einfach.

Es ist erwiesen, daß die Erbauer dieser Anlagen hervorragende Steinwerkzeuge besaßen und ihr Steinmaterial genau beherrschten, wiewohl nicht abzuleugnen ist, daß all diese Arbeiten ein Höchstmaß an Kraft und Zeit erforderten.

Der Überlieferung nach sollen beim Bau der Festung Sacsayhuman 30 000 Indios siebzig Jahre lang beschäftigt gewesen sein. Die Anlage (*Farbabb. 16*) wurde vom Inka Pachacutec geplant, von seinem Sohn Tupac Yupanqui begonnen und unter dem Herrscher Huayna Capac vollendet. Teile der Festung sind jedoch nach Meinung der Archäologen wesentlich älter. Erst wenn man sich die Zeiträume und Menschenmassen, die zum Bau dieser Festung nötig waren, vor Augen führt, verblaßt plötzlich der Gedanke der Notwendigkeit von der Mithilfe der »Götter«.

Auch kannte man mit Sicherheit Techniken, um Granit-, Trachyt- und Porphyrgestein zu sägen, indem man Riemen oder Bänder mit Granatpulver präparierte. Da Granat wesentlich härter ist als vorgenannte Gesteine, ist ein Sägevorgang ohne weiteres denkbar, ähnlich wie man eine Glasscheibe mit einem Diamant schneiden kann. Die millimetergenauen Einpassungen der Steinblöcke (*Farbabb. 15*) in die zyklopischen Mauern der Inkabauten lassen sich ebenfalls so erklären. Wahrscheinlich benutzte man hierfür breite, beidseitig mit Granatpulver präparierte Lederstreifen, die man so lange zwischen den Blöcken hin- und herzog, bis diese schließlich fugenlos aufeinanderpaßten.

Der Transport derartiger Gesteinsblöcke, von denen die meisten viele Tonnen wiegen, war zwar sehr mühevoll und zeitaufwendig, stellte aber letztendlich kein großes Problem dar. Man hatte genügend Zeit und Arbeitskräfte zur Verfügung.

Doch all diese Tatsachen hielten Däniken nicht davon ab, hinter allem die Großtaten der »Götter« zu vermuten, ohne deren Mithilfe er sich auch nicht das Vorhandensein der Riesenstatuen auf der Osterinsel erklären kann. Und das alles, obwohl er um die Forschungsergebnisse von Thor Heyerdahl weiß, der, um dies herauszufinden, Bewohner der Osterinsel (14) »meißeln, ziehen und eine Statue aufstellen ließ«. Der ganze Vorgang wurde von Heyerdahl durch Fotos belegt. Zum Herausmeißeln einer Statue benötigte man ein Dutzend Arbeiter und ein Jahr Zeit, »zum Transport einer mittleren Statue nicht mehr als 180 Menschen und einen Y-förmigen Holzschlitten, zum Aufstellen eines solchen Kolosses 12 mit zwei Holzstangen und Stricken ausgerüstete Arbeiter und 18 Tage Zeit«. (14)

Hätte Däniken von all dem nichts gewußt, wäre sein Vorgehen durchaus verzeihlich, doch da er sich in seinem Text laufend auf Heyerdahl beruft, haben ihm die Ergebnisse des norwegischen Forschers auch vorgelegen, womit er wider besseres Wissen eine längst gelöste Frage erneut zum Rätsel erhob.

Es ist zweifelsfrei, daß für die Errichtung megalithischer Bauwerke und deren Materialtransport dieselben oder aber ähnliche Verfahren benutzt wurden. Verfahren, die trotz ihrer Aufwendigkeit weitaus wahrscheinlicher sind als die Mithilfe von Extraterrestriern.

Wozu sollten auch Außerirdische Festungen wie die von Sacsayhuaman errichtet haben? Etwa um sich vor den Pfeilen der Indianer zu schützen? Oder erstellten sie diese Bauwerke, um die Nachwelt von ihrer einstmaligen Anwesenheit zu überzeugen? Gehen wir einmal davon aus, es hätte diese »Götter« wirklich gegeben, so ist anzunehmen, daß sie sich dazu sicher etwas Beweiskräftigeres hätten einfallen lassen.

Die nachfolgend abgedruckten Stellungnahmen zweier Wissenschaftler zu Dänikens »Zurück zu den Sternen« sprechen für sich:

Die erste Stellungnahme, vom 23. 02. 1983, stammt von Prof. Dr. E. Althaus, Leiter des Mineralogischen Instituts der Universität (Techn. Hochschule) Karlsruhe:

Sie haben mir mit Brief vom 28. 1. 1983 einige Fragen zu »Zurück zu den Sternen« von v. Däniken vorgelegt, und ich will versuchen, sie zu beantworten. Zwar bezweifle ich, daß man damit etwas bewirken wird. Märchen und Märchenerzähler sind einer überzeugten Gemeinde immer lieber als Nüchternheit und Realität.

Megalithische Bauwerke sind weltweit nichts Ungewöhnliches, und zu ihrer Errichtung braucht man nicht mal unsere heutigen Maschinen, geschweige denn Über- oder Außerirdische. Steinbearbeitung ist auch keine Hexenkunst. Uns kommt es nur manchmal so vor, weil diese Fertigkeiten verlorengegangen sind, die mit Sicherheit früher viel höher entwickelt waren. Zwar waren die Werkzeuge nicht so leistungsfähig wie heute, aber die Leute hatten etwas, dies aufzuwiegen: Fleiß, Geschicklichkeit und – Zeit! Es gab für die Steinbearbeitung sicher nicht nur Fausthämmer und Holzkeile; meißel- und schlegelähnliche Werkzeuge waren sicher auch bekannt. Die Glättungstechniken waren Schleiftechniken; auch hier ist das Instrumentarium Allerweltsmaterial. Lange, gerade Kanten können sehr wohl gesägt sein, und zwar mit primitiven Bandsägen (Leder- oder Schur-Riemen), die mit einem Schleifpulver (Quarz für weichere, Granat für härtere Gesteine) imprägniert waren. Auch Bohrer waren wohl bekannt, und zwar Drillbohrer (Holz, Geweih etc.) mit Bogensehnenantrieb, wie man sie heute noch in morgendländischen Basaren in Betrieb sehen kann. Wer mit Pfeil und Bogen schießen kann, kennt auch diese Technik. Hiermit kann man auch scharfkantige Vertiefungen erzeugen (wie z. B. auf S. 45 dargestellt): Eine Reihe von Bohrlöchern dicht an dicht gesetzt, die stehengebliebenen Stege weggeschlagen, die Grate durch Abschleifen geglättet. Auch heute wird es noch kaum anders gemacht – nur dank unserer Hartmetallwerkzeuge viel schneller. Chemische Hilfsmittel wie Säuren kommen sicher nur in Ausnahmefällen in Betracht, etwa bei der Bearbeitung von Marmor, Kalkstein, verbackenen vulkanischen Tuffen. Bei massigen, festen Gesteinen wie Granit ist die notwendige Einwirkdauer wohl zu lang. Zufallsentdeckungen (Vulkanschwefel, erhitzte Sulfid-Minerale) können sehr wohl zur Entdeckung von Säuren wie $H_2SO_3$ geführt haben. Ob sie gezielt benutzt werden, erscheint mir aber doch ungewiß.

Präzise gearbeitete Stufen sind zwar zu bewundern, aber man tut unseren Vorfahren Unrecht, wenn man ihnen diese Fähigkeiten nicht zutraut und Außerirdische zu Hilfe nehmen muß. Mit Schnur und Holzlehre konnte man auch früher schon sehr genau messen!

Der Begriff »Granitklotz« auf S. 45 ist nicht belegt. So eine Klassifizierung ist erst glaubhaft, wenn sie von einem Fachmann vorgenommen wurde. Nicht jeder kann einen Granit richtig ansprechen (auch nicht, wenn er aus einem Land stammt, in dem Granit nicht gerade ein seltenes Gestein ist). Präzise Steinmetzarbeit ist aber auch an Granit nicht ungewöhnlich. Mit einer Schrämmaschine hätte ein solcher Block sich sowieso nicht lösen lassen; auch heute macht man das mit einer (Stahl-)Seilsäge und mit Sprengkeilen.

Es ist auch nicht unwahrscheinlich, daß unseren Altvorderen die Technik des »Feuersetzens« (ein Begriff aus der mittelalterlichen Bergwerksprache) zur Lockerung des Gesteins gekannt haben. Das kann man sicher an jedem besseren Lagerfeuer entdecken, das an einer Felswand angefacht wird. Der Effekt kann

u. U. sehr unangenehm sein, wenn die Hitze- und Kältespannung im Gestein zu Abplatzungen führen. Von der Entdeckung zur Nutzbarmachung ist dann nur ein kleiner Schritt.

Die Gesteine, die als »Art moderner Betonabgüsse« beschrieben werden, sehen aus wie ein verfestigter vulkanischer Tuff, der sich natürlich sehr gut und präzise bearbeiten läßt (Eifel, Neapel, Phlegräische Felder). Und auch die »Abdeckschalen für Erdkabel« sind aus einem porösen, leicht bearbeitbaren Material gearbeitet (Lava?).

Sie sehen also, für die Wunder und die extraterrestrische Technologie gibt es auch ganz einfache Erklärungen. Ich wünsche Ihnen Glück für Ihren Feldzug für die Realität und die Nüchternheit.

Vielleicht gelingt es Ihnen ja, unter den Anhängern Zweifel zu säen (schon das wäre ein Erfolg). Die Nicht-Anhänger sind über die Däniken-Geschichtchen sowieso eher amüsiert.

Prof. Dr. A. Gerstenhauer, Geographisches Institut der Universität Düsseldorf, schrieb am 24. Januar 1983 zum gleichen Komplex:

Sie haben mich gebeten, zu einigen Fragen, die die Megalithkulturen betreffen, Stellung zu nehmen. Ich will Ihnen gern meine Meinung dazu mitteilen. Eine konkrete Antwort wird in vielen Fällen niemand geben können, es sei denn, neue spektakuläre Funde bringen hier oder da neue Erkenntnisse. Leider kenne ich die Inka- und Vorinkakulturen nicht aus eigener Anschauung, sondern nur aus der Literatur.

Es ist wohl ohne Frage, daß die Megalithbauwerke von Menschenhand sind. An vielen Stellen hat man Werkzeuge, Rollen und unvollendete Werkstücke in den

Steinbrüchen gefunden (Azteken, Maya, Osterinseln), die Aufschluß über die Technik geben und zeigen, daß man sehr wohl mit Steinwerkzeugen in der Lage war, große Monolithe zu bearbeiten. An anderen Stellen fehlen solche Hinweise. Auch die Deutung des Sinnes der gefundenen Ruinen einzelner Bauelemente ist heute noch nicht in jedem Fall stringent möglich und fordert natürlich die Phantasie des Archäologen.

Die naive Phantasie der Menschen früher schuf sich Fabelwesen, Hünen, Zyklopen, um für das Unvorstellbare eine Erklärung zu finden, denn das technische Wissen der Erbauer war ja aus verschiedenen Gründen verlorengegangen. Nun, heute kann man der »aufgeklärten Menschheit« keine Riesen mehr verkaufen. Anthropologen und Paläontologen hätten dafür Belege finden müssen. Herr von Däniken aber benutzt nun das gleiche primitive Strickmuster für seine Erklärungen. Allerdings ist er den Sagenerzählern der Vergangenheit in einem voraus: Er läßt seine Kosmonauten und Götter wieder von der Erde verschwinden, womit ein Nachweis von vornherein ausgeschlossen ist.

Unbeweisbare Behauptungen lassen sich schwerlich widerlegen und sie sind sicher kein gangbarer Weg, zur Zeit unerklärbare Fakten aufzuhellen. Andererseits hat der Mensch natürlich das Recht – auch das Grundgesetz verbietet das nicht –, eine abwegige Phantasie zu haben, und wenn sich das verkaufen läßt, muß man die »Schuld« ja wohl zuerst beim Käufer suchen.

Nun konkret zu einigen Ihrer Fragen. Es ist sicher anzunehmen, daß die Megalithleute ihren Werkstoff beherrschten. So gibt es Gesteine (Laterite und häufig auch Karbonatgesteine), die sich im bergfrischen Zustand sehr leicht bearbeiten lassen. Nach Verlust der Bergfeuchtigkeit und damit Auskristallisierung der Salze des Porenwassers werden sie sehr hart. Der Travertin ist dafür ein schönes Beispiel. Die Mayas und die Megalithleute Maltas machten sich wohl diese Gesteinseigenschaft zunutze. Kristalline Gesteine dagegen haben die Eigenschaft, an orthogonalen Schwächeebenen zu brechen. Das ist eine Folge der Erstarrung und des Entlastungsdruckes. Der Odenwälder Steinmetz bezeichnet die Spaltrichtungen mit Spaltgang, Kopfgang und Lagergang. Ohne diese Eigenart der kristallinen Gesteine wäre es gar nicht vorstellbar, wie man in Europa Millionen und Abermillionen Kopfsteine für die Pflasterung der Straßen hätte produzieren können. Bekannt war vermutlich auch die alte Technik, durch Erhitzen und Abschrecken den Gesteinsverband so mürbe zu machen, daß mit einfachen Werkzeugen Gänge und Stollen herausgearbeitet werden konnten, eine Methode, die aus dem frühen Bergbau bekannt ist. Geschliffen und poliert wurde mit Sand, Bims und anderen Gesteinen. Wie weit man in der Lage war, Gesteine zu sägen, entzieht sich meiner Kenntnis. Ich halte es aber nicht für ausgeschlossen, daß auch dafür Methoden bekannt waren. Daß alle diese Arbeiten unglaublich aufwendig waren, hinsichtlich der Zahl der Arbeitskräfte und der Zeit, ist das eigentlich Erstaunliche.

Gleiches gilt für die Bewältigung der Transportprobleme und der Montage. Rollen waren sicher bekannt (Osterinseln), die Gesetze der Mechanik vermutlich nicht, wenn auch deren Handhabung möglicherweise in Ansätzen gebräuchlich war. Wenn auch noch vieles rätselhaft ist, ich sehe keinen Anlaß, zur Erklärung der Phänomene auf überirdische Wesen zurückgreifen zu müssen. Es gibt genügend Hinweise für eine natürliche Erklärung. Zum Schluß noch eine Bemerkung zur C14-Methode (S. 52 f.). Was hier geäußert wird, ist dilettantisch. Die C14-Methode geht davon aus, daß der natürliche C14-Gehalt der Atmosphäre konstant war. Allen Geochronologen ist geläufig, daß das nicht der Fall war. Für diese Erkenntnis bedurfte es nicht eines Herrn von Däniken. »Ein ganz kleiner Rechenfehler« von mehr oder weniger 20000 Jahren, den Herr von Däniken leichtfertig mit ins Kalkül zieht, ist absurd. Die C14-Methode erfaßt einigermaßen sicher heute einen Zeitraum von ca. 30000 Jahren vor heute, wenn die Wissenschaft auch bemüht ist, diesen Datierungsspielraum auszudehnen. Die Schwankung des C14-Gehaltes der Atmosphäre ist aber in dem Zeitraum bekannt, der hier zur Diskussion steht. Das C14-Alter konnte durch die Ergebnisse der absoluten Datierung durch die Dendrochronologie korrigiert werden. Ist das Herrn von Däniken verborgen geblieben oder paßte das nicht ins Konzept?

Nochmals, Herr Kaufhold, lassen Sie davon ab, Herrn von Däniken zu widerlegen. Es lohnt sich nicht. Ausserdem kämpfen Sie mit zu ungleichen Waffen.

## Valdivia – eine menschengemachte Kultur

Wiewohl noch viele Fragen bezüglich der Entstehung alter Kulturen offen sind, so gibt es doch keinen Anlaß zu glauben, die Außerirdischen wären in irgendeiner Weise daran beteiligt gewesen. Immer wieder finden die Archäologen neue Spuren längst vergangener Kulturen, die Aufschluß über unsere Entstehungsgeschichte geben, Spuren, die sich wie kleine Bausteine in das riesige

Puzzle-Spiel der Vorgeschichte einfügen und so letztendlich einen Überblick der vergangenen Wirklichkeit vermitteln.

Einen dieser unzähligen Bausteine stellen die Überreste einer Kultur dar, die man in dem kleinen Fischerdorf Valdivia an der Küste Ecuadors ans Tageslicht brachte. Man fand dort Scherben und Figurenfragmente, deren Entwicklungsgeschichte man bezüglich der Umgebung des Fundortes nirgendwo einordnen konnte. Darunter befand sich auch eine daumengroße Tonfigur, die als »Venus von Valdivia« in die Geschichte der Archäologie einging. All diese Funde paßten einfach nicht in das Konzept längst bekannter Kulturen. Als schließlich ihr Alter durch einen Test auf fast 5000 Jahre datiert wurde, veranlaßte dies die Archäologen zu den kühnsten Spekulationen. Jene Funde, die der Ecuadorianer Emilio Estrada 1956 machte, lagen einfach zu weit entfernt von den ältesten bekannten Hochkulturen auf dem amerikanischen Kontinent. Wo aber kamen diese Menschen her?

Estrada vermutete, daß ihre ursprüngliche Heimat jenseits des Meeres gelegen habe und suchte ihre Spuren rund um den Pazifischen Ozean. Schließlich glaubte er, sie in der mittel- und frühzeitlichen Jomon-Keramik in Zentral- und Westjapan entdeckt zu haben. Sie war zwar mit andersartigen Werkzeugen hergestellt, wies aber auffallende Ähnlichkeiten mit der Valdivia-Kultur auf und war auch tatsächlich im gleichen Zeitraum entstanden.

Die Entfernung zwischen beiden Fundorten beträgt jedoch 15 000 Kilometer, was die beiden nordamerikanischen Archäologen Betty Meggers und Clifford Evans zu der Vermutung veranlaßte, daß es vor über 5000 Jahren schon zu einer Reise über den Pazifik von der Westküste Japans nach Ecuador gekommen war. Allerdings muß diese These sehr fragwürdig erscheinen, da man nirgends an den Küsten Südamerikas Hinweise auf einen Einfluß japanischer Kultur gefunden hat. Deshalb müssen auch die Steinskulpturen, die man in Mittelamerika ans Licht brachte und deren Gesichter starke Ähnlichkeit mit denen von Japanern aufweisen, in anderer Richtung gedeutet werden. Rätselhaft bleibt indessen, weshalb die heutigen Bewohner von Valdivia in ihren feinen Gesichtszügen stark den Japanern gleichen. Zu diesem Thema gibt es sicher noch viele offene Fragen, die aber kein Anlaß zu übereilten Schlüssen sein dürfen.

Die Wissenschaftler standen also überrascht vor Zeugnissen menschlichen Fortschritts, zu dem es in der gesamten westlichen Welt keine Parallele gab. Das alte Wissen, das bislang über Altamerika gehütet wurde, war ernstlich in Gefahr, denn die Menschen der Valdivia-Kultur hatten über tausend Jahre früher mit der Töpferei begonnen als in Peru und Mexiko. Man entdeckte sogar, daß sie damals schon die Nahrungspflanze Mais anbauten. Doch mit den Funden aus dem Fischerdorf Valdivia (1) war das große archäologische Abenteuer noch nicht zu Ende. Im Jahre 1974 fand der Archäologe Donald W. Lathrap in Real Alto, 60 Kilometer von Valdivia entfernt, eine Krugscherbe, die ein Töpfer vor über 4000 Jahren mit Mais-Buchten verzierte, indem er vor dem Brand Maiskörner in den weichen Ton drückte.

Im gleichen Jahr begann der Archäologe Jorge Marcos seine Ausgrabungen in Real Alto. Dabei stieß er auf Pfostenlöcher und Reste von Hausgrundrissen, deren Anordnung auf einen übergeordneten Siedlungsplan hinwiesen. Marcos hatte die Residuen einer mehr als 5000 Jahre alten Stadt gefunden, die bisher älteste Stadt Amerikas. Ihr Zentrum bestand ehemals aus einer großen Plaza mit zwei öffentlichen Bauten, die auf gestuften Hügeln einander gegenüberstanden. Auf einem dieser Hügel wurde unter einer Türschwelle ein von Steinen eingefaßtes Grab freigelegt, in dem sich ein über 5000 Jahre altes Frauenskelett befand. Direkt daneben lagen die sterblichen Überreste eines Mannes; sie waren von sieben Steinmessern umgeben, und aus ihrer Anordnung konnte man auf einen Ritualmord schließen. Dieses Haus der Toten diente wahrscheinlich ebenso als Opferstätte wie als Grabstätte der Häuptlinge und der Priester, die der »Maisgöttin« opferten. Gegenüber dem Haus der Toten befand sich ein großes Gebäude, in dem zahlreiche Trinkgefäße und Essensreste gefunden wurden. Daraus schließt man, daß es einst dem Feiern von Festen diente.

Beide Häuser standen auf Hügeln, zwischen denen sich die große Plaza erstreckte, die wiederum nach Jorge Marcos von über fünfzig Wohnhäusern gesäumt wurde. »Diese bisher älteste Stadt Amerikas war baulicher Ausdruck der Weltvorstellung ihrer Bewohner. Die Leute von Real Alto bildeten eine entwickelte Gesellschaft, die eine auf Religion, Politik und Kriegsführung spezialisierte Elite von der täglichen Nahrungsproduktion freistellte. Sie schufen ein aufwendiges religiöses Zentrum, das von ihrer Priesterschaft verwaltet wurde.« (1) Es ist daher wahrscheinlich, wie Marcos und Lathrap annehmen, daß die ältesten Tempelstätten von Amerika, wie die Olmeken-Stadt Bajiol, sowie die Tempelanlage von Chavín de Huantar in Peru, die ehemals als »Wallfahrtsort« diente, nicht getrennt voneinander entstanden. Allen gemeinsam ist die Plaza, der heilige Bezirk, umgeben von Tempelgebäuden. Und alle sind sie jünger als Real Alto, was die Vermutung nahelegt, daß die Bauidee für viele andere amerikanische Zeremonialzentren aus Ecuador gekommen sein könnte. Nehmen wir beispielsweise die Tempelanlage von Chavín de Huantar, von der später noch ausführlicher die Rede sein wird. Baumann beschreibt den Blick über Chavín den Huantar wie folgt: »Ich habe keine Mühe, dasselbe Grundmuster wie das des Zeremonialzentrums von Real Alto in Ecuador auszumachen.« (1)

Von Chavín de Huantar wird der sogenannte Chavín-Stil abgeleitet, der spezielle Formen von Kunst und Bauweise einschließt. Mit der Ausbreitung des Chavín-Kulturkreises begann die kultische Periode in Peru. Sein Charakter war lange Zeit umstritten; die einheimischen Archäologen haben ihn für eine kulturelle Einheit (20), eine »Zivilisation« gehalten, möglicherweise sogar für ein vorinkaisches Herrschaftssystem. Der hauptsächliche Vertreter dieser Ansicht war Dr. Julio C. Tello; er nahm, wie heute Lathrap, an, daß der Chavín-Charakter durch eine Wanderung der Andenstämme zur Küste gebracht worden und sein Ursprung im Amazonasgebiet zu suchen sei.

Die Chavín-Kulturperiode wird am besten durch ihre Spuren an der nördlichen Küste Perus gekennzeichnet. Der am genauesten bekannte Zeitabschnitt ist der der »Cupisnique«-Gräber im Chicama-Tal. Aber auch Bauten und Gräber in den Tälern von Casma, Nepeña, Virú und Lambayeque, sowie die Überreste in den untersten Schichten der Muschelhaufen in Ancón und Supe zeigen alle Chavín-Züge. Selbst die frühesten bekannten Fundstätten an der südlichen Küste, Paracas (300 v.Chr. – 200 n. Chr.), Cavernas und Ocucaje standen unter Chavín-Einfluß. An Orten wie Cerro Blanco und Punkuri im Nepeña-Tal und Moceke und Pallca im Casma-Tal, zeigten sich Gemeinsamkeiten bei gemauerten Tempeln. Obwohl alle Fundstätten der Chavín-Epoche eine kulturelle Ähnlichkeit aufweisen, unterscheiden sie sich dennoch beträchtlich in ihren Einzelheiten. Die Gemeinsamkeiten liegen hauptsächlich in einem ähnlichen Kunststil, unterstrichen durch die charakteristische Darstellung einer Raubkatze und Teilen der Keramik.

Der Archäologe Larco Hoyle vertrat, entgegen der Meinung von Tello, die Ansicht, daß der Charakter des Chavín-Kulturkreises seinen Ursprung an der nördlichen Küste Perus hatte und von dort aus nach Chavín de Huántar und in andere Gebiete des Hochlands gelangte. Wie recht Hoyle damals in dieser Annahme ging, wird aus neuesten wissenschaftlichen Erkenntnissen deutlich, nach denen die früheste Phase von Chavín de Huantar (1) bei 850 bis ca. 200 v.Chr. lag, während Küstenheiligtümer wie Caballo-Muerto, Haldas und Garagay, nach Richard L. Burger ihre Blütezeit von 1200 bis 900 v. Chr. erlebten und nun auch der Chavín-Kultur zugerechnet werden. Somit ist es wahrscheinlich, daß Chavín de Huantar jene Anlagen an der Küste zum Vorbild hatte, und diese wiederum auf das Vorbild des Zeremonialzentrums von Real Alto zurückgeführt werden können. Dieser Zusammenhang wird besonders klar, wenn man eine kleine Tafel betrachtet, die in die Umfassung der kleinen Plaza beim alten Tempel von Chavín de Huantar eingelassen ist. Sie zeigt eine Gottheit, die zwei große Meeresmuscheln in Händen hält, eine Strombusmuschel in der Rechten und eine Spondylusmuschel in der Linken. Diese Muscheln sind ebenfalls in den Kultstätten der späteren Tiahuanaco-Kultur in Bolivien und in denen der Inkas anzutreffen. Das Bezeichnende dabei ist aber, so Baumann (1), daß diese Arten von Muscheln im kalten Ozean vor der Küste Perus gar nicht vorkamen, sondern erst nördlich des Golfs von Guayaquil in Ecuador, wo das Wasser wärmer ist und wo einst die Valdivia-Kultur ihren Anfang nahm, der ab 1500 v. Chr. die Machalilla-

Kultur folgte. Sie brachte eine besondere Gefäßform hervor, Flaschen mit einem sogenannten Steigbügelausguß, die man später in Mittelamerika und Peru wiederfand. Der Weg dieser Gefäßform läßt sich genau verfolgen. Sie wanderte von Machalilla (1500 v. Chr.) zur nördlichen Küste Perus, wo sie zuerst in der Chavín-Kultur (nach Burger 1200 – ca. 300 v. Chr.) auftrat, dann von der Salinar-Kultur (300 – ca. 200 v. Chr.) übernommen wurde und in der Moche-Kultur (300 v. Chr. – 500 n. Chr.) ihre Vollendung erlangte. Danach fand man sie in der Chimú-Kultur (700–1000 n. Chr.), ja, sie reichte sogar bis in die spanische Kolonialzeit hinein.

Nach dem Archäologen Lathrap erscheint der Steigbügelausguß auch in der Capacha-Kultur von Colima in West-Mexiko um 1450 v. Chr. Von dort aus verbreitete sich die Form bis in die Vereinigten Staaten.

Lathrap vertritt nicht nur die Ansicht, daß der Ursprung der beiden Entwicklungen – jener in West-Mexiko und jener an der Nordküste Perus – in der Machalilla-Kultur zu finden sei, sondern auch, daß in Machalilla das weiterentwickelt wurde, was als »Form-Idee« von den Stämmen des oberen Amazonas kam.

Eine weitere Verbindung zu Mesoamerika ergibt sich aus Funden der Chorrera-Kultur, einer Inlandskultur, die sich zeitlich an die von Machalilla anschloß. Aus Chorrera stammen u.a. die immer nackt dargestellten Terrakotten, die eine auffallende Ähnlichkeit mit den olmekischen Tonfiguren zeigen. Ihre helmartige Kopfbedeckung erinnert außerdem stark an die olmekischen Monumentalsteinköpfe von La Venta (Mexiko). Zwischen der olmekischen und der Chorrera-Kultur bestand demnach eine geistige Verwandschaft, die in jener formalen Übereinstimmung zum Ausdruck kommt und in dem, was südamerikanische Kulturen betrifft, einmalig

97

ist. Zudem wird sie deutlich durch die Vorliebe beider Kulturen, dickleibige Menschen ohne individuelle Attribute darzustellen.

Sollte die zuvor ausgeführte These durch weitere Fakten bestätigt werden, liegt der Schluß nahe, daß von der Küste Ecuadors menschlicher Fortschritt durch Handel nach Peru, Honduras, Guatemala und Mexiko gelangt ist, in jene Länder, in denen man bisher den Anfang der amerikanischen Zivilisationen zu wissen glaubte.

Den Beginn zivilisierten Zusammenlebens datiert man allgemein auf das siebte Jahrtausend vor Christus. Mit der Valdivia-Kultur aber stehen wir zweifelsohne vor einer der ältesten Kulturen der Welt, die in Ecuador wahrscheinlich zu Zeiten der Sumerer, dreizehnhundert Jahre vor dem ersten Königreich unter Menses in Ägypten, eintausend Jahre vor der frühminoischen Zivilisation auf Kreta und Thera, und etwa zweitausendachthundert Jahre vor dem Trojanischen Krieg existierte.

Die Indios in Südamerika benötigten also keine »Götter« aus dem All, um ihre eigenen Lebensformen zu entwickeln.

Sicher geben »geheimnisvolle Überreste und Spuren der Vergangenheit Anlaß zu Spekulationen. Jeder hypothetische Gedanke kann die Kenntnis über vergangene Wirklichkeit verbessern helfen – es gibt genügend Beispiele. Diese Freiheit endet jedoch dort, wo eindeutig Tatsachen die Spekulationen widerlegen« (Dr. Annette Manger-Scheller).

## 11. August 3114 v. Chr. – Der Tag, an dem die Götter zu den Maya kamen

Nach Ernest Hooton sind die Maya Vettern dritten Grades von Völkern aus der Alten Welt, wie die Sumerer, die sich etwa dreitausend Jahre vor den Maya damit beschäftigten, Pyramiden zu errichten, die Astronomie zu entwickeln, sowie eine hohe Kultur zu begründen und zu verbreiten.

Vor etwa 20 000 Jahren kamen die Vorfahren jener Kulturgründer über die Beringstraße und besiedelten Amerika. Die ersten Bewohner der Neuen Welt waren Jäger und Sammler. Zu dem Wild, das sie jagten, gehörte auch das Mammut, was durch den Fund von Überresten eines jungen Mammuts mit einer Feuersteinspitze zwischen den Rippen bewiesen wurde. Unter diesen Relikten, die man am Rand des Texcoco-Sees in Iztapan fand, lagen weitere Geräte aus Feuerstein und Obsidian, die diese Annahme bestätigten. Dieser und ähnliche Funde wurden auf 9000 bis 10 000 Jahre zurückdatiert. (32)

Um etwa 3400–2300 v. Chr. kultivierte man bereits Mais, der aber bereits, wenn auch in geringerem Umfang, um 5200 v. Chr. angebaut wurde. Die frühen Bewohner waren jetzt dazu übergegangen, neben ihrer Jagdtätigkeit den Feldbau zu betreiben. Eine im Zuge der neolithischen Revolution entwickelte Landwirtschaft erforderte aber auch ein seßhaftes Leben und eine größere Bevölkerungsdichte, was schließlich den kulturellen Fortschritt der Bevölkerung einleitete insofern, als die Menschen durch den Feldbau ein größeres Maß an freier Zeit zur Verfügung hatten, die ausgefüllt werden wollte. Sie fanden nunmehr die Zeit, sich Gedanken über sich selbst und ihre Umwelt zu machen, sich künstlerisch zu betätigen, indem sie erste Töpferwaren herstellten, die in Mittelamerika um 2500 v. Chr. den Beginn der Formativen Periode kennzeichnen. Aber nicht überall zur gleichen Zeit trat diese Kunst auf; im Maya-Gebiet beispielsweise sind die bisher bekannten Funde erheblich jünger. Nach und nach, im Laufe von Jahrhunderten, verbreitete

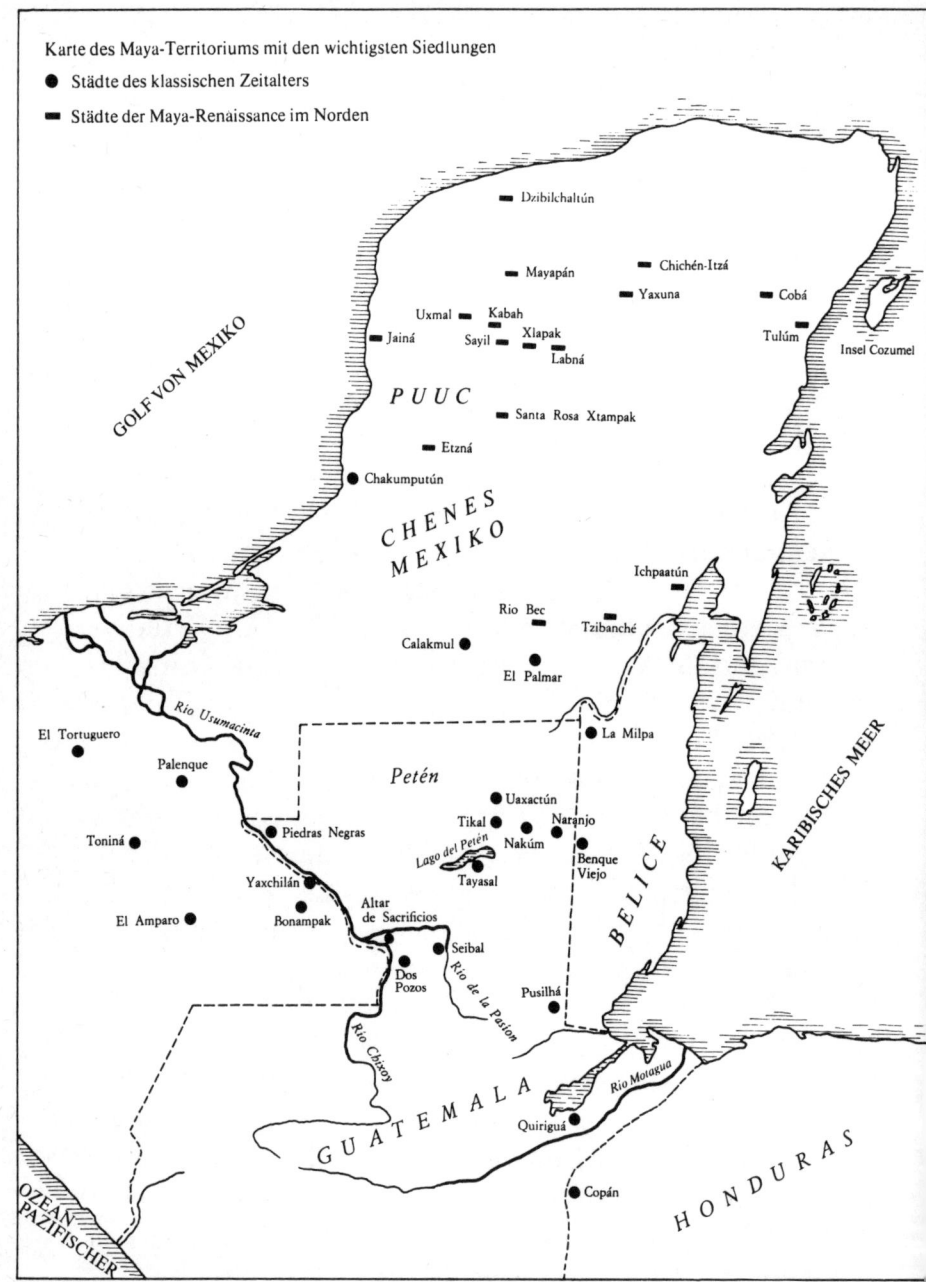

Karte des Maya-Territoriums mit den wichtigsten Siedlungen

● Städte des klassischen Zeitalters

■ Städte der Maya-Renaissance im Norden

GOLF VON MEXIKO

Dzibilchaltún

Mayapán ■    ■ Chichén-Itzá

■ Yaxuna    ■ Cobá

Uxmal ■ Kabah

Jainá ●    Sayil ■ Xlapak ■    Tulúm ■
Labná ■    Insel Cozumel

*P U U C*

■ Santa Rosa Xtampak

■ Etzná

Chakumputún ●

*C H E N E S*
*M E X I K O*

Ichpaatún ■

Rio Bec ■

Calakmul ●    Tzibanché ■

El Palmar ●

*Río Usumacinta*

El Tortuguero ●    La Milpa ●

Palenque ●    *Petén*

Uaxactún ●

Toniná ●    Tikal ●    Naranjo ●
Piedras Negras ●    Nakúm ●
*Lago del Petén*    Benque
Viejo

Yaxchilán ●    Tayasal

El Amparo ●    Altar
Bonampak ●    de Sacrificios

Seibal ●

Dos
Pozos ●    *Río de la Pasión*    Pusilhá ●

*B
E
L
I
C
E*

KARIBISCHES MEER

*Río Chixoy*

*G U A T E M A L A*

*Río Motagua*

Quiriguá ●

Copán ●    *H O N D U R A S*

OZEAN
PAZIFISCHER

sie sich über ganz Mittelamerika, wo sie sich um 500 v. Chr. ziemlich fest etabliert hatte.

Doch bereits um 1500–1000 v. Chr. trat in La Venta, einem kleinen Gebiet östlich von Veracruz und westlich der Chontal-Maya eine Kultur auf, die später eine ungewöhnliche Geschicklichkeit bei der Bearbeitung von Jade und anderen harten Gesteinen an den Tag legte. Es waren die Olmeken, deren Spuren man gleichfalls in anderen Teilen des Landes wiederfand (Mittel-Tlatilco und in der mexikanischen Hochebene). Diese Kultur schuf Motive von fauchenden Jaguaren, aber auch solche, die von menschlichen Formen abgeleitet waren; ebenso besaßen sie bereits einen Kalender. Sie wird von vielen Forschern als eine Art Mutterkultur angesehen und endete um 400–800 n. Chr.

Alle größeren Kulturen Mittelamerikas hatten ihre Wurzel in der Formativen Periode (ca. 1500–100 v. Chr.), in der sie ihre spezifischen Merkmale entfalteten (32). Aus diesem Grunde besaßen sie derart viele Gemeinsamkeiten in Kultur und Religion.

So auch die Maya, die ganz Guatemala, mit Ausnahme des niedrig gelegenen Küstenstreifens am Pazifik, Teile des westlichen El Salvador und den westlichen Rand von Honduras, das gesamte Belize (ehemals Britisch-Honduras) und in Mexiko die Staaten Yucatán und Campeche, sowie den Großteil des Staates Tabasco bewohnten. Das Zentralgebiet stellt der Petén-Distrikt von Guatemala dar, innerhalb dessen Grenzen auch die große Maya-Stadt Tikal liegt, die wahrscheinlich der klassischen Periode (250–900 n. Chr.) zuzurechnen ist. Tikal stand unter anderem auch mit Teotihuacan in kulturellem Kontakt, und obwohl letztere Kultur ganz Mittelamerika beeinflußte – der Einfluß von Teotihuacan läßt sich heute in Tikal deutlich nachweisen –, konnte sie mit der der

Maya nicht mithalten, denn sie kannte weder die Hieroglyphenschrift, noch war ihre Architektur so ausgeprägt
wie bei den Maya.

Bei der Maya-, sowie in anderen Kulturen, fand bezüglich ihrer Bauten eine stete Entwicklung statt. Erstere
schuf zu Anfang Grabpyramiden aus getrockneten
Lehmziegeln, wie in der Ruinenstätte Kaminaljuyú in
Guatemala-City, wo man eine über 18 Meter hohe Pyramide (Miraflores) aus solchen Lehmziegeln entdeckte.
Auf ihrer Gipfelplattform stand ehemals ein Gebäude
aus Holz, innerhalb dessen sich eine prächtig ausgestat-
tete Grabanlage befand, in der man vor ca. 2000 Jahren
einen Häuptling mit seinem Diener bestattete, der vermutlich geopfert wurde, um seinem Herrn im Jenseits zu
dienen. Dies läßt die Vermutung zu, daß die frühen Pyramiden der Maya zumindest teilweise als Grabanlagen
dienten. Von ihren Plattformen ragten Tempel empor, in
denen man religiöse Zeremonien abhielt, ebenso wie im
Tempel der Inschriften von Palenque, auf den ich aber
später noch ausführlich zurückkommen werde.

Auch steht heute fest, daß die Maya ihre Pyramiden-
tempel am Ende bestimmter Zeitzyklen entweder zer-
störten, um an ihrer Stelle ein neues Monument zu
errichten, oder aber die alten Anlagen vergrößerten,
indem sie diese überbauten (17).

Erst in viel späterer Zeit erlangten solche Bauten den
Umfang derer, die man heute im größten und be-
deutendsten Maya-Zentrum Tikal findet, wiewohl es in
Tikal Monumente gibt, die gleich zu Beginn in ihrer
heutigen Größe erstellt wurden, ohne einen älteren
Unterbau zu besitzen. Sie wurden vorwiegend aus Kalkstein errichtet, der sich leicht bearbeiten läßt.

In Tikal wohnten einst ca. 12 000 Menschen, deren religiöse Vorstellungen sie zum Bau jener herrlichen Tem-

pelanlagen veranlaßten. Es gab gut ausgebaute Straßen, die als Prozessionswege dienten und einen enormen Aufwand an Arbeitskraft erforderten.

Für Erich von Däniken (9) jedoch ist diese Erklärung nicht glaubhaft genug. Für ihn steht fest, daß die Astronauten-Götter, die seiner Meinung nach am 11. August 3114 v. Chr. auf die Erde kamen, Fahrzeuge hatten und deshalb den Maya-Herrschern zeigten, wie Straßen gebaut werden. Sie waren es auch, die die Kulturen Mittelamerikas und im besonderen die Maya zum Bau der Pyramidentempel anleiteten und ihnen den Kalender und zahlreiche astronomische Daten vermittelten. Nur so ließe sich das einst so hohe Wissen der Mayas erklären. Offenbar machten die Götter aber bei den einzelnen Kulturen große Unterschiede, die beispielsweise in der Architektur Teotihuacans und Tikals deutlich werden. Auch kannten die Bewohner Teotihuacans, das in der Nähe von Mexico City liegt, nicht die Hieroglyphenschrift, bei den Maya um 250 n. Chr. auftrat. Warum diese Unterschiede, wenn doch beiden Kulturzentren die Pläne der »Götter« zugrundelagen, wenn die »Götter« jenen Menschen die Kultur brachten?

Wer zeigte den Römern, wie man Straßen baut, Häuser und Paläste in kunstvollem Stil, mit Bädern, Wand- und Deckenheizung, wie man Wasserleitungen und Kanalisationssysteme anlegt . . .?

Rom bestand schon, als Tikal in voller Blüte stand. Wer lieferte den Griechen die Pläne für Athen mit seinen Monumentalbauten? Die »Götter«?

Da wohl eindeutig feststeht, daß Rom, Athen, so wie alle Städte und Bauwerke des Altertums ohne die Anleitung der »Götter« entstanden, besteht kein Grund zu der Annahme, die Menschen der Neuen Welt seien dümmer gewesen als die der Alten Welt und hätten der Hilfe von

»ETs« bedurft. Die Sumerer bauten schon um 3000
v. Chr. Pyramiden und beschäftigten sich mit der Astronomie zu einer Zeit, als die Kultur der Maya, wie wir sie
heute kennen, noch gar nicht vorhanden war.

Doch wenn man Däniken glauben will, erhielten alle
Völker Lateinamerikas die Pläne zur Errichtung ihrer
Bauwerke und Städte von den »Göttern«, obwohl die
weit auseinander gelegenen Kulturen doch erhebliche
Unterschiede in ihren Merkmalen aufweisen. So besaßen die Maya, wie schon erwähnt, die Hieroglyphenschrift, die bei den Inka- und Vorinkakulturen unbekannt war. Auch unterscheiden sich ihre Bauwerke
ungeachtet gewisser Ähnlichkeiten in vielen Dingen
voneinander. Denken wir dabei an die Inkafestung
Sacsayhuaman bei Cuzco, die eine gänzlich andere
Bauart aufweist als Tikal. Auch das Tlachtli, jenes berühmte Ball-Spiel der Maya und Azteken, war den Kulturen Perus unbekannt. Warum? Däniken zufolge waren
die »Götter« doch auch im heutigen Peru. Sie kamen um
das Jahr 3114 v. Chr. auf die Erde, während Tikal und
Teotihuacan etwa um 300 v. Chr. begonnen wurden und
ihre Blüte im siebten Jahrhundert n. Chr. erlebten.
Warum wurden sie nicht früher erbaut, zur Zeit, als die
»Götter« mit ihren Plänen kamen? Warum entwickelten
die Maya ihren Kalender Jahrtausende später? In der
heutigen Form wurde der Maya-Kalender erst in nachchristlicher Zeit entwickelt. Er ist das Produkt einer Jahrhunderte währenden Arbeit und Entwicklung. Oder
weilten die Astronauten-Götter etwa noch zu Zeiten
Julius Cäsars unter den Maya? Wo wohnten die »Götter«
dann die Jahrtausende über? In ihrem Raumschiff, oder
in engen, kleinen, von den Maya errichteten Stein-
häusern? Wieso gaben sie ihr Wissen um die Planeten,
den Kalender und die Hieroglyphenschrift nicht an die

Bewohner von Teotihuacan weiter, obwohl doch heute gesichert ist, daß beide Kulturzentren in nachchristlicher Zeit in Verbindung miteinander standen? Warum warteten die »Götter« über 2000 Jahre, bis sie ihr Wissen an die Maya weitergaben?

Selbst wenn sie ihr Wissen um 3114 v. Chr. an die Vorgänger der Maya weitergegeben haben sollten, warum waren diese dann noch über 2000 Jahre ohne einen Kalender? Warum wurden Tikal, Palenque und Teotihuacan erst so spät erbaut, obwohl die Pläne dazu schon Jahrtausende früher vorhanden waren? Warum duldeten die Götter, angenommen, sie weilten noch in nachchristlicher Zeit unter den Maya und anderen Kulturen, die Abschlachtung Tausender von Menschen, denen im Zuge einer religiösen Zeremonie, teilweise um die Sonne mit Blut zu ernähren, in anderen Fällen um den Zeit-Göttern zu opfern, bei lebendigem Leibe das Herz aus der Brust gerissen wurde?

Dies alles macht deutlich, mit welch fadenscheinigen Argumenten versucht wird, die Götter-Astronauten-Theorie zu stützen.

Die mesoamerikanischen Völker entwickelten indessen ihre Kulturen in einem Jahrtausende andauernden Entwicklungsprozeß, der heute in groben Umrissen, teilweise auch sehr genau, von der Wissenschaft belegt werden kann. Es gibt sicher noch viele Lücken im Wissen um die Entstehung dieser Kulturen, doch hat die Annahme der »Götter« als Kulturbringer in keiner Weise eine Berechtigung. Diese These, so faszinierend sie klingen mag, läßt sich bis heute durch nichts belegen, schon gar nicht durch ein Wirrwarr von pseudowissenschaftlichen Argumenten, die jeder seriösen Grundlage entbehren.

So versucht Däniken, auch den Maya-Kalender mit einem nicht existenten Planeten in Verbindung zu bringen, von dem einst die »Götter« gekommen sein sollen.

Doch bevor wir uns seiner »Beweisführung« zuwenden, soll nachfolgend die Bedeutung der Zeit für das Volk der Maya dargestellt werden.

Durch die Jahrtausende hindurch beeinflußte der Strom der Zeit das Denken der Menschen auf dieser Erde. So wurde er Gegenstand vieler Metaphern und Geschehnisse in der Geschichte der Menschheit, unserer eigenen Geschichte. Das Symbol des Vaters der Zeit in unserer Kultur ist und war der Sensenmann, der uns an die Kürze unserer Tage gemahnt, uns deutlich macht, wie bedeutungslos die winzige Zeitspanne des menschlichen Lebens im Vergleich zu den gewaltigen Zeiträumen des Universums ist. Alles Lebende, alle Menschen, ob bedeutend oder nicht, müssen sich diesem Zeitstrom beugen, der im besonderen für die Maya von »lebenswichtigem« Interesse war. Sie errichteten ihre Stelen und Altäre, um den Ablauf der Zeit festzuhalten (32). An jedem Ende einer Zeitperiode weihten sie diese Stelen, so als ob wir am Ende eines jeden zehnten oder fünfzehnten Jahres einen Gedenkstein aufstellten und auf ihm das Datum des Perioden-Endes und zugleich das Alter des Mondes und der zu dieser Zeit herrschenden Götter einmeißelten.

Die Hieroglyphen-Monumente der Maya befaßten sich mit dem Verlauf der Zeit, mit Daten über den Mond und den Planeten Venus, mit kalendarischen Berechnungen und mit Angaben über die Götter und Rituale, die in diesem Kontext eine Rolle spielten. Aber auch historische Ereignisse und Weissagungen, sowie Auskünfte über die Tagesgötter und ihre günstigen, oder weniger günstigen Einflüsse auf Aussaat oder Jagd, waren Bestandteil der Hieroglyphenschriften der Maya.

In vielen Kulturen der Alten Welt standen die Tage unter dem Einfluß von Göttern oder Planeten; so ist unser Sonntag der Tag der Sonne, der Montag der Tag des Mondes, der Mercredi bei den Franzosen der Tag des Merkur, der Mardi der Tag des Mars und Donnerstag nach dem Gott Donar benannt.

Bei den Maya hingegen waren die Tage selbst göttlich, waren selbst Götter, und in den entlegenen Siedlungen des Hochlands von Guatemala sind sie es heute noch (32). Dort hat sich der Maya-Kalender in seiner alten Form bis heute erhalten. Jeder Tag bei den Maya stellt ein Götter-Paar dar, denn jeder Tag ist die Kombination einer Zahl und eines Namens – 13 Ahau, 2 Caucac etc. – und beide Teile, Zahl und Name, sind Götter, was noch dadurch verdeutlicht wird, daß die Maya bis heute für das Wort »Tag« das Personalpronomen »Er« verwenden.

Die personifizierten Tage im Leben der Maya waren bei der Entstehung der Kulturformen von weitaus größerer Bedeutung, als die Systeme der Astrologie im alten Europa oder im Nahen Osten. Die Maya sahen nach Thompson in den jeweiligen Zeitabschnitten Lasten, die von sich immer wieder ablösenden Gottheiten durch die Ewigkeit getragen wurden. Diese Träger waren die Zahlen, mit denen man die verschiedenen Perioden bezifferte. Die Zeitlasten wurden von den Göttern auf dem Rükken getragen und von um die Stirn gelegten Stricken gesichert. Auf unseren Kalender angewandt würde dies bedeuten:

Für den 31. Dezember 1984 gibt es sechs göttliche Träger. Der Gott der Zahl 31 hat den Monat Dezember auf seinem Rücken, der Gott der Zahl 1 trägt das Jahrtausend, der Gott der Zahl 9 die Jahrhunderte, der Gott der Zahl 8 die Jahrzehnte und der Gott der Zahl 4 die einzelnen Jahre. Zu Anfang des neuen Jahres löst der Gott der

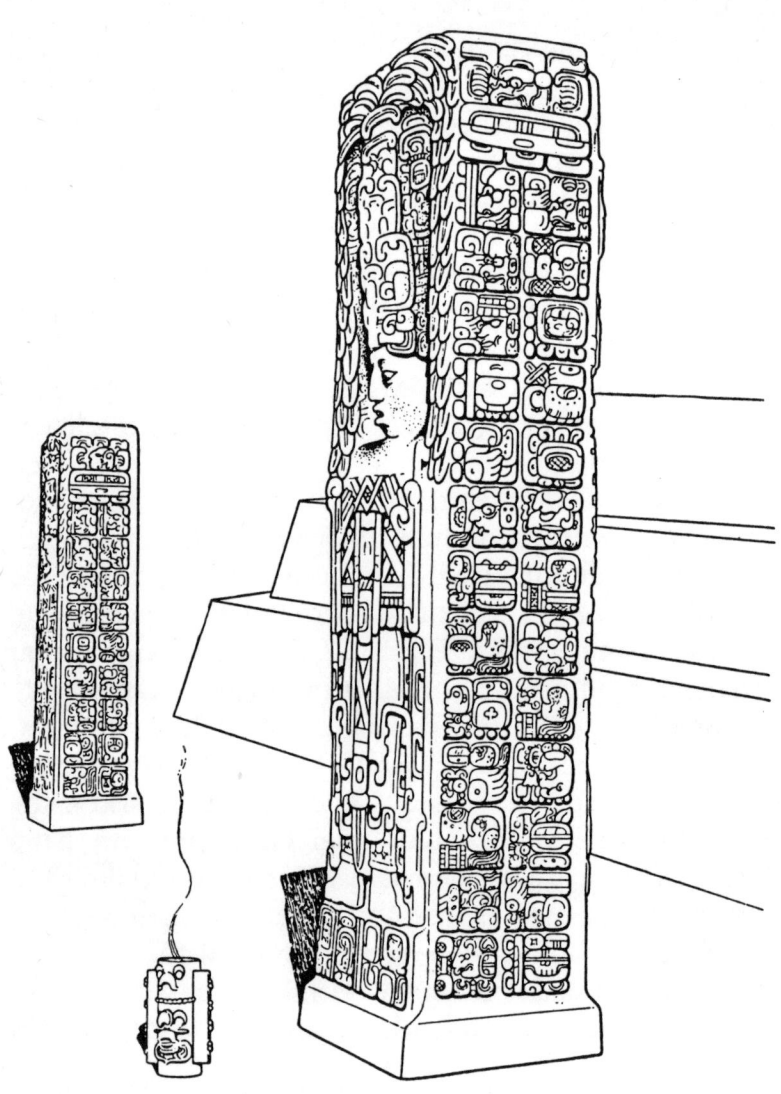

Stelen A und C, Quiriguá. Bei beiden, 775 n. Chr. geweihten Monumenten sind Front und Rückseite mit Häuptlingsbildnissen und die Seiten mit Glyphen skulptiert. Der vorderste Text (bei der Wiedergabe etwas vereinfacht) verzeichnet den üblichen Nullpunkt des Kalenders, wahrscheinlich eine Wiedererschaffung der Welt, geschrieben 13.0.0.0.0 4 Ahau 8 Cumku (3113 v. Chr.). Vor der Stele wird von den Maya noch immer Kopal verbrannt

Zahl 1 mit der Last des Januar auf dem Rücken den Gott der Zahl 31 mit seiner Dezemberlast ab, während der Gott der Zahl 5 den Gott der Zahl 4 als Träger des Jahres ersetzt.

Dieses Thema taucht in vielen Hieroglyphen-Inschriften der Maya auf; sie zeigen die verschiedenen Zahlen-Götter bei der Beendigung ihrer Reise. Ferner wird diese Vorstellung durch die Maya-Transkriptionen der Kolonialperiode bestätigt. Dort erfährt man von Trägern, die ihre Zeitlasten fallen lassen, vom Festbinden ihrer Lasten, von ihrem Aufbruch und von den »Ruhestätten«, die das Ende der Zeitperioden bezeichnen.

In mystischer Betrachtungsweise stellte eine jede Zeitlast auch das zu erwartende Glück oder Unglück dar, das allein von den günstigen, beziehungsweise ungünstigen Eigenschaften des Träger-Gottes abhing, weshalb die Maya-Priester ständig mit der schwierigen Aufgabe zu tun hatten, die gegensätzlichen Tendenzen der einzelnen Zeitabschnitte gegeneinander aufzuwiegen.

Der erste Tag eines jeden neuen Jahres war der Jahresträger, von dem es abhing, ob das neue Jahr ein Erfolg oder Mißerfolg werden würde. Begann das Jahr beispielsweise mit dem Tag »Kan«, so stand eine gute Ernte in Aussicht, da »Kan« ein Aspekt des Maisgottes war. War der Tag »Muluc« der Jahresträger, konnte man gleichfalls eine gute Ernte erwarten, denn »Muluc« war der Name des Regengottes.

Die Einflüsse der Tages-Götter »Ix« und »Caucac« waren dagegen ungünstig: die Jahre, die mit ihnen begannen, brachten nach dem Maya-Glauben Unglück.

Da nun sowohl die Existenzberechtigung der Maya-Priester, als auch ihre Machtstellung in hohem Maße vom Eintreffen oder Nichteintreffen ihrer Vorhersagen abhängig waren, mußten sie Sühneriten sowie ein Sy-

stem zur Absicherung gegen das Nichteintreffen von
Vorhersagen schaffen, die um so komplizierter und viel-
deutiger wurden, je mehr Fakten das System beeinflußten. Diese Bemühungen, für die widerstreitenden (32)
Einflüsse der Götter vieler Zeitzyklen einen Schlüssel zu
finden, brachten die größten geistigen Leistungen der
Maya hervor. Der Suche nach diesem Schlüssel mögen
irdische Motive zugrunde gelegen haben, die Vorstellung der Maya von der Ewigkeit des Zeitstroms jedoch
ging weit über alle weltlichen Interessen hinaus. Für die
Maya führte der Weg, den die Zeit hinter sich gelassen
hatte, weit in die Vergangenheit zurück; sie folgten diesem Weg, um seinen Ausgangspunkt zu finden, vielleicht den Zeitpunkt der Schöpfung.

Das Geheimnis der Zeit beherrschte ihr gesamtes
Denken und ließ sie all die phantastischen Dinge schaffen, von denen heute nur noch ein schwacher Abglanz
übrig ist. Unermüdlich drangen die Maya tiefer und tiefer in das Mysterium der Vergangenheit. Die »Rastplät-
ze« der zeitlasttragenden Götter wuchsen zu Millionen,
bis sie schließlich um Jahrmilliarden in die Ewigkeit des
Vergangenen vorgestoßen waren, immer in der Hoffnung, den Anfang aller Zeiten zu finden, doch sie fanden
ihn nicht; die Zeit schien ohne Anfang zu sein, ein
Gedanke, der sie mit Ehrfurcht erfüllte.

Es wurde eine Steinstele gefunden, deren Inschrift 400
Millionen Jahre zurückreicht, und die begleitenden
Glyphen sagen aus, daß der Ausgangspunkt dieser
Berechnungen weitere Jahrmilliarden in der Vergangenheit lag. Obzwar die Maya auch vorwärts rechneten, war
doch die Zukunft für sie von geringerer Bedeutung. Die
Berechnungen reichten lediglich 4000 Jahre weit, eine
kümmerliche Zahl im Vergleich zu jener der Vergangenheit, die deshalb so wichtig für die Maya war, da sie

annahmen, daß sich die Geschichte innerhalb bestimmter Zeitzyklen wiederholt, wenn die göttlichen Einflüsse im gleichen Verhältnis zueinander stehen. Sie glaubten offensichtlich, die Welt würde ein plötzliches Ende finden, wenn eine Kombination von bösen Einwirkungen den Abschluß einer Zeitperiode kennzeichnete.

Um diesbezüglich Gewißheit zu erlangen, rechneten die Maya-Priester in die Vergangenheit zurück. Fanden sie dort die gleiche Kombination böser Einflüsse, würde alles gut ablaufen, da die Welt in der Vergangenheit unter den selben Bedingungen auch nicht zerstört worden war.

Jeder Zyklus, in dem sich die Geschichte unter gleichen Einflüssen wiederholen konnte, entsprach 260 Tun zu je 360 Tagen. 20 Tun zu 360 Tagen bildeten ein Katun. Ein Katun eines bestimmten Namens kehrte nur alle 260 Tun wieder, was nach unserer Zeitrechnung etwa 257 Jahre sind. (260 Tun = 13 Katun à 20 Tun)

Alle 260 Tun (13 Katun oder 257 Jahre) wiederholte sich nach Maya-Anschauung die Geschichte. So konnte ein Priester, wenn er nachsah, was beim früheren Auftreten eines bestimmten Katuns geschehen war, in etwa sagen, was passieren würde, wenn der selbe Katun wiederkehrte.

Gegenwärtige, vergangene und zukünftige Ereignisse verschmelzen nach diesem Schema zu einer Realität, da sie alle aus derselben göttlichen Last des Katun hervorgehen. So wurde die spanische Herrschaft eins mit dem fremden Joch der Itzá, das Kreuz der Christen eins mit dem Lebensbaum, der in der Kunst der Maya (Grabplatte von Palenque im Tempel der Inschriften/Lebensbaum des Kreuztempels von Palenque) als ein von Vegetation umschlungenes Kreuz, auf dem ein Quetzal-Vogel sitzt, dargestellt wird.

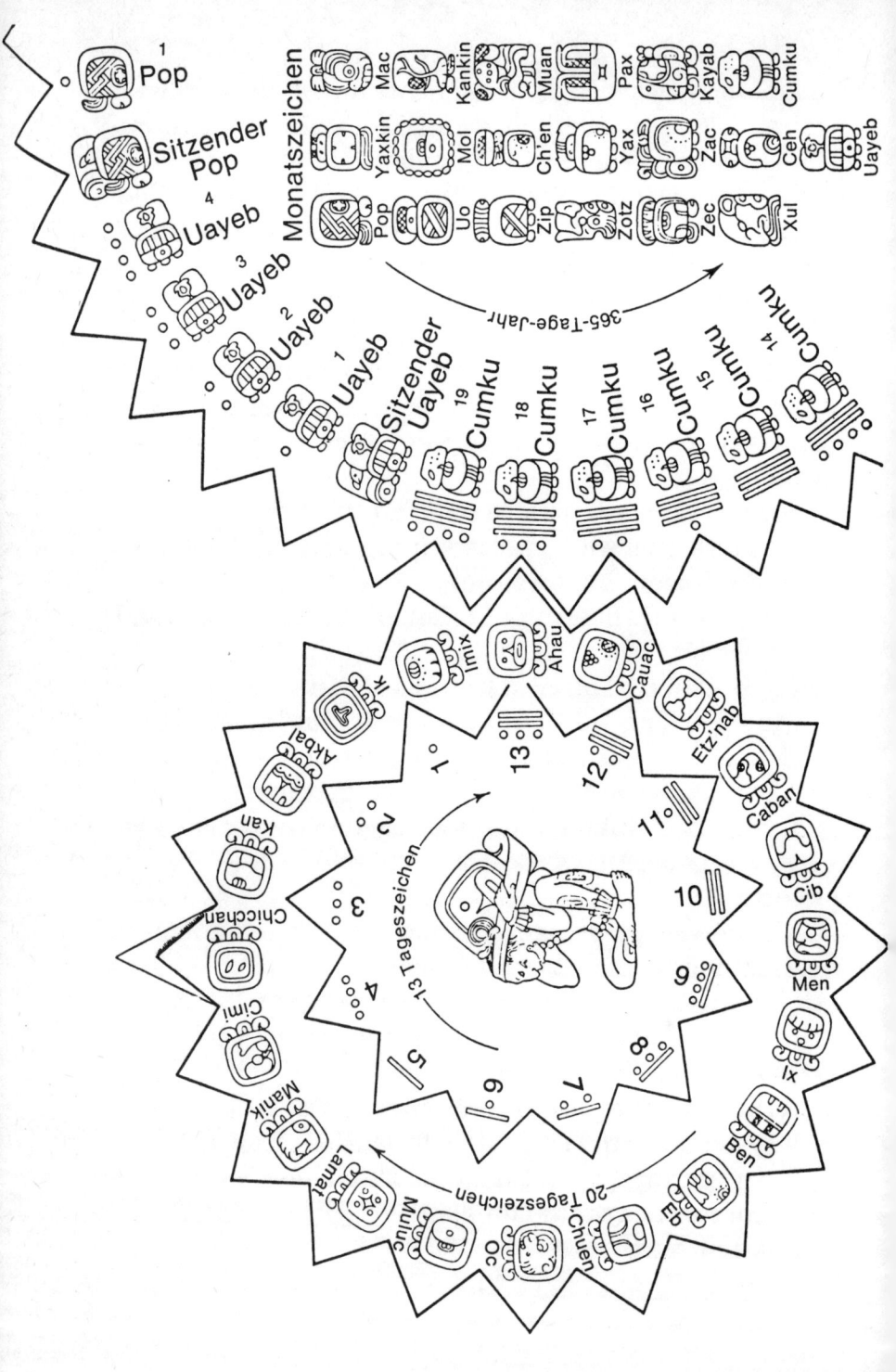

Die Katun-Folge war indessen nur eine von vielen Zeitzyklen. Jene Zeitperioden, die länger waren als ein Tag, wie die synodischen (scheinbaren, von der Erde aus gesehen) Umläufe der Planeten, der Mondmonat sowie die Göttergruppen, die Himmel, Erde und Unterwelt beherrschten, hatten ihre eigenen Zyklen, die aber wiederum Gruppen von sich ablösenden Zeitträgern waren, die mit ihren Zeitlasten durch die Ewigkeit wandelten.

Alle diese Zyklen standen in einer bestimmten Beziehung zueinander und bestimmten das Schicksal. Die schwierige Aufgabe der Maya-Priester bestand nun darin vorherzubestimmen, wie lange es dauern würde, bevor zwei oder mehr Zeitträger verschiedener Zyklen den gleichen »Rastplatz« erreichten. Man wollte wissen, welche Götter zu einer bestimmten Zeit gemeinsam wanderten, um so auf komplizierte Weise das Schicksal vorhersagen zu können.

Solche Zyklen mußten miteinander in Beziehung gebracht werden, vor allem aber mit dem heiligen Weissagungs-Kalender von 260 Tagen, den Däniken als Götterkalender bezeichnet.

Indes mußten noch weitere Maya-Zeitrechnungen berücksichtigt werden: das Rundjahr zu 365 Tagen, der Tun zu 360 Tagen, der Zyklus von 9 Nächten, deren jede von einem bestimmten Gott beherrscht wurde und ein Zyklus von 7 Tagen, die nach Thompson wahrscheinlich von Erdgöttern beherrscht wurden.

*Die Darstellung der lebendigen Götter des Kalenders als Teilchen der Mechanik hätte die Maya entsetzt. Um sie zu versöhnen, ist der Tag 13 Ahau in der Mitte des Rades im Maya-Stil dargestellt. Der Gott der Zahl 13 schickt sich an, die Last des Ahau am Ende seines Tagesmarsches abzusetzen*

Das Problem war schwierig, doch die Maya lösten es. So brachten sie es fertig, den Umlauf der Venus mit einer durchschnittlichen Länge von 584 Tagen mit dem Jahr und dem 260-Tage-Kalender in Beziehung zu bringen.

Über viele Jahre beobachteten sie die heliakischen Aufgänge der Venus und kamen so auf eine synodische Umlaufzeit von 584 Tagen. Als nächstes mußte geklärt werden, wie viele synodische Umläufe die Venus benötigte, bevor sie wieder als Morgenstern am Tage 1 Ahau erschien (Ein Ahau war bei den Maya ein anderer Name für den Venus-Gott).

Der größte gemeinsame Teiler ist 4 und die Rechnung lautet:      $584 : 4 = 146$

$$146 \times 260 = 37\,960$$

Die Götter der Venus und der 260-Tage-Zyklen trafen sich also nach 37 960 Tagen am gleichen »Rastplatz«. In 37 960 Tagen umrundet die Venus – von der Erde aus betrachtet – die Sonne 65mal.

In derselben Zeit finden 146 Zeitzyklen zu 260 Tagen statt.

Das Problem wurde von den Maya-Priestern mit Hilfe eines komplizierten Systems von Multiplikationstafeln gelöst. Sie errechneten auch, daß 65 Venus-Umläufe 104 Rundjahren zu 365 Tagen entsprachen:

$$104 \times 365 = 37\,960.$$

Dieser Kalender aber war zu ungenau, da er für das Venus-Jahr 584 anstatt 583,92 Tage zugrunde legte. Auch stimmte das Rundjahr von 365 Tagen nicht mehr mit den nachfolgenden Zeitdaten überein. Deshalb fügten die Maya scharfsinnig ausgeklügelte Korrekturen in den Kalender ein, die als großartige geistige Leistung gewertet werden müssen und letztlich zu einer Ungenauigkeit von nur 0,08 Tagen in 481 Jahren führten. Um eine derartig geringe Abweichung zu erreichen, bedurfte es mit Sicherheit der Anstrengungen vieler Generationen und einer bewundernswerten Ausdauer, sowie der Zusammenarbeit vieler Astronomen verschiedener Städte. Die Maya brachten diese Geduld auf, hing ihren Vorstellungen zufolge doch ihr Schicksal von den Zyklen und Wegen der Götter ab. Die Grundlage all ihrer Berechnungen war ein Datum, das dem Jahr 3113 v. Chr. entspricht. »Es war dies ein fiktiver Ausgangspunkt, der etwa dem ›ab urbe condita‹ des Römischen Kalenders entsprach; er kennzeichnete vielleicht die letzte Schöpfung der Welt. – Die Maya glaubten, die Welt sei mehrere Male erschaffen worden, und wir befänden uns jetzt in der fünften (?) Schöpfung.« (32)

Überdies glaubten sie, der Morgenstern sei im Augenblick seines heliakischen Aufgangs äußerst gefährlich, weshalb sie diesen Tag fürchteten.

Sie fürchteten sich vor den Göttern der Zeit und des Himmels, da diese ihnen oft Unheil verhießen. Sie hatten dagegen keine Angst vor raumfahrenden Göttern, wie Däniken mutmaßt.

Bevor wir aber erfahren, was er zu diesem Thema zu berichten weiß, soll die Funktion des Maya-Kalenders dargestellt werden.

Er besteht aus mehreren ineinandergreifenden Zahnringen, von denen das kleinste Rad 13 Zahlen trägt, die Götter darstellen und die Namen der 20 Tage begleiten. Der Zahn 13 nimmt den Zahn »Ahau« mit. Der folgende wird 1 Imix sein, der Ausgangspunkt der 260-Tage-Periode. Das kleinere, innenliegende Rad besitzt 13 Zähne, während das äußere 20 hat. Wenn der Ahau nach einer vollen Umdrehung wiederkehrt, deckt er sich mit der Zahl 7. Auf Ahau folgen dann 8 Imix, 9 Ik etc. Das große Namensrad muß sich 13mal drehen, bis die Zähne 13 und Ahau wieder ineinandergreifen. Diese Umrundung

115

von $13 \times 20 = 260$ Tagen ist der heilige Zyklus, der religiösen Zwecken diente und den die Maya »Tzolkin« nannten.

Das Tzolkin-Rad mit dem 260-Tage-Zyklus läuft wiederum auf einem großen Rad, dem »Haab«, das ein Jahr von 365 Tagen in 18 Monate zu 20 Tagen (360) plus einer Zahl von 5 Tagen einteilt, die das Jahr beenden.

Der Tag »13 Ahau« des Tzolkin fällt mit dem 18. Tag des Monats Cumku auf dem Haab-Rad zusammen (*siehe Abbildung*). Acht Tage später, nachdem die 5 ungünstigen Tage des »Uayeb« verstrichen sind, wird der Neujahrstag »1 Pop« erreicht, während sich die beiden Räder des Tzolkin um 8 Zähne weiterbewegen und »8 Lamat« erreicht haben. Gesamtdatum: 8 Lamat 1 Pop.

Das Haab-Rad muß sich 52mal drehen, bis »13 Ahau« wieder auf »18 Cumku« fällt. Dieser Zeitzyklus von $52 \times 365 = 18\,980$ Tagen war die Kalenderrunde.

Des weiteren gab es noch das »Pictun-Rad«, das nur alle 8000 Jahre (à 360 Tagen) um einen Zahn weiterbewegt wurde.

Erich von Däniken (9) argumentiert nun wie folgt:

»Das Tzolkin und das Haab (32) ergeben gemeinsam eine Calendar-round-Periode von 18 980 Tagen, oder 52 Jahren. Das Tzolkin-Rädchen mit seinen Zähnen für nur 260 Tage ist kleiner als das Haab-Rad mit seinen 365 Zähnen für 365 Tage. Das Haab-Rad dreht sich folglich in 52 Jahren nur 52mal, während sich das Tzolkin-Rädchen mit 73 Umdrehungen sputen muß, um im Turnus zu bleiben. In 52 Jahren erfüllt aber jedes Rad sein Plansoll:

$$52 \times 365 = 18\,980 \text{ Tage}$$
$$73 \times 260 = 18\,980 \text{ Tage.«}$$

Da nun nach Däniken, gedeuteten Maya-Glyphen zufolge, innerhalb dieser 18 980 Tage bestimmte Götter

10mal am Himmel erschienen, Götter, die von den Maya gefürchtet wurden, mußten sie alle 1898 Tage (5,2 Jahre) einmal gekommen oder zu sehen gewesen sein.

An dieser Stelle sei nochmals erwähnt, daß ein »Katun« eines bestimmten Namens nur alle 260 Tun oder 257 Jahre (à 365 Tage) wiederkehrte. Diesen Zeitpunkt fürchteten die Maya ebenso wie die heliakischen Aufgänge der Venus, da sie glaubten, die Welt könne zu solchen Zeitpunkten unter ungünstigen Umständen ein plötzliches Ende nehmen.

»Was erschien denn alle 5,2 Jahre (oder 1898 Tage) am Himmel?« fragte sich zuerst Dr. Kiessling, von dem dieser Gedanke vermutlich stammt und später auch Erich von Däniken.

Was tauchte alle 5,2 Jahre am Himmel auf?

Natürlich war es ein ehemals geborstener Asteroiden-Planet, der zur Zeit der Maya die Lücke zwischen Mars und Jupiter füllte und eine synodische Umlaufzeit von 1898 Tagen um die Sonne besaß. Dieser Planet war einst die Heimat der »Götter«, zumindest aber diente er ihnen als Stützpunkt.

In 1898 Tagen umrundete er die Sonne, genau in jener Zeit, die der Maya-Kalender angibt. Eine phantastische Übereinstimmung! Vermittelten die »Götter« den Maya einst dieses Wissen?

Um diese Frage zu beantworten, sollten wir jedoch zunächst einmal klären, worauf Däniken die Umlaufzeit von 1898 Tagen gründet.

In seinem Buch (9) führt er aus, daß Dr. Kiessling die Bahndaten der Planeten unseres Sonnensystems überprüfte und eine »verblüffende Feststellung« machte.

Liegen dieser Umlaufzeit des Planeten X womöglich exakt wissenschaftliche Berechnungen zugrunde?

Ein Telefongespräch mit Dr. Kiessling am 28. 3. 84

ergab, daß Kiessling diese Zahl aus dem Maya-Kalender entnommen hatte (18 980 : 10). Daher also die perfekte Übereinstimmung.

Es wurde einfach vorausgesetzt, daß dieser Planet X einst existierte, wofür keinerlei wissenschaftliche Beweise vorhanden sind. Natürlich mußte er eine gewisse Umlaufzeit um die Sonne besitzen, um – so Däniken – alle 1898 Tage »einmal am Himmel« erscheinen zu können. Was lag da näher – ohne sich weitere Gedanken zu machen – als die Zahl für die Umlaufzeit von (18 980 : 10) 1898 Tagen aus dem Maya-Kalender einzusetzen.

Damit war freilich noch nicht geklärt, warum das Jahr nach dem Tzolkin-Kalender nur 260 anstatt 365 Tage hatte. Doch auch dafür bietet Däniken eine »höchst plausible« Erklärung:

»Nehmen wir an, eine irdische Raumfahrercrew würde auf einem fernen Planeten landen, der eine ganz andere Umlaufbahn um die Sonne hätte als unser Blauer Planet. Das Jahr auf dem Zielplaneten wäre kürzer als auf der heimatlichen Erde, auch würde sich der angenommene Planet X langsamer um die eigene Achse drehen als die Erde, die Tageslänge wäre ergo nicht identisch mit einem Erdentag.« (9)

Unter diesen Umständen benötigten die Astronauten von der Erde natürlich 2 Kalender, damit sie am 25. Dezember (Erdenzeit) auf dem Planeten X »Vom Himmel hoch« singen und – »sofern vorhanden – am irdischen Silvester die Korken knallen lassen« können, »egal, was der Kalender des Planeten X sagt. Unsere Crew lebt in einem fatalen Dilemma: Sie muß mit zwei Kalendern leben und fertigwerden.«

Nach Däniken mag sich dieser Planet X in 1898 Tagen um die Sonne drehen. Auch nimmt er an, daß er sich in 7,3 Tagen einmal um die eigene Achse dreht. 7,3 Erdentage entsprächen dann genau einem Tag auf dem Planeten X. Warum aber gerade 7,3? Dies hat einen ganz einfachen Grund.

Zu Anfang hieß die Rechnung nach dem Tzolkin-Kalender:

73 Jahre zu 260 Tagen = 18 980 Tage

oder, da die »Götter« in dieser Zeit angeblich 10mal am Himmel erschienen,

$$7,3 \times 260 = 1898 \text{ Tage.}$$

Nimmt man nun – wie Däniken – diese Zahlen aus dem Maya-Kalender als fiktive Daten für Laufzeit um die Sonne (1898) und Eigendrehung des Planeten X (7,3), so kommt am Ende selbstverständlich dieselbe Gleichung, nur in abgewandelter Form dabei heraus.

$$1898 \text{ Tage} : 7,3 = 260 \text{ Tage.}$$

Wieder eine »phantastische« Übereinstimmung mit dem Maya-Kalender, doch nur, weil die Zahlen für Umlaufzeit und Eigendrehung des Planeten X zuvor aus dem Maya-Kalender abgeleitet bzw. entnommen wurden – damit die Rechnung am Ende wieder stimmt.

Eine ähnliche Rechnung könnte lauten:

Ein Milchmädchen bekommt von 260 Leuten je 7,3 Liter Milch geschenkt.

*Frage 1:* Wieviel Liter Milch hat sie bekommen?

*Frage 2:* Wie viele Leute müßten das Mädchen beschenken, wenn sie jedem 7,3 Liter gäbe?

*Lösung:* Zu 1)  $7,3 \times 260 = 1898$

Zu 2)  $1898 : 7,3 = 260$.

Hätte Däniken nur eine einzige Zahl verändert, z.B. anstatt einer Eigendrehung von 7,3 Tagen um die eigene Achse, eine von 4 Tagen angenommen, die ja, vorausgesetzt der Planet X hätte wirklich existiert, ebenso möglich gewesen wäre, wäre ein anderes Ergebnis dabei herausgekommen:

119

1898 : 4 = 474,5 Tage (ein Jahr des Planeten X)

Ein weiterer entscheidender Fehler in der »Beweisführung« ergibt sich aus folgenden Gedanken:

Däniken schreibt, der Planet X sei, »gedeuteten Maya-Glyphen zufolge« (9), alle 5,2 Jahre (1898 Tage) einmal am Himmel erschienen. Hierbei kann es sich jedoch nur – wenn überhaupt – um die synodische, die scheinbare, von der Erde aus beobachtete Umlaufzeit handeln, die aber keineswegs mit der siderischen, der tatsächlichen Umlaufzeit verwechselt werden darf.

So beträgt die scheinbare Umlaufzeit der Venus um die Sonne 584 Erdentage, während die tatsächliche Umlaufzeit nur 225 Erdentage ausmacht. Bei Jupiter ist diese Differenz noch schwerwiegender. Von uns aus gesehen umkreist er die Sonne in einem Jahr und 34 Tagen. Seine wahre Umlaufzeit beträgt jedoch 11 Jahre und 315 Tage.

Somit wäre es für angenommene Außerirdische vom Planeten X absolut unsinnig, einen Kalender mit auf die Erde zu bringen, dem die synodische, d.h die von der Erde aus betrachtete Umlaufzeit ihres eigenen Planeten zugrunde liegt. Ebensolcher Unfug wäre es, wenn wir auf der Erde einen Kalender benutzen würden, der die scheinbare Umlaufzeit der Erde vom Planeten Jupiter aus gesehen berücksichtigt, weshalb auch die folgende Aussage als unhaltbar erscheinen muß.

»In der Kombination von Tzolkin und Haab hatte der Zufall keinen Platz. Mathematisch zwar verschlüsselt, doch für eine Menschheit ferner Zukunft verständlich, deponierten die Götter ihre Planetendaten (*die ja nur die Siderische Umlaufzeit zum Inhalt gehabt haben dürften, d.V.*) bei den Vorfahren der Maya. Die Grundgleichung war einfach: 73 Götterjahre entsprachen 52 Erdenjahren.« (9)

Auch die letzte Behauptung stimmt nicht, denn 73 angenommene Götterjahre auf dem Planeten X zu 260 Tagen, von denen jeder 7,3 Erdentage ausmacht, entsprächen insgesamt $73 \times 260 \times 7,3 = 138\,554$ Erdentagen, während 52 Erdenjahre nur $52 \times 365 = 18\,980$ Tage haben.

Sicher ist das Rätsel um das 260-Tage-Jahr der Maya bis heute noch nicht befriedigend gelöst, doch zweifelsfrei dürfte auch sein, daß man es nicht mit Hilfe von »Milchmädchenrechnungen« lösen wird.

Denken und Handeln der Maya fanden ihre Wurzeln in einem Glauben an die Götter der Zeit und der Planeten, die ihr Schicksal beeinflußten. Aus diesem Glauben und einer Weltanschauung, die für uns schwer nachvollziehbar ist, entstanden die vielen Zeremonialzentren, wurden große (um 800 n. Chr.) Pyramiden-Tempel aus kristallinem Kalkstein, Trachyt und Sandstein gebaut. Die Maya-Städte stellen eine Abfolge von riesigen (17) Altären dar, die von den Untertanen einer tyrannisch theokratischen Elite erbaut wurden. Es existiert (18) kaum eine Hochkultur in Altamerika, bei der das Verhältnis von religiösen und zivilen Bauwerken stärker zugunsten der Sakralbauten orientiert ist als im Maya-Gebiet. Die Maya-Kultur trat nicht plötzlich auf. Die Ergebnisse von zahlreichen Grabungen (17) in Tikal künden von einer steten Entwicklung. Sie zeigen die Anfänge und die Blüte der Stadt über einen Zeitraum von über eintausend Jahren. Die wenigen ersten Bauten wurden auf einer kleinen, natürlichen Anhöhe errichtet (um 600 v. Chr.). Manchmal wurden Monumente zerstört und neue an ihrer Stelle errichtet; auch überbaute man ältere, kleinere Anlagen. So wuchs Tikal allmählich zu den heutigen Ausmaßen. Beim Vergleich mit anderen Maya-Städten stellt sich heraus, daß es für sie keine gemeinsamen Normen gab. Die Orientierung, Disposition und Verteilung der Bauten wurde nicht nach einer bestimmten Regel vorgenommen, lediglich an den Plazas mußten aus religiösen Gründen bestimmte Gebäude an bestimmten Stellen stehen. Ansonsten vermittelt die Ansicht des Grundrißplanes von Tikal den Eindruck eines städtebaulichen Chaos, was den ästhetischen Eindruck einer solchen Stadt keineswegs ausschließt. Tikal war in erster Linie ein Zeremonialzentrum für die Götter und die mit ihnen verbundenen kultischen Handlungen. Es war von einer Anzahl von Priestern, Sklaven und Amtsträgern bewohnt, die ständig aus den umliegenden Dörfern mit Proviant und sonstigen Dingen versorgt wurden.

Die Maya sahen ihre Götter nicht als barmherzige Geber von Almosen, die ihre Gunst ohne Gegenleistung verschenkten. Die Götter mußten stets durch Opfer von Weihrauch, Nahrung und Blut gnädig gestimmt werden. In diesem Zusammenhang sind auch die zahlreichen Menschenopfer zu sehen, denen während einer Zeremonie bei lebendigen Leibe das Herz aus der Brust gerissen wurde, um es den Göttern zu opfern.

Es ist kaum anzunehmen, daß einstige Raumfahrer aus einer hochtechnisierten Zivilisation auf die Erde kamen und den Maya, wie auch benachbarten Kulturen, etwa den Azteken, derart grausame Rituale beibrachten.

Die Götter der Maya waren Erdgötter, Regengötter, Maisgötter, Zeitgötter etc., und als solche Personifizierungen von Naturerscheinungen, wie Regen, Planeten etc., ähnlich wie bei den alten Griechen.

Um einen kleinen Einblick in das Leben der Maya zu gewähren, liefert Thompson in seinem empfehlenswerten Werk »Die Maya« (32) die Beschreibung einer Zeremonie, die auf Informationen beruht, die wir heute über das Leben der Maya besitzen. Nachfolgend eine sinngemäße Wiedergabe des Textes von Thompson:

Den jungen Novizen Balam schmerzte es überall, denn seine Zunge war geschwollen, seine Arme und Ohrläppchen waren wund von den ständigen Blutentnahmen. Er hatte in der letzten Zeit wenig geschlafen und war müde und hungrig. Achtzig Tage lang, von 13 Xul an, durch die Monate Yaxkin, Mol, Ch'en und den halben Monat Yax hatte er gefastet, im Tempel Dienst getan und Opfer von seinem Blut dargebracht. In weiteren 3 bis 4 Stunden würde alles zu Ende sein; entweder würde die Welt dann infolge eines bösen Einflusses der Götter nicht mehr existieren oder er würde an einer Festtafel in herrlichen Leckereien schwelgen, an die er ob seines großen Hungers immer wieder denken mußte: Es war jetzt etwa drei Stunden vor dem Sonnenuntergang des Tages 4 Ahau 13 Yax. Der fünfzehnte Katun (20-Jahre-Periode) des Zyklus 10 (915 000, 4 Ahau 13 Yax) würde bei Sonnenuntergang enden. Das waren drei Viertel des Weges durch den Zyklus 10, und der Tag war der glückbringende 4 Ahau. Dies war für sich allein ein gutes Vorzeichen, doch Yax war der Monat der Planeten Venus, und dieser unheilvolle Gott würde bei Sonnenuntergang hoch im Abendhimmel glänzend sichtbar sein. Nach weiteren 4 Monaten würde er in den Sonnenstrahlen verschwinden, bevor er als Morgenstern wieder erschien. Jedermann wußte, daß die Welt am Ende eines Katuns zerstört werden würde; die entscheidende Frage bestand darin, ob dieser Katun der vorbestimmte war, denn günstige und ungünstige Faktoren schienen sich die Waage zu halten. Besondere Sorgfalt in der Durchführung jeder Einzelheit des Rituals konnte den Tag »retten«, konnte das mögliche Unheil, die Zerstörung der Erde abwenden.

Die erste der großen Zeremonien, die des Feuergehens, würde gleich beginnen, wie an jedem Tag 4 Ahau. Da der Venus-Gott Beherrscher dieses Monats war, in dem der Katun endete, sollten auch Menschen geopfert werden.

Balam würde diese Zeremonie aus nächster Nähe miterleben, denn er sollte bei der Darstellung eines Himmelungeheuers mitwirken.

Die Tempeldiener waren gerade dabei, glühende Asche auf dem Boden zu verteilen, als die 4 Priester, die zuvor im Tempelinneren ihre Gebete und Opfer verrichtet hatten, hinauskamen und langsam, mit maskierten Gesichtern und hohem Kopfputz, langsam die steile Treppe hinabstiegen. Sie stellten die Regengötter dar; in Rot, Weiß, Schwarz und Gelb gekleidet, mit einem Kopfputz aus grünen Quetzalfedern waren sie die Chacs des Nordens, Westens, Südens und des Osten.

Nacheinander schritten sie, während sie die Asche mit »balche«, einem Met-Getränk besprengten, durch die glühenden Kohlen, ohne sich zu verbrennen.

Balam, der sich nun in einem der vier mit Rindenstoff und Federn besetzten Holzrahmen zur Darstellung der Himmelsungeheuer befand, schritt zusammen mit den anderen drei Ungeheuern die große Treppe der Pyramide zum Venus-Tempel hinauf. Auf der Plattform angelangt, drehten sie sich, ein jedes in eine der vier Himmelsrichtungen.

Von hier oben hatte Balam, indem er durch die Schlitze der großen Kopfmaske sah, einen guten Überblick über das Geschehen.

Der Hohepriester betete nun im Venus-Tempel, daß die Welt vor der Zerstörung verschont bliebe, derweil die fünf Opfer, die sich mit ihrem Schicksal abgefunden zu haben schienen, die Treppe hinaufgeführt wurden. Man hatte ihnen große Mengen von »balche« zu trinken gegeben, um sie zu reinigen und ihnen Mut zu machen. Außerdem glaubten sie fest, daß sie mit den Göttern, denen sie die Botschaft ihres Volkes bringen sollten, vereinigt würden.

Nachdem die Priester ihre Gebete beendet hatten, schritten sie würdevoll, sich der Bedeutung des Augenblicks bewußt, aus dem Tempel. Die Diener führten eines der Opfer, einen jungen Mann, vor und legten ihn auf den Opferstein. Zwei Jungpriester packten ihn an seinen Füßen, zwei weitere griffen seine Hände. Andere Priester hielten rauchende Kopal-Räuchergefäße und versprengten balche. Dann ging der Hohepriester, das lange Feuersteinmesser in der Hand – von den Maya »die Hand Gottes« genannt – auf das Opfer zu und stieß ihm das Messer unterhalb der linken Rippen in den Brustkorb. Der Körper des Opfers zuckte ein letzes Mal krampfhaft zusammen, als ihm der Hohepriester das Herz herausriß, das er nun der untergehenden Sonne entgegenhielt. Sein Gesicht und die Kleidung waren von Blut überströmt. Dann hob er das Herz nach Westen, in Richtung des Venus-Gottes, der, wenn die Welt gerettet werden sollte, eigentlich bald am Himmel auftauchen mußte.

Ein lautes Jubeln stieg von der am Fuße der Pyramide sitzenden Menschenmenge auf, als der Priester zum Rand der Tempelplattform trat und ihr das Herz zeigte.

Als alle fünf Herzen beisammen und die Zeremonie beendet war, schritten die Priester in einer Prozession die Treppe hinunter, an der Spitze der Hohepriester mit seinen drei Gehilfen. Ihm folgten fünf weitere Priester mit Masken des Venus-Gottes. In ihren Händen trugen sie Schalen mit den Herzen der Opfer. Dann kamen die vier Himmelsungeheuer und andere Priester mit Räuchergefäßen; zum Schluß folgten Jungpriester und Diener mit Opfergaben für die Weihung der neuen Stele eines Zeit-Gottes.

Nachdem sie den Ballspielplatz überquert hatten, wurden die fünf Herzen, nach einer weiteren Zeremonie des Blutes, zusammen mit Quetzal-Federn, Kakaobohnen, verzierten Jadesteinen und anderen Dingen in eine Grube vor der Stele geworfen, die sofort zugeschaufelt und eilig mit Steinen abgedeckt wurde.

Während die Sonne nun langsam hinter dem Horizont versank, sah Balam das matte Licht des Venus-Gottes, wie es zunehmend heller wurde und bald als strahlender Stern am Abendhimmel stand. Wieder einmal war die Zerstörung der Welt um einen weiteren Zeit-Zyklus verschoben worden. Der Tag 5 Imix hatte begonnen, als die Versammlung sich aufzulösen begann und sich alle in ihre Wohnhäuser begaben, um ein prächtiges Festmahl zu beginnen. (32)

Diese gekürzte Fassung von Thompsons Beschreibung einer Zeremonie als Präventivmaßnahme der Maya zu einem möglichen Ende der Welt macht deutlich, daß die Götter der Maya und das Volk selbst nichts mit außerirdischen Raumfahrern zu tun hatte.

Dies trifft ebenso auf die berühmte Grabplatte von Palenque zu, die im »Tempel der Inschriften« einen Steinsarkophag bedeckt, in dem einst ein bedeutender Mann, vermutlich ein Priesterkönig der Maya, beigesetzt wurde. Die Oberfläche der Grabplatte ist mit einem eingemeißelten Relief verziert (17). Ein Mann sitzt mit angezogenen Knien und rückwärts geneigtem Körper auf einer Maske, die den Todes- oder Erdgott darstellt. Ein Kreuz (Lebensbaum) wächst aus seinem Körper heraus, das vermutlich den lebensspendenden Mais symbolisiert. Aus den Maisblättern ringeln sich zu beiden Seiten doppelköpfige Schlangen hervor. Der Vogel Moan, auf der Spitze des Kreuzes, symbolisiert den Tod.

Ungeachtet dessen, ob diese Deutung nun völlig mit dem übereinstimmt, was die Maya-Künstler sich einst bei der Schaffung dieses Reliefs dachten, ist doch anzunehmen, daß sie der Wahrheit sehr nahe kommt.

Erich von Däniken aber erkennt in dem dargestellten Menschen »ein nach vorn geneigtes menschliches Wesen, das einen komplizierten, technisch anmutenden Kopfputz trägt, von dem doppelspurige Schläuche rückwärtig verlaufen«. (9)

Jenes Wesen manipuliert nach Dänikens Meinung mit beiden Händen an irgendwelchen Knöpfen oder Hebeln. Aus dem ganzen Fahrzeug »zündelt« eine Feuerflamme, um einen »Raketeneffekt« zu erreichen (s. S. 129).

Nehmen wir nur einmal an, die Maya-Künstler hätten wirklich ein stark vereinfachtes Raumfahrzeug dargestellt.

Was könnte man mit so einem »Ding« anfangen? Wie weit könnte man damit fliegen, falls es überhaupt auf nennenswerter Distanz vom Boden abheben würde?

Nehmen wir auch an, dies sei nur ein kleines Zubringerraumschiff gewesen, das von einem in der Erdumlaufbahn befindlichen Mutterraumschiff zur Erde geflogen sei.

Nach den dargestellten Maßstäben des Reliefs kann das ganze Gerät nicht länger als 3 bis 4 Meter gewesen sein. Die Frage lautet nun: Wo wurden die enormen Mengen von Treibstoff untergebracht, die zu einem Start in die Erdumlaufbahn nötig sind? In Zusatztanks? Alles in allem wäre dieses Fluggerät viel zu klein, um das Antriebssystem, den Treibstoff und das sonst notwendige Instrumentarium unterzubringen. Führen wir uns nur

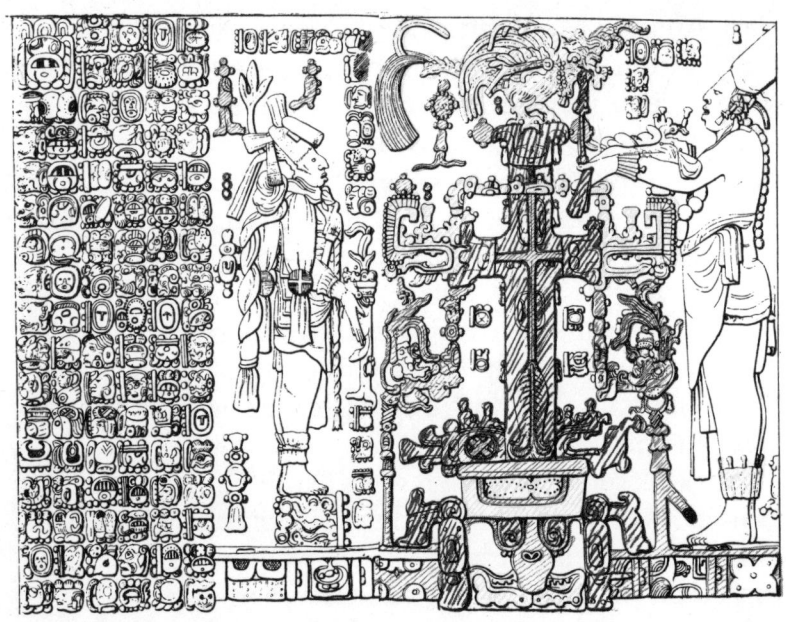

vor Augen, wie groß und schwer der heutige Space-Shuttle ist, mit dem die Amerikaner in die Erdumlaufbahn fliegen. Selbst wenn diese Raumfähre kein Labor im Innern besäße, wäre sie immer noch um ein Vielfaches größer als der »Raumzwerg von Palenque«. Wie soll dieses Ding ohne aerodynamische Leitflächen gestartet und gelandet sein? Ist es an einem Fallschirm gelandet? Wenn ja, warum wurde ein solcher von den Maya-Künstlern nie dargestellt, zumal ein solches Ereignis sicher beeindruckkend für sie gewesen wäre?

Hatten Dänikens Götter, im Vergleich zu den Amerikanern, eine veraltete Technik?

Warum flogen die »Götter« mit nackten Füßen und Beinen, wo doch die Astronauten von heute Overalls und Schuhe tragen? Warum saßen sie nicht in der Körperform angepaßten Sitzen? Warum hatten sie ebensol-

che Hakennasen und Gesichtszüge, wie sie dem Schönheitsideal der Maya entsprachen? Zufall?

Ist es nicht wahrscheinlicher, daß die »Götter« völlig anders ausgesehen hätten als die Maya, und wären sie dann nicht von den Maya-Künstlern entsprechend dargestellt worden, wo diese doch eine solche Liebe fürs Detail aufbrachten?

Was auch immer die Grabplatte von Palenque darstellen mag, sicherlich keinen Raumfahrer in seinem Fahrzeug.

Das Kreuz, oder den Lebensbaum, findet man übrigens in ähnlicher Weise auch im sogenannten »Kreuztempel« von Palenque, wie der Vergleich der beiden Abbildungen zeigt (*S. 128*). Dieses Kreuz galt den Maya – nach heutigen Erkenntnissen – als Symbol des Lebens und war aus der Maispflanze entstanden.

Ein ähnliches Motiv gab es auch in den mixtekischen Kulturformen, wie die Abbildung auf S. 129 oben rechts zeigt.

# Kapitel 3

# Die unsterbliche Botschaft von Nemrud Dag

Im Winter 1881/82 teilte der damalige deutsche Vize-konsul Müller–Raschdau der Königlich Preußischen Akademie der Wissenschaften in einem Brief mit, daß ein der wissenschaftlichen Welt bis dahin unbekannter Deutscher mit Namen Karl Sester, auf einem Berggipfel im östlichen Antitauros (Türkei), dem Nemrud Dag, eine Gruppe von Denkmälern gigantischer Größe entdeckt haben wollte.

Die kolossalen Standbilder sollten sich angeblich auf zwei einander gegenüberliegenden Terrassen befinden, durch einen großen Hügel voneinander getrennt. Diese Anlage gehörte nach Meinung des Entdeckers der assyrischen Kulturwelt an.

Die Meinungen der Gelehrten über diese Entdeckung gingen weit auseinander; einige verwiesen sie ins Reich der Phantasie, andere vermuteten dahinter eine betrügerische Absicht.

Doch schließlich, nach einigem Hin und Her, setzte dann im Jahre 1883 die systematische Untersuchung des Nemrud Dag und die Erforschung von Kommagene ein, mit deren Leitung man Karl Humann beauftragte. Auch der Gelehrte Otto Puchstein war an den darauffolgenden Forschungsarbeiten beteiligt.

Humann berichtet: »Der erste Eindruck war ein wahrhaft überwältigender. Wie ein Berg auf dem Berge erhob sich auf dem Felsgipfel der Grabhügel, an sich noch 40 Meter über der Terrasse (Ostterrasse), die wir erstiegen hatten, emporragend. Ihm den Rücken wendend, saßen da auf erhöhter Felsbank die Riesengebilde von *fünf Gottheiten*, von denen nur eine ganz unversehrt geblieben war. Nach dem ersten Anschauen des Nächstliegenden schweifte der Blick in die Ferne. Wenn das Meer im wütendsten Orkan, während einer quer kommenden Dünung die grausigen Wellenberge zu schwindelnder Höhe auftürmt und wieder wild durcheinander würfelt, plötzlich erstarrte, so würde es im kleinen ein Bild dessen geben, was sich uns im Osten, Norden und Westen, soweit der Blick reichte, und im Süden auf einige Meilen Entfernung, darbot. Die weißen Schaumkämme der Wellen sind hier die schneeglänzenden Grate des Tauros ... Wir gingen um den Tumulus (Grabhügel) herum; ... An der anderen Seite des Hügels erreichten wir im Westen wieder eine Terrasse, die bedeutend tiefer lag als die erste. Hier sind die Statuen ganz zerstört, *die einzelnen Blöcke,* aus denen sie aufgeführt gewesen, zu Hauf daliegend, die Köpfe weit auf die Terrasse hingerollt. Eine Anzahl von Reliefplatten fesselte hier das Auge; nach Norden zu schloß sich an die Götterbilder eine andere größere Art von Reliefplatten seitlich an, fünf an der Zahl, die früher auf dem Gesicht lagen und von Puchstein 1882 nur teilweise und von unten hatten gesehen werden können.« (12)

Soweit zu Humann und Puchstein. Doch nun möchte ich einen klaren Überblick über die Beschaffenheit der Grabanlage geben. In den ehemals eiförmigen Gipfel wurden also zwei Terrassen eingearbeitet, die Ost- und Westterrasse. Den dabei anfallenden Kalksteinschotter schichtete man um einen in der Mitte stehen gelassenen Felskern zu einem Tumulus.

Diesen Tumulus hatte Antiochos von Kommagene aufschichten lassen, »damit dort« – wie es in der Inschrift auf den Steinmonumenten Zeile 36 ff. heißt – »die äußere Hülle seines bis ins hohe Greisenalter wohlerhaltenen Leibes bis in alle Ewigkeiten ruhen sollte, nachdem sie die gottgeliebte Seele zu den himmlischen Thronen des Zeus-Oromasdes emporgesandt hat«.

Die Statuen auf der Ost- und Westterrasse sind, einschließlich der Inschriften, identisch.

Doch nun wollen wir sehen, was Erich von Däniken zu diesem Grabmal auf dem Nemrud Dag schreibt, mit welchen Mittcln er es diesmal fertig bringt, die Monumente mit außerirdischen Raumfahrern in Zusammenhang zu bringen.

Der Vollständigkeit halber will ich deshalb wörtlich aus Dänikens Buch »Beweise« (5), Seite 367 ff. zitieren:

## UNSTERBLICHE BOTSCHAFT VOM NEMRUD DAG

»Dort liegt der Nemrud Dag, der heilige Berg von Kommagene. 2150 m hoch, erhebt er sich weit im Südosten der Türkei inmitten des Taurus-Massivs. Die Archäologie weiß wenig über die Rätsel auf dem Nemrud Dag zu berichten.

Sauber gemeißelte Inschriften auf den Kolossen berichten zwar, Antiochos I. (324–261 v. Chr.) habe hier für sich eine Grabstätte, für die Götter ein Heiligtum errichten lassen, Anlagen, die von den Nachfahren renoviert und vergrößert worden wären, (*falsch! d.V.*) aber niemand weiß so recht, ob diese Inschriften stimmen.

Eine Inschrift halte ich für besonders bemerkenswert. In ihr heißt es, Antiochos hätte diese Bauten errichten lassen, um ein unerschütterliches Gesetz der Zeit zu hinterlassen, indem er einem unantastbaren Monument unsterbliche Botschaften anvertraute.

Was für ein unerschütterliches Gesetz der Zeit, was für eine unsterbliche Botschaft vertraute Antiochos dem Berg an?

Die Kuppe des Nemrud Dag ist wie eine aufgeschüttete gigantische Schotterpyramide. Ehe nicht von der Spitze des Kegels her eine Tiefenbohrung ins Innere des Berges niedergelassen wird, wird nicht zu ermitteln sein, ob und welche Botschaften des Antiochos darin beherbergt werden. Ich halte über zweitausend Jahre alte Inschriften für bedeutende Hinweise. Man sollte sie nicht übersehen.

An der Senke der Bergpyramide sind zwei einander gegenüberliegende Terrassen. Dort verrotten am Boden Köpfe, die einstmals auf großen Steinquadern gestanden haben. *(Diese Steinquader sind die riesigen Statuen, die aus einzelnen Blöcken bestehen. d.V.)* Von links nach rechts stehen da in einer eindrucksvollen Galerie: ein steinerner Löwe, ein monolithischer Adler, daneben die stolzen Götter Apollo, Fortuna, Zeus, Herakles und Antiochos. Adler und Löwe, herrliche Steinmetzarbeiten, sind doppelt vertreten. Weiter unten am Berg ist ein Ochse in eine Wand gemeißelt. Was las ich bei Hesekiel?

Ihre Gesichter aber sahen so aus: ein Menschengesicht nach vorn bei allen vieren, ein Löwengesicht auf der rechten Seite bei allen vieren, ein Stiergesicht auf der linken Seite bei allen vieren und ein Adlergesicht bei allen vieren nach innen (Hesekiel, 1,10).

Es wurde ermittelt, wann Hesekiel seinen Bericht verfaßt haben soll. Er wurde nach 592 v. Chr. datiert – Antiochos I. soll mit den Riesenbauten auf dem Nemrud Dag um 320 v. Chr. begonnen haben. Zwischen Hesekiels Schilderung und dem Bau der Grabstätte lagen rund 290 Jahre. Antiochos war der letzte in der Reihe der Könige von Kommagene, seine Vorfahren regierten mit Sicherheit zu Lebzeiten des Propheten. Das Reich Kommagene nahm den weiten Raum zwischen dem Euphrat (der damaligen römischen Provinz Kleinasien) und dem heutigen Persien ein. Die Hauptstadt des Reiches war Samosata.

Ein Blick auf die Landkarte macht deutlich, daß die königlichen Vorfahren des Antiochos I. in unmittelbarer

Nachbarschaft des Propheten regierten. Hesekiel soll während der Zeit seiner babylonischen Gefangenschaft die ersten Kontakte mit den Göttern gehabt haben. Von Babylonien nach Persien war es nur ein Katzensprung. Hesekiel spricht von vier symbolischen Gesichtern. Antiochos ließ solche Köpfe als neun Meter hohe Kolosse aus dem Fels herausschlagen und auf den Nemrud Dag transportieren, auf die höchste Spitze (*In Wahrheit bestehen diese Kolosse aus vielen Einzelblöcken, die man aus dem Felsmaterial der Bergspitze fertigte. d.V.*) seines Reiches. Warum? Er wollte den Göttern nahe sein, den Göttern, die vom Himmel kamen.

Bewacht von symbolischen Figuren, die heute gestürzt am Boden liegen, hütet der Nemrud Dag ein Geheimnis. Ist es vielleicht identisch mit dem Rätselhaften, das Hesekiel überlieferte? Die Monumente von Nemrud Dag, kombiniert mit den Texten des Propheten, geben einen Fingerzeig. Sollte man ihm nicht folgen?

Sollte man nicht zu enthüllen versuchen, was dieser Berg birgt? Ich habe diesem unantastbaren Monument eine unsterbliche Botschaft anvertraut.« (5)

Soweit nun die Ausführungen Erich von Dänikens. Für ihn ist bis heute noch alles geheimnisumwittert, was den Nemrud Dag betrifft; das will er uns jedenfalls glauben machen.

Doch im folgenden werden wir sehen, daß zwar noch viele Fragen ungeklärt sind, doch die meisten »Geheimnisse« dieses Berges bereits heute gelüftet sind. Dies haben wir nicht zuletzt einem namhaften Wissenschaftler zu verdanken, Professor Dr. Friedrich Karl Dörner, dessen ausgezeichnetes Buch »Kommagene« (12) ich nur jedem, der sich dafür interessiert, wärmstens empfehlen kann. Bevor ich aber nun auf die einzelnen

Mutmaßungen des Erich von Däniken eingehe, möchte ich eine Frage stellen: Warum ist das, was Hesekiel berichtet, für Däniken so »rätselhaft«?

Soweit ich informiert bin, war es doch für Däniken immer klar, daß es sich bei den Dingen, die Hesekiel beschreibt, um ein Raumfahrzeug der außerirdischen »Götter« gehandelt haben muß.

Doch nun zu den Behauptungen selbst:

1. Däniken behauptet, Antiochos I. habe von 324–261 v. Chr. regiert, und daß dieser Antiochos »der letzte in der Reihe der Könige von Kommagene« war.

Und dies stimmt nicht, denn der Antiochos I., den Däniken meint, regierte zwar in der von ihm angegebenen Zeit. Nur war er kein König von Kommagene, sondern der seleukidische Herrscher und als solcher ein Vorfahre des »Antiochos I. von Kommagene«.

Doch dieser seleukidische Herrscher hatte nichts mit dem Monument auf dem Nemrud Dag zu tun.

»Antiochos I., König von Kommagene« regierte *im ersten* Jahrhundert v. Chr.

2. Die zweite Inschrift, von der Däniken schreibt und in der es heißt: »... ein unerschütterliches Gesetz der Zeit hinterlassen, indem er einem unantastbaren Monument unsterbliche Botschaft anvertraute«, befindet sich *nicht* auf dem Nemrud Dag, sondern am Hang des Hügels »Eski Kale« an der Seite des Nymphenflusses (Nymphaios). Sie wurde dort im Jahre 1951 von Prof. Dr. Friedrich Karl Dörner entdeckt, entziffert und in die deutsche Sprache übersetzt. Dort steht in griechischer Schrift in den Fels gemeißelt:

»Der große König Antiochos, Gott, der Gerechte, Freund der Römer und Hellenen, der Sohn des Königs Mithradates Kallinikos und der Königin Laodike, der bruderliebenden Göttin, der Tochter des Königs Antiochos Epiphanes, des Mutterliebenden, Siegreichen, hat in Arsameia am Nymphenfluß für die väterlichen Ahnen und seinen eigenen Kult, dem der Götter Entscheidung seine Geltung verlieh, ewiges Gedenken und ein unerschütterliches Gesetz der Zeit hinterlassen, indem er einem unantastbaren Monument unsterbliche Botschaft anvertraute.« (12)

Aus dem Zusammenhang geht einwandfrei hervor, daß sich die »unsterbliche Botschaft« auf das »unerschütterliche Gesetz der Zeit«, auf das heilige Gesetz bezieht, das, wie wir gleich sehen werden, König Antiochos von Kommagene für die Verehrung und den Kult seines verstorbenen Vaters und seiner selbst erlassen hat.

Folgen wir also weiter den eingemeißelten Schriften am Hang des Hügels »Eski Kale«:

»Dieses Arsameia, das am Busen der doppelten Brüste **(damit sind die beiden Hügel ›Eski Kale‹ und ›Yeni Kale‹ zu beiden Seiten des Nymphenflusses gemeint)** aus unversieglichen Quellen den Nymphenfluß trägt, hat mein Ahnherr Arsames gegründet **(daher der Name Arsameia)**; diese Stadt war von Natur aus auf zwei Felshügel verteilt, **(Eski Kale und Yeni Kale)** und da Arsames sah, wie sich das göttliche Naß eines reichlich fließenden Gewässers in die abgrundtiefe Enge des Geländes stürzte, **umgab er ihren zweigipfligen Körper auf beiden Seiten mit einer Mauer.**« (12)

Weiter heißt es:

»Dieses Hierothesion (*Stätte, die etwas Heiliges birgt, d.V.*) hat König Mithradates, mein Vater Kallinikos, in einer Vorstadt von Arsameia für seinen eigenen Leib geweiht, **indem er des Ortes schönste Stelle umgrenzte,** und er hat seinen herrlichen Körper, der in allgemeinem Ruhm bei Wettkämpfen zu Ehren der Ahnen als schönsiegend (kallinikos) gepriesen wurde, dieser Erde geweiht und der Seele unvergängliche Wesenheit in das ewige Haus der Götter hinaufgeführt. Ich aber *(Antiochos I.)* hatte mir vorgenommen, alle Weihungen meiner Ahnen in geziemender Ehrung größer und schöner zu hinterlassen, als sie von mir übernommen worden waren ... Und alles, was infolge der Zeitumstände übersehen, oder im Verlaufe der Jahre zerstört wurde, habe ich durch meine Vorsorge entweder neu gebaut oder ausgebessert oder vergrößert oder anderes noch dazugefügt ... Und Altäre habe ich, wie es sich geziemt für die väterlichen Ahnen meiner Frömmigkeit gemäß, für die heiligen Weihegeschenke errichtet und Statuen sowie Götterbilder im Verein mit meinen eigenen Darstellungen, die Gestalt und Lebensstellung in lebensnaher Abformung zeigen, **zur ewigen Erinnerung aufgestellt.**« (12)

Doch nun zu dem »unerschütterlichen Gesetz der Zeit«, dem heiligen Gesetz für das Hierothesion, das entgegen der Meinung von Däniken schon längst kein Geheimnis mehr ist.

*Der Erlaß des heiligen Gesetzes für das Hierothesion!*

Hinweise auf Strafen und Belohnungen.

»Für den dauernden Bestand dieser Anordnungen, *(Zuteilung eines Priesters für den Kult seines Vaters und des eigenen. Anordnung von Opfern und Kultversammlungen an den monatlichen Geburtstagen seines Vaters und seines eigenen etc.),* den zu bewahren nicht nur für unsere Ehre, sondern auch als selige Hoffnungen auf eigenes Glück für kluge Männer eine Sache der Frömmigkeit ist, **habe ich nach dem Willen der Götter ein heiliges Gesetz geweiht und es auf unantastbaren Stelen einhauen lassen.** Es ist eine heilige Angelegenheit für die

Geschlechter aller Menschen, welche die unendliche Zeit für die Nachfolge in diesem Lande durch ihr besonderes Lebensschicksal bestimmen wird, **daß sie es unantastbar bewahren,** wohl wissend, **daß der königlichen vergöttlichten Ahnen** schwere Rache, die in gleicher Weise Nachlässigkeit und Frevel straft, die Gottlosigkeit verfolgt, und wenn das **Gesetz für die geheiligten Ahnen** verletzt worden ist, zieht es unsühnbare Strafen nach sich.« (12)

Nun wollen wir sehen, was dieses Gesetz, das in ein »unantastbares Monument« bzw. auf »unantastbaren Stelen« eingehauen wurde, beinhaltet.

Ich beschränke mich dabei, an dieser Stelle nur die Überschriften aufzuführen, die Professor Dr. Friedrich Karl Dörner in seinem Buch »Kommagene« über die einzelnen Anwendungen und Vorschriften gesetzt hat.

*Das heilige Gesetz*

Bestellung, Aufgaben und Pflichten des Priesters (des Hierothesions)
Ausschließlicher Dienst im Hierothesion
Pflege und Schmuck der Statuen
Monatliche Geburtstage als Kultfeiern von Vater und Sohn und ihre Finanzierung (aus königlichem Krongut, ständige, unantastbare Einkünfte)
Aufgaben des Priesters und einzuladene Gäste
Die Musikanten im Hierothesion
Stellung und Schutz für sie und ihre Nachkommen

*Schutzmaßnahmen zur Aufrechterhaltung des Kults im Hierothesion*

Verbot, Besitzverhältnisse im Hierothesion zu ändern oder das Krongut zu schädigen

Unveränderter Fortbestand der Feiern im Hierothesion als Vorbild der Frömmigkeit für Kinder und Enkel
Gnade der Ahnen und Götter als Belohnung für die Nachfolger bei Beachtung des (heiligen, unerschütterlichen) Gesetzes..

»Für alle, die so handeln, bete ich, **daß alle väterlichen Götter aus Persien und Makedonien und aus dem heimatlichen Kommagene** ihnen gnädig geneigt zu jeglicher Huld bleiben.«

». . ., denen kündet **dieser Stein** (*das unantastbare Monument, d.V.*) mit leiser Stimme durch die Obsorge des Zeus Oromasdes und durch den Willen der anderen Götter folgendes: ». . .«

Verhalten im Hierothesion bei ungewollter Befleckung
Strafe für Diebstahl, gewaltsames Eindringen in das Hierothesion und jeglichen Frevel:

»Durch das Werk dieser Hände möge die unfromme Gesinnung dem unabwendbaren Zorn die geschuldete Sühne entrichten. **Durch die unfehlbaren Pfeile des Apollon und Herakles** soll er (**der Frevler**) in seinem schlechten Herzen, der Wurzel des ungerechten Lebens, durchbohrt, bitteren Schmerz in dem Inneren seines alles Gute hassenden Wesens verspüren. **Durch den Zorn der Hera** soll er eine nicht ungerechte Strafe . . .«
**»Durch die Blitze des Zeus Oromasdes soll sein . . .«**

*Belohnungen*

». . . sollen sie bei ihren frommen Gebeten als erhörenden und gnädigen Mitstreiter ihrer guten Werke Zeus Oromasdes haben und neben ihm als Helferin Hera Teleia, und dazu Artagenes Herakles und Mithras, der Apollon ist und Hermes, der von den Göttern die vielstimmigste Rede hat.«

Dies ist also das geheimnisvolle, »unerschütterliche Gesetz der Zeit«, das einem »unantastbaren Monument« als »unsterbliche Botschaft« anvertraut wurde.

Es hat nicht das Geringste mit raumfahrenden Göttern zu tun, wie Däniken sie sich vorstellt. Es sind nichts weiter als Vorschriften für einen Kult der vergöttlichen Ahnen und für Antiochos selbst. Und all dies steht nicht, wie Däniken behauptet, auf den Monumenten des Nemrud Dag, sondern am Hang des »Eski Kale«, der mit dem »Yeni Kale« zu Arsameia am Nymphenfluß gehört.

Auf dem Nemrud Dag befindet sich lediglich eine Inschrift, die der am Hang des »Eski Kale« ähnlich ist und wie folgt lautet:

»Der große König Antiochos, Gott, der Gerechte, Epiphanes (d.h. der den Menschen Geoffenbarte), Freund der Römer und Hellenen, Sohn des Königs Mithradates Kallinikos und der Königin Laodike, der Göttin, der Bruderliebenden, Tochter des Königs Antiochos Epiphanes, des Mutterliebenden, Siegreichen, ließ **auf geheiligten Basen für ewige Zeiten mit unvergänglichen Buchstaben Worte der eigenen Huld aufzeichnen.**«

Man sieht, wenn man die Angaben von Dänikens mit der Realität vergleicht, bleibt nicht mehr viel übrig, was Anlaß zu Spekulationen bezüglich außerirdischer Raumfahrer gibt. Doch gibt es noch mehr Irrtümer.

Däniken schreibt, Antiochos wollte den Göttern nahe sein, den Göttern, die vom Himmel kamen.

Damit sind natürlich wieder Astronauten von fremden Sternen gemeint. Daß dem nicht so ist, möchte ich hier kurz belegen, wenn es nicht schon zur Genüge aus dem zuvor Ausgeführten hervorgegangen ist.

Aus einem Inschrifttext auf dem Nemrud Dag geht hervor:

**»Wie du siehst, erstellte ich diesen Göttern wahrhaft**

würdige Bilder: die des Zeus Oromasdes, des Apollon-Mithras-Helios Hermes, des Artagenes-Herakles-Ares und als (Symbol) meines Vaterlandes ein Abbild der all ernährenden **Kommagene**. Aus gleichem Stein gefertigt und gemeinsam mit diesem thronend errichtete ich auch das Abbild meiner Gestalt den erhörenden Göttern zur Seite. Ich machte so die uralte Würde der Götter zur gleichaltrigen Gefährtin meines jungen Gesichts.«

In Zeile 30 f. nennt Antiochos I. Perser und Hellenen »als glückhafte Wurzel« seines Geschlechtes.

Am Ende der Inschrift (Zeile 223 ff.) gibt er der Hoffnung Ausdruck, daß **alle väterlichen Götter aus Persien und Makedonien und aus dem heimatlichen Kommagene** seinen Kindern und Enkeln gnädig geneigt bleiben mögen.

Daraus geht eindeutig hervor, daß Antiochos sein Geschlecht von den Göttern ableitete. Er bezeichnete sich sogar selbst als Gott.

Inschrift von der Eski Kale: »Der große König Antiochos, Gott, der Gerechte, Freund der Römer und Hellenen . . .«

Und die Götter, die immer wieder genannt werden, resultieren aus einer Zusammenführung der griechischen und persischen Religion, die wohl von Antiochos selbst vollzogen wurde. So entstanden Götter wie Apollon-Mithras-Helios, Hermes, Zeus Oromasdes etc.

Und nur diese Götter und keine anderen sind hier gemeint. Sie haben nichts mit Dänikens »Göttern« zu tun und schon gar nichts mit den Visionen des Hesekiel, womit wir beim letzten Punkt angelangt wären.

Däniken meint, Antiochos habe die Monumente auf dem Nemrud Dag gemäß den Überlieferungen des Hesekiel erbaut. Da aber Antiochos I., König von Kommagene, im ersten Jahrhundert vor Christus regierte und der

Exakt diese Messingplatten fotografierte Däniken 1972 in Cuenca und pries sie in seinem Buch »Aussaat und Kosmos« als zentimeterdicke Goldplatten an. Dänikens Maß- und Materialangaben zufolge wäre dann jede einzelne der Platten über einen Zentner schwer und mit zwei Fingern, wie hier vom Autor gezeigt, kaum hochzuhalten. Die Arbeiten sind in Wahrheit nur einige Jahrzehnte alt und wurden von einheimischen Künstlern hergestellt. (s. S. 19ff.)

Die linke Seite zeigt einig
weitere Schätze, die d
Außerirdischen im Museur
von Padre Crespi »hinterla
sen« haben. So einen Stein
stuhl, der sich angeblich i
der Tayos-Höhle befunde
haben soll und nach Aussag
von Jaramillo (s. S. 58 f.) »für
bis 12 Personen« bestimn
war. Däniken macht darau
7 Stühle.

Das mittlere Bild zeigt ein
»vorsintflutliche« Plasti.
bei der man deutlich de
Eisendraht erkennt, der d
ganze zusammenhält – es i
eine zeitgenössische Indi
arbeit.

Auf dem unteren Bild sehe
wir weitere Messingarbeite
aus dem Museum von Pad.
Crespi.

Die rechte Seite zeigt Au
nahmen aus der Falkenste
nerhöhle (Schwäbische Alb
die ein typisches Kastenpro
aufweist, das wie mit techr
schen Mitteln hergestellt au
sieht (s. dazu S. 64 ff.). Foto
Krieg

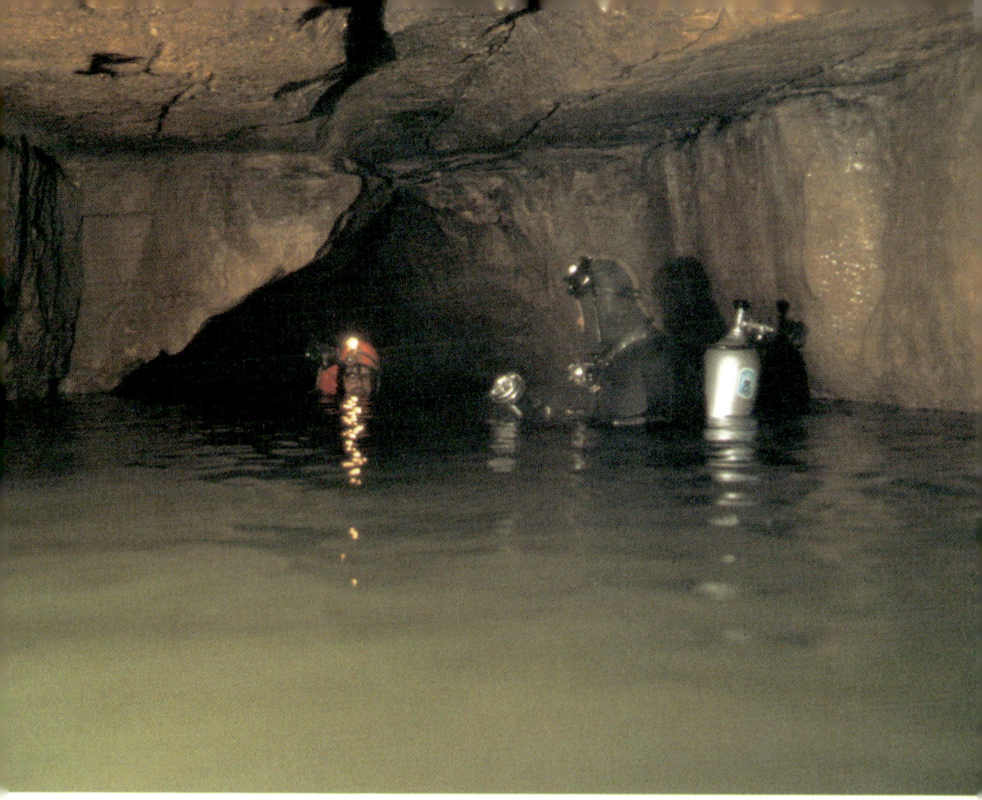

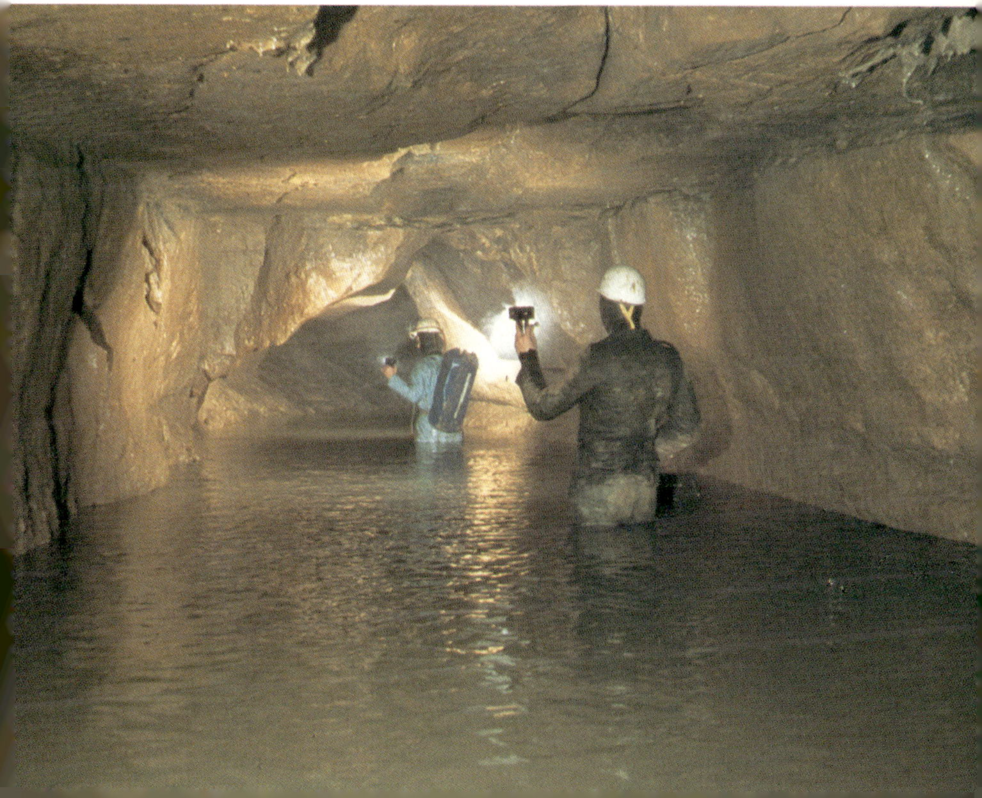

iese Doppelseite zeigt
ntürlich entstandene Ge-
einsformationen aus Frank-
ich und Spanien, die wie
instlich angelegt wirken (s.
66).

uf der folgenden Doppelsei-
sehen wir Chullpas (Grab-
rme) am Umayo-See bei
no/Peru, darunter die
instlich bearbeitete Kalk-
einklippe Chingana Gran-
, in der Nähe der Inka-
stung Sacsayhuaman (s. S.
f.), eine kunstvoll zusam-
engefügte Inkamauer und
e Inkafestung Sacsayhua-
an (s. S. 83 ff.) – Fotos: Naha-
owitz

ie letzte Farbseite zeigt das
abmal auf der Spitze des
emrud Dag (Türkei).
bwohl dieses Denkmal von
önig Antiochos I. von Kom-
agene seit 100 Jahren wis-
nschaftlich erforscht wird,
ß sich von Däniken 1982 in
rkischen Zeitungen als sein
tdecker feiern (s. S. 131 ff.) –
tos: Dörner

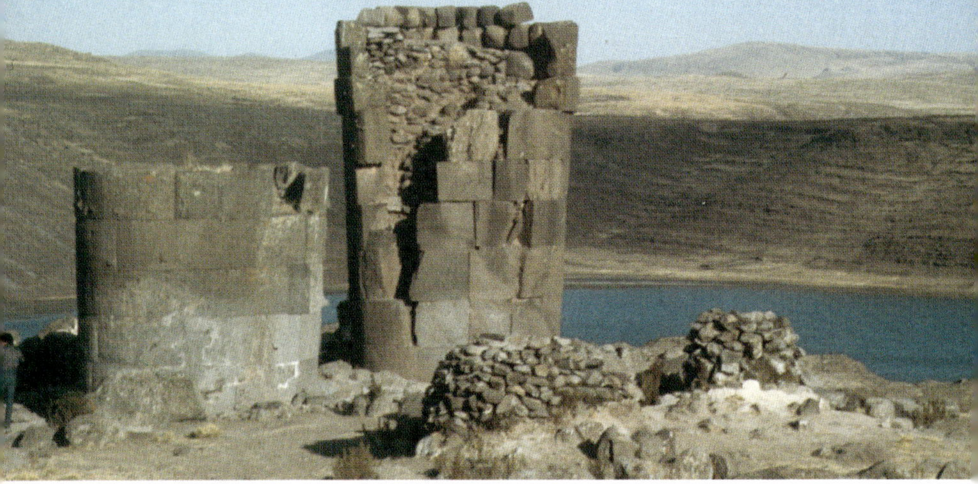

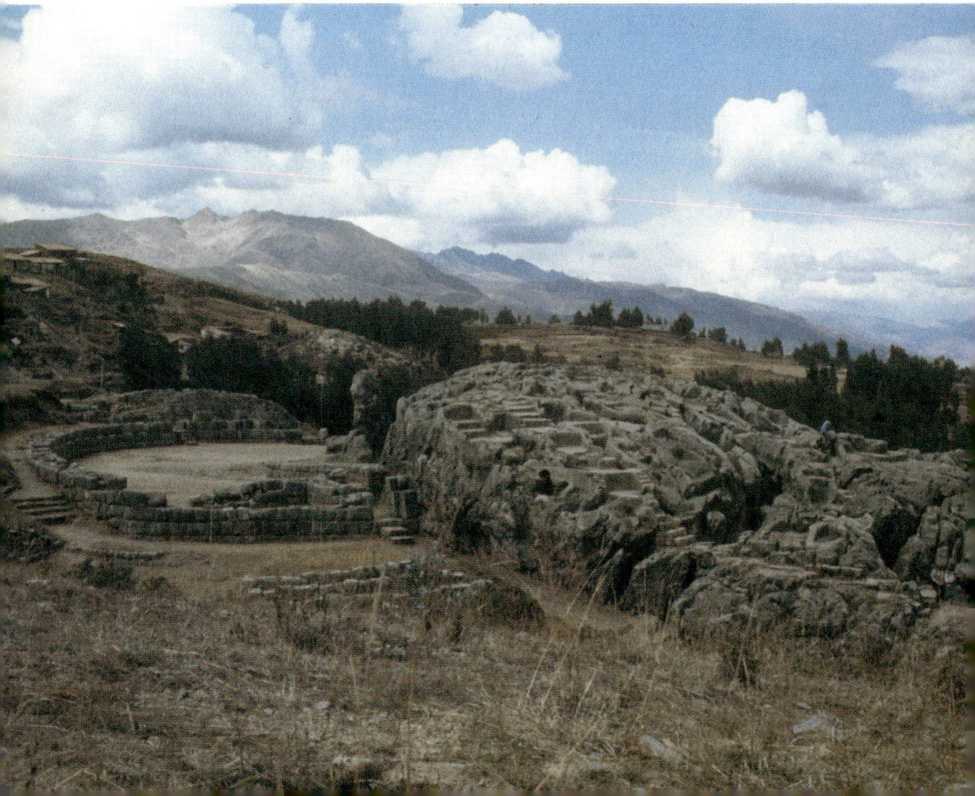

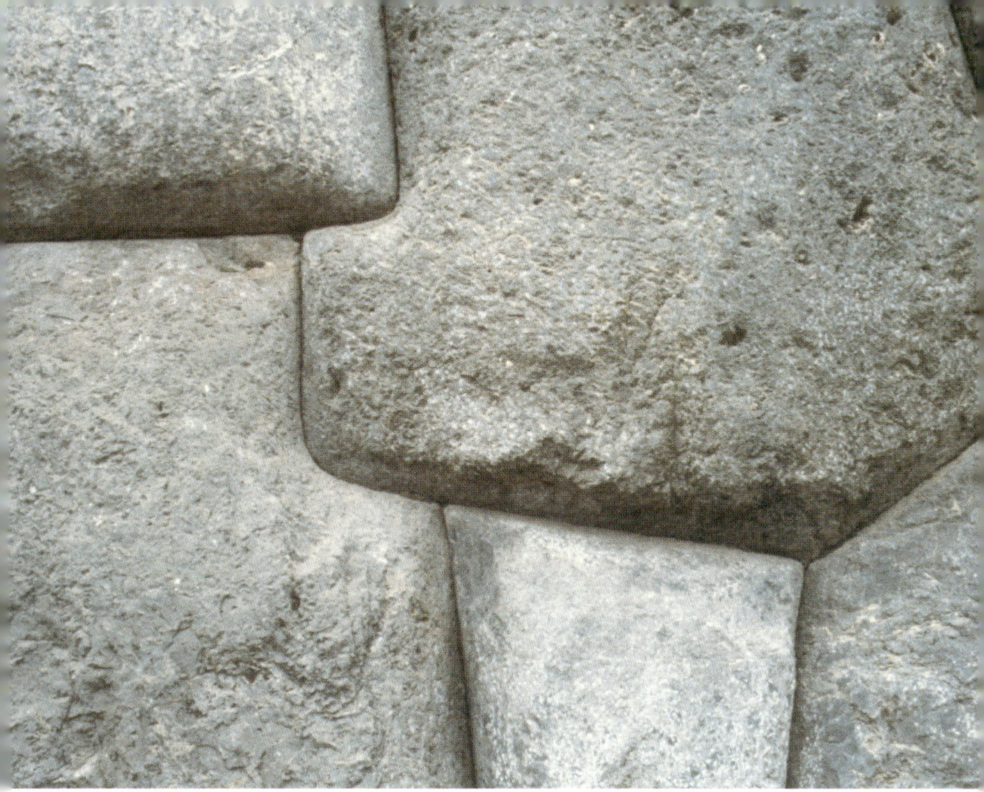

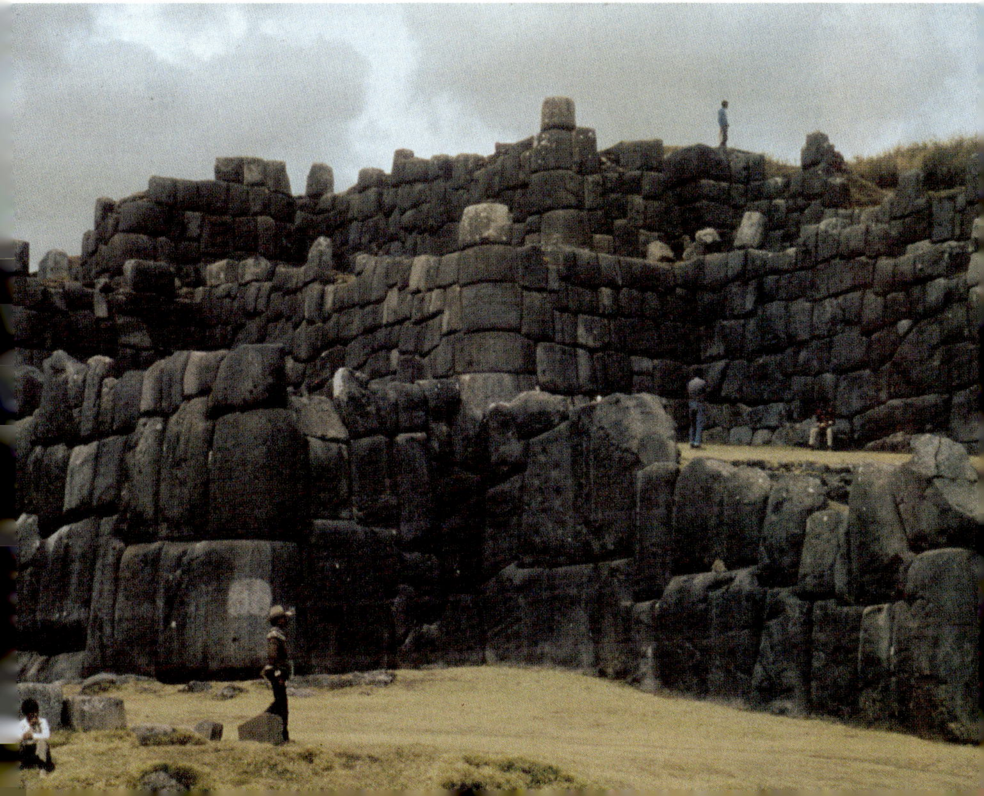

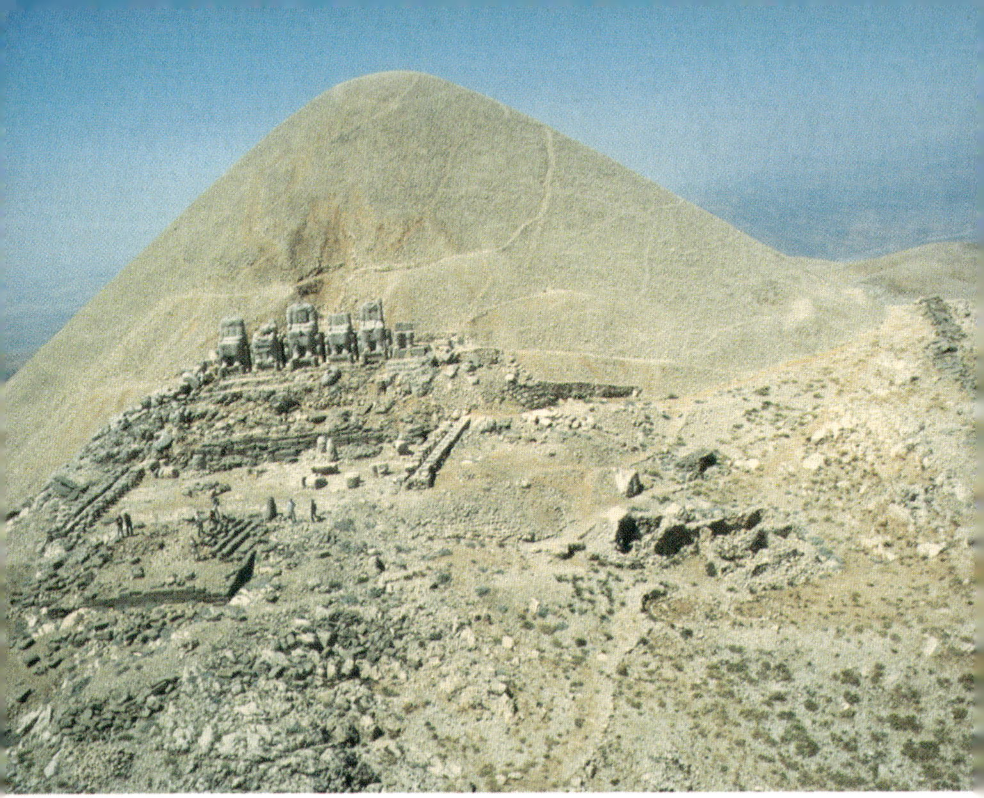

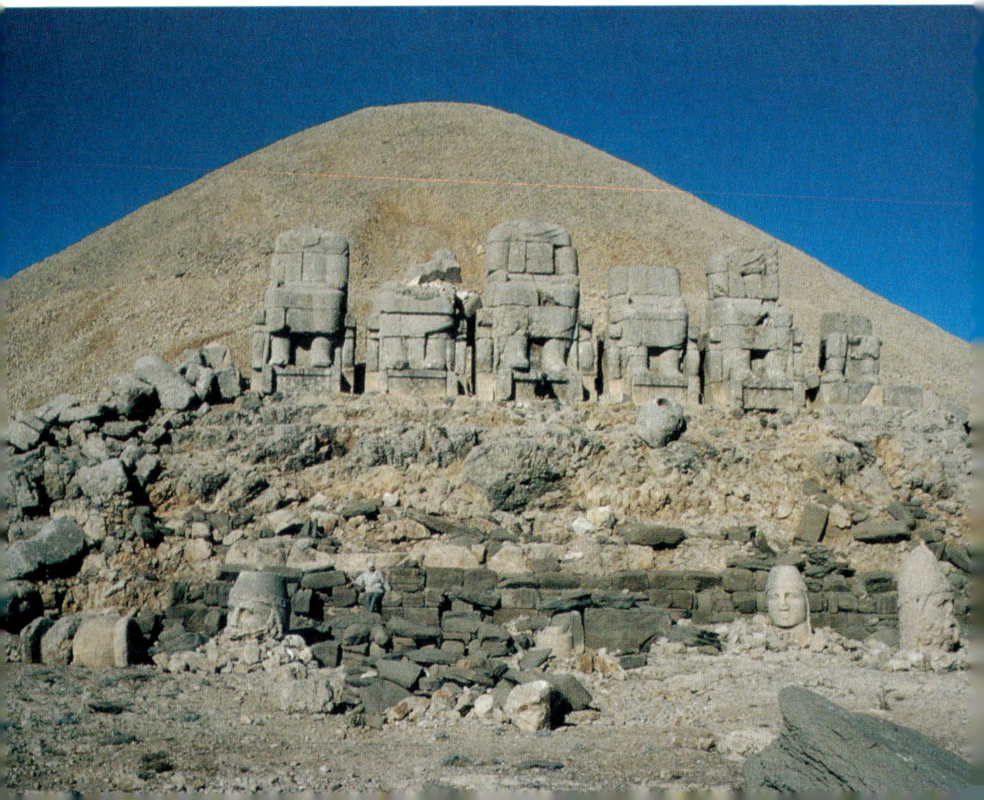

Bericht des Hesekiel auf etwa 592 v. Chr. datiert wurde, liegen zwischen beiden ca. 500 Jahre. Von daher ist es also unwahrscheinlich, jedoch nicht ausgeschlossen, daß Antiochos Hesekiels Bericht kannte. Doch wenn es wirklich an dem gewesen sein sollte, frage ich mich, welcher Grund für Antiochos bestanden haben sollte, einem Bericht nach, der in der Bibel zu finden ist, die ja bekanntlich nur von einem Gott kündet, ein derartiges Monument zu bauen. Antiochos glaubte doch an ganz andere Götter, wie Herakles Apollon, Zeus Oromasdes etc.

Allein aus dieser Sicht ergibt sich schon die Unhaltbarkeit des Gedankens an raumfahrende Götter. Aber Däniken hat sich noch in anderen wichtigen Punkten geirrt. Wie er selbst schreibt, spricht der Prophet von vier Gestalten. Jede dieser Gestalten hat vier Gesichter, davon ist jeweils das Adlergesicht nach innen gerichtet. Das bedeutet, die Gestalten in Hesekiels Vision müssen in einem bestimmten räumlichen Verhältnis zueinander gestanden haben, etwa an den Ecken eines gedachten Quadrates oder ähnlich.

Auf dem Nemrud Dag hingegen stehen alle Steinkolosse in einer Reihe, die aus mindestens fünf Statuen besteht (mit Löwen und Adlern waren es ehemals neun), während Hesekiel nur von vieren spricht. Dazu kommt, daß alle Gestalten bei Hesekiel je vier Gesichter haben; die auf dem Nemrud Dag besitzen jedoch nur jeweils eines.

Abgesehen von den »Irrtümern« und der mangelnden Sorgfalt bei der Auswahl von Beweisen, die hier sehr offen zu Tage treten, muß man sich fragen, warum laufend versucht wird, alle monumentalen Bauwerke, Mythen und Überlieferungen mit außerirdischen Raumfahrern und sogenannten Riesen in Verbindung zu bringen.

Müssen denn Tierdarstellungen, wie sie auf dem Nemrud Dag zu finden sind, Löwe, Adler, Stier oder Schlange, die in Ägypten und Südamerika häufig als Abbildung zu finden ist, unbedingt etwas mit Raumfahrern zu tun haben? Es gibt doch genügend andere Erklärungen, die heute als wissenschaftlich gesichert gelten. So verkörperte die Schlange bei einigen Kulturen die Weisheit. Oder betrachten wir beispielsweise die alten Götter der Griechen, die oft tierhafte Erscheinungsformen besaßen. Ihr Sein war mit Bäumen, Pflanzen, Gewässern, mit der Erde und Erdformationen, mit Wind und Wolken auf das engste verbunden. Poseidon erscheint im Mythos als Roß und seine Gefährtin Demeter als Stute. Diese Tierkörper waren den alten Göttern ursprünglich zu eigen. Das heißt aber nicht, daß die Menschen der Vorzeit sich die Götter als Tiere vorstellten, denn die tierhafte Gottesvorstellung schließt die menschliche keineswegs aus. Ein Gott in Menschengestalt konnte ebenso ein Stier sein, ebenso wie eine primitive Stammesgruppe aus Männern besteht, die gleichzeitig Adler oder Falken sein können.

Erst die Olympische Religion mit Zeus als obersten Gott (der Adler galt als Begleitvogel des Zeus) läßt nur die Menschengestalt der Gottheit gelten. In ihrer Welt ist das Göttliche dem Naturgeschehen nicht als eigenständige Macht übergeordnet. Es zeigt sich daher in den Formen des Natürlichen selbst, als dessen Wesen und Sein, während sich die Macht der alten Götter, der Titanen, wesentlich auf die magische Kraft gründete. Mit ihnen wurden Begriffe wie Gesundheit, Fruchtbarkeit, Reichtum und Frieden verbunden. Doch ihr Segen war an die großen Ordnungen gebunden, deren Hüter sie waren (Eumeniden). Die neuen Götter waren aber auch teilweise Personifizierungen oder Versinnbildlichungen von

146

Naturgewalten (Blitz und Donner, Feuer, bestimmte Winde), Tugenden und Untugenden (Hermes, Gott der Dieberei, Götterbote) und von Planeten und Sternen (Helios).

Für Däniken stellen die »fliegenden Wagen« im Kebra Negest (Buch der Könige) und in den alten indischen Schriften natürlich Raumfahrzeuge dar. Dieser Mutmaßung möchte ich nur den griechischen Gott Helios mit seinem Sonnenwagen entgegenhalten, mit dem der Lauf der Sonne am Tageshimmel versinnbildlicht wurde. Helios war die Personifizierung der Sonne, mit seinem Gefolge: Tag, Monat, Jahr etc.

Als Phaethon seinen Vater Helios im Sonnenpalast besucht, ist er vom strahlenden Licht des Vaters geblendet. Da legt Helios seinen Strahlenkranz ab und läßt seinen Sohn nähertreten. Phaethon bittet den Vater, ihm ein Unterpfand zu geben, das ihn vor aller Welt als seinen Sohn ausweisen sollte.

Der Ausführlichkeit halber folgen jetzt einige Auszüge aus »Phaethon«:

»Phaethon ließ den Vater kaum ausreden. – So erfülle mir denn, sprach er, meinen glühenden Wunsch und vertraue mir nur auf einen Tag die Lenkung deines *geflügelten Sonnenwagens* an.«

Helios versuchte seinem Sohn diesen Wunsch auszureden, da die Angelegenheit zu gefährlich sei.

»Aber der Jüngling ließ sein Flehen nicht, und der Vater hatte den heiligen Schwur geschworen. So nahm er dann seinen Sohn bei der Hand und führte ihn zu dem Sonnenwagen, des Hephästos herrlicher Arbeit. Achse, Deichsel und Kranz der Räder waren von Gold, die Speichen Silber; vom Joche schimmerten köstliche Edelsteine ... *Jetzt gab Helios den geflügelten Horen den Befehl, die Rosse zu schirren, und sie führten die glutsprühenden Tiere, von Ambrosia gesättigt, ...*

Als nun der Unglückliche (Phaethon) hoch am Himmel abwärts sah auf die tief, tief unter ihm liegenden Länder, wurde er blaß und seine Knie zitterten in plötzlichem Schrecken ... *Mit Grauen sah er die abenteuerlichen Gestalten der Sternbilder am Himmel hängen.* Da ließ er, von kaltem Entsetzen erfaßt, die Zügel fahren, und als sie herabfallend den Rücken der Pferde berührten, verließen die Rosse ihre Spur, (die Laufbahn der Sonne am Tageshimmel) schweiften seitwärts in fremde Luftgebiete, stiegen bald hoch empor, bald tief hernieder; *jetzt stießen sie an die Fixsterne an,* jetzt wurden sie auf abschüssigen Pfaden in die Nachbarschaft der Erde herabgerissen. Schon berührten sie die ersten Wolkenschicht, die entzündet zu dampfen begann. Immer tiefer stürzte der Wagen (die Sonne), und unversehens war er einem Hochgebirge nahegekommen. Da lechzte vor Hitze der Boden und spaltete sich, und weil plötzlich alle Säfte austrockneten, fing er an zu glimmen, das Heidegras wurde weißgelb und welkte hinweg; weiter unten loderte das Laub der Waldbäume auf; bald war die Glut bei einer Ebene angekommen; nun wurde die Saat verbrannt, ganze Städte loderten in Flammen auf, Länder mit all ihrer Bevölkerung wurden versengt; rings brannten die Hügel, Wälder und Berge. *Damals sollen auch die Neger schwarz geworden sein.*«

Die Göttergestalten waren zum Teil Versinnbildlichungen, die die Alten mit viel Phantasie umgaben, wiewohl in den alten »Geschichten« oft viel Weisheit verborgen ist. Die Göttersage von Helios und Phaethon sollte wohl zum Ausdruck bringen, daß nur die Götter in der Lage sind, die Naturgewalten zu lenken und welches Unheil geschehen würde, wenn ein Mensch oder die Menschen sich in dieser Hinsicht versuchen würden. Hier wird unter anderem die Macht der Naturgewalten hervorgehoben und die Macht der Götter, die sie lenken.

Auch die übrigen griechischen Sagen stecken voller Phantasie. Doch all dies hat nichts mit Weltraumfahrern zu tun, ebenso wenig wie die Monumente auf dem Nemrud Dag. Warum sollen Menschen viel früherer Kulturen in Indien und Südamerika ihre Mythen nicht mit ebenso viel Phantasie ausgeschmückt haben, wie die alten Griechen, die dies oft taten, um die Erhabenheit der Handlung zu unterstreichen?

Zum Schluß dieses Kapitels noch eine Stellungnahme von Prof. Dr. Dörner selbst über Dänikens Behauptungen zum Thema Nemrud Dag:

Gegen den Glauben von Erich von Däniken an die Existenz und den Besuch von außerirdischen Gottheiten auf unserem Planeten wäre nichts einzuwenden, wenn er seine Theorie nicht mit einer pseudowissenschaftlichen Beweisführung zu bekräftigen versuchte. Das Meisterstück von Erich von Däniken in der Irreführung seiner an ihn glaubenden Leser ist seine neueste Theorie über den Nemrud Dag, einen Berg in 2000 m Höhe im Taurosgebirge. Hier errichtete sich der König Antiochos I. von Kommagene im ersten Jahrhundert vor Christus sein Grabdenkmal. Es wurde genau vor einem Jahrhundert, nämlich im Jahre 1883 durch eine deutsche Expedition bekannt. Diese stand unter Leitung von Karl Humann, dem Entdecker des berühmten Pergamonaltars.

Auf der Rückseite der Lehnen der Götterthrone hat uns der König Antiochos in griechischer Sprache alle nur wünschenswerten Nachrichten über dieses einzigartige Bauwerk hinterlassen.

Aber Erich von Däniken genierte sich nicht, nach einem ersten Besuch den König Antiochos der Lüge zu bezichtigen und zu behaupten, es sei für ihn klar, daß dieses fantastische Bauwerk nur die außerirdischen Götter erbaut haben könnten. Es gebe für ihn keinen Zweifel, daß es sich um einen Landeplatz für die außerirdischen Besucher handele. Diese allein seien imstande gewesen, die monumentalen Göttergestalten zu schaffen und damit ihren Besuch auf unserem Planeten zu dokumentieren.

König Antiochos aber habe Jahrtausende später, als er dieses Denkmal kennenlernte, die Inschriften einmeißeln lassen und sich selbst darin als Erbauer bezeichnet. Nun aber gäbe es – so folgert Erich von Däniken – deutsche Professoren, die glaubten dem König. Dabei nennt er wohlbemerkt nicht meinen Namen. Däniken kennt natürlich meine Arbeiten über Kommagene und meine Forschungen auf dem Nemrud Dag. Ich erspare mir ein Urteil über seine Arbeitsweise. Ich wundere mich nicht, daß er sich, nach seinem zweiten Besuch im Frühjahr 1982 auf dem Nemrud Dag, in türkischen Zeitungen als Entdecker des Nemrud Dag bezeichnet, obwohl er weiß, daß dieses Denkmal seit einem Jahrhundert bekannt und seitdem Gegenstand wissenschaftlicher Forschungen gewesen ist.

Wie gesagt, nichts gegen den »erfolgreichsten Märchenerzähler in unserer Welt« (so Professor Ernst Khuon), aber alles gegen einen Schreiber, der seine Leser mit scheinbar wissenschaftlichen Argumenten hinters Licht führt.

# Kapitel 4
# Der Dreh mit der Bibel

## Die Mannamaschine

Wenn in dem nun Folgenden von der Mannamaschine die Rede sein wird, so ist damit ein technisches Gerät gemeint, das nach Erich von Däniken das Volk Israel nach dem Auszug aus Ägypten bei seiner langen Wanderung mit Nahrung versorgte, eben mit Manna, wie es in der Bibel steht.

In »Prophet der Vergangenheit« (7) schreibt Däniken: »Während sie (*die Maschine, d.V.*) aus dem Tau der Nacht Wasser speicherte, mischte sie ihn mit einem mikroskopisch kleinen Typ der Grünalge (Chlorella) und produzierte Nahrung in jeder notwendigen Menge.«

In »Beweise« (5) liest sich das etwas anders:

»Die Maschine hatte ein Omer pro Tag und je Familie zu liefern, und weil sie 600 Familien zu versorgen hatte, entsprach ihre Tagesleistung 1,5 Kubikmeter Manna.«

Wie kommt Däniken hier auf 600 Familien, denn laut Bibel waren es viele Tausend (4. Mos. 11,21)?

Doch gehen wir einmal davon aus, die Israeliten hätten tatsächlich eine solche Maschine von den »Göttern« zur Verfügung gestellt bekommen. Wo wurde sie dann aufbewahrt? Wenn man Däniken glauben will, ist sie in der Bundeslade transportiert worden, denn er schreibt: »Jedenfalls wurde eine Lade, ein fugendichter Kasten, nach Weisung und Modell drumherumgebaut. Ergo war nicht die Bundeslade die Mannamaschine, sie war lediglich der Behälter, in dem sie aufbewahrt wurde.« (7)

Nun, man sollte annehmen, daß eine Maschine, die 1,5 Kubikmeter Manna (wenn man davon ausgeht, daß das Volk nicht, wie Däniken behauptet, aus nur 600 Familien bestand, sondern aus mehreren Tausend, müßte die Leistung der Maschine wesentlich höher gewesen sein) pro Nacht produzieren kann, eine enorme Größe besitzt, da man für das fertige Manna einen Auffangbehälter von mindestens 1,5 Kubikmeter Rauminhalt benötigen würde. Damit wäre die Größe des ganzen Gerätes auf etwa 2–4 Meter zu schätzen, schon allein deshalb, weil es eine bestimmte Fläche braucht, um die Feuchtigkeit aus der Luft in so großen Mengen kondensieren zu können.

Aus der Bibel geht jedoch eindeutig hervor, daß die Bundeslade, oder wie sie noch genannt wird, die Lade des Gesetzes, wesentlich kleiner war. Sie war sogar so klein, daß sie nicht einmal die Tagesproduktion von 1,5 Kubikmetern hätte fassen können, geschweige denn die ganze Maschine.

2. Mose 25,10: »Macht eine Lade aus Akazienholz; zwei und eine halbe Elle soll die Länge sein, anderthalb Ellen die Breite und anderthalb Ellen die Höhe.«

Da eine Elle etwa 46 Zentimeter mißt, ergeben diese Maße einen Rauminhalt von $1,15\,m \times 0,60\,m \times 0,69\,m = 0,476$ Kubikmeter. Und dies ist knapp ein Drittel der Gesamtproduktion von 1,5 Kubikmeter.

Wie soll eine derartige Riesenmaschine genügend Raum in der Bundeslade gefunden haben? Selbst wenn man annähme, der Apparat sei zerlegt worden, wäre nicht genügend Platz vorhanden gewesen.

Allein schon dieser Tatsache wegen müssen die Aussagen der Bibel äußerst glaubhaft erscheinen, denn dort steht, daß sich in der Bundeslade lediglich die zwei Gesetzestafeln aus Stein befanden. Diese Tafeln trugen das Gesetz und symbolisierten somit den Bund mit Gott, daher auch der Name Bundeslade oder Lade des Gesetzes.

Hätte sie eine mannaproduzierende Maschine enthalten, wäre sie sicher anders genannt worden.

2. Mose 40,20: »Und er nahm das Gesetz und legte es in die Lade und tat die Stangen an die Lade und setzte

den Gnadenthron (*den Deckel, d.V.*) auf die Lade und brachte die Lade in die Wohnung und hängte den Vorhang auf und verhüllte so die Lade des Gesetzes, wie ihm der Herr geboten hatte, ...«

Nach Däniken war die Lade schon ein »tolles« Ding. Nicht nur, daß sie eine Maschine enthielt, die Manna »in jeder notwendigen Menge« produzierte, nein, sie war gleichzeitig auch eine Art von Gegensprechanlage, mit der man sich mit den »Göttern« unterhalten konnte. Damit nicht genug: Sie besaß einen waschechten Kernreaktor, der laufend uneingeweihte und unvorsichtige Menschen zu Tode brachte.

Für Däniken ist also klar, daß diese Maschine existiert haben muß, jedenfalls seit dem Tag, da er von der Arbeit der beiden Engländer Georg Sasson und Rodney Dale erfuhr, die 1978 ihr Buch »The Manna Machine« veröffentlichten.

Däniken kann sich nicht erklären, wie sich das Volk Israel ohne diese Maschine auf ihrer Wanderung ernährten.

Deshalb stellt er auch die Frage (7): »Wovon ernährte sich das wandernde Volk? In den Heißwüsten mit ihrer lebensfeindlichen Umwelt schwanken die Temperaturen zwischen +58 und −10 Grad Celsius. Die jährlichen Niederschläge erreichen im Schnitt kaum 10 ccm. Die Natur ließ nichts gedeihen, mit dem der Hunger des Riesenheeres hätte gestillt werden können. Trotzdem wagte der Anführer Mose den Marsch seines Volkes durch die endlose, glühendheiße Wüste.«

Hiermit versucht Däniken, die Notwendigkeit einer solchen Maschine zu unterstreichen, indem er den Eindruck erweckt, als sei das Volk die ganzen Jahre über nur durch eine »endlose, glühendheiße Wüste« gewandert und hätte sich dabei von nichts anderem als dem Manna aus der Maschine ernähren können, die anscheinend auch noch Unmengen von Wasser produziert haben muß.

Dies aber entspricht nicht den Tatsachen. Das Volk Israel wanderte nämlich nicht nur durch die heiße Wüste, sondern meistens am Rande der Wüste entlang, von Wasserstelle zu Wasserstelle, von Oase zu Oase. Und sie besaßen sehr wohl andere Dinge als Manna, denn sie führten Herden von Tieren wie Esel, Rinder, Schafe und Ziegen mit sich durch die Steppe. Sie hatten damit eiweißhaltige Nahrung, Fleisch und Milch zur Verfügung. Wie sonst hätten sie auch so viele Tieropfer bringen können?

2. Mose 29,36: ». . . und täglich einen jungen Stier zum Sühneopfer schlachten.«

33 »Sie sollen die Stücke essen, mit denen die Sühnung für sie vollzogen wurde, . . . 32 Und Aron mit seinen Söhnen soll das Fleisch des Widders samt dem Brot im Korbe essen vor der Tür der Stiftshütte.«

38 »Und dies sollst du auf dem Altar tun: Zwei einjährige Schafe sollst du an jedem Tag darauf opfern, ein Schaf am Morgen, das andere am Abend.«

Auch Oliven, die ja bekanntlich sehr kalorien- und eiweißreich sind, hatten sie zur Verfügung. Das wandernde Volk besaß zwar nicht die Nahrung im Überfluß, aber immerhin langte es, um sich recht und schlecht durchzuschlagen.

Moses führte sein Volk auf einem alten Pfad, der sich vom Nil bis zu den Bergen der Halbinsel Sinai erstreckt. Er beginnt bei Memphis, verläuft dann am Zipfel des Golfarmes am heutigen Suez vorbei und biegt schließlich über eine wasserlose Strecke von 70 Kilometern nach Süden.

Aufgrund der exakten Bibelangaben war es den Wissenschaftlern möglich, die genaue Route der Wanderung nachzuvollziehen.

Laut Bibel wanderte das Volk drei Tage ohne Wasser in der Wüste, bis sie an eine Bitterquelle kamen und bald darauf an eine Oase mit »zwölf Wasserbrunnen und siebzig Palmbäumen«.

Die Bitterquelle wird heute in der Beduinensprache »Ain Hawarah« genannt. Ihr Wasser ist salzig und schweflig, daher bitter im Geschmack (20).

Die Oase, zu der das Volk hernach gelangte, und die in der Bibel »Elim« genannt wird, ist das heutige Wadi Chrandel. Hinter Elim beginnt die »Wüste Sin« an der Küste des Roten Meeres.

Es ist wohl ohne Frage, daß diese Wanderung teilweise sehr beschwerlich gewesen sein muß. Manches, das zuvor in Ägypten im Überfluß vorhanden war, mußte entbehrt werden. Doch konnten die Israeliten ihre oft spärliche Nahrung um zwei willkommene Ergänzungen bereichern: das Manna und die Wachteln.

2. Mose 16,13: »Und am Abend kamen Wachteln herauf und bedeckten das Lager. Und am Morgen lag Tau rings um das Lager. Und als der Tau weg war, siehe, da lag's in der Wüste, rund und klein wie Reif auf der Erde. Und als die Kinder Israel sahen, sprachen sie: Man hu? (Was ist das?). Denn sie wußten nicht, was es war. Mose aber sprach zu ihnen: Es ist das Brot, das euch der Herr zu essen gegeben hat ... Sie sammelten aber alle Morgen, soviel ein jeder zum Essen brauchte. Wenn aber die Sonne schien, zerschmolz es ... Und das Haus Israel nannte es Manna. Und es war weiß wie Koriandersamen und hatte einen Geschmack wie Semmel mit Honig.«

Hieraus geht eindeutig hervor, daß das Manna in der Wüste gefunden wurde, ergo nicht aus einer Mannamaschine abgezapft wurde.

4. Moses 11,7: »Es war aber das Manna wie Koriandersamen und anzusehen wie Bedolachharz. Und das Volk
lief hin und her und sammelte und zerrieb es mit Mühlen
oder zerstieß es in Mörsern und kochte es in Töpfen und
machte sich Kuchen daraus; und es hatte einen Geschmack wie Ölkuchen. Und wenn bei Nacht der Tau
über das Lager fiel, so fiel das Manna mit darauf.

21 Und Moses sprach: Sechshunderttausend Mann
Fußvolk sind es, mit denen ich lebe, und du sprichst: Ich
will ihnen Fleisch geben, daß sie einen Monat lang zu
essen haben. Kann man so viele Schafe und Rinder
schlachten, daß es für sie genug sei?

31 Da erhob sich ein Wind, vom Herrn gesandt, und
ließ Wachteln kommen vom Meer und ließ sie auf das
Lager fallen, eine Tagesreise rings um das Lager, zwei
Ellen hoch auf der Erde . . . Und sie breiteten sie rings um
das Lager aus, um sie zu dörren.«

Viele Menschen vermuten in der Speisung der Israeliten mit Manna und mit Wachteln ein Gotteswunder.
Das Wunder ist aber nicht so sehr im Vorhandensein von
Manna und den Wachteln selbst zu suchen, als in der
ausreichenden Menge, in der sie zu jener Zeit auftraten,
einer Menge, die genügte, um ein ganzes Volk zu sätti-
gen. Das bloße Vorkommen von Manna und von Wachteln stellt für sich gesehen kein Wunder dar, denn es gibt
sie heute noch.

Wie Werner Keller (20) schreibt, begann die Wanderung der Israeliten im Frühling zur Zeit des Vogelfluges.
Die Vögel ziehen seit alters her auf zwei Routen von Afrika nach Europa. »Die eine führt über die Westspitze Afri-
kas nach Spanien, die andere um das östliche Mittelmeer
zum Balkan. Mit anderen Vögeln kommen in den Früh-
jahrsmonaten auch Wachteln über die Wasser des Roten
Meeres gezogen, das sie auf der Ostroute zu überqueren

haben. Ermüdet vom langen Flug, fallen sie an den flachen Küsten ein, um neue Kräfte zu sammeln für den Weg über die hohen Berge zum Mittelmeer. Flavius Josephus (Alt., III. 1,5) schildert ein solches Erlebnis, und noch in unseren Tagen fangen Beduinen in der gleichen Gegend im Frühjahr und Herbst die erschöpften Wachteln mit der Hand.«

Doch nun zu dem Manna oder Himmelsbrot, wie es auch genannt wird. Auch hierbei handelte es sich nicht um ein Wunder, sondern um einen ganz natürlichen Vorgang innerhalb der Natur. Ebenso entsteht es nicht in einer Mannamaschine. Wie von Däniken sehr wohl weiß, ist Manna der süßliche Honigtau, den *Tamarix manifera*, eine arabische Tamariske, nach dem Stich durch die Manna-Schildlaus ausscheidet. Noch heute wird Manna von den Beduinen und Mönchen auf Sinai gesammelt und teilweise als biblisches Manna verkauft. Wieviel Manna anfällt, hängt von der Intensität des Winterregens ab und ist deshalb in jedem Jahr verschieden. Zu guten Zeiten sammeln die Sinai-Beduinen ein und ein halbes Kilogramm pro Mann und Morgen, genug, um einen erwachsenen Menschen satt zu machen. Von den Beduinen zu einem Brei geknetet, stellt Manna eine vitaminreiche Zugabe zu der oft eintönigen Nahrung dar (20).

Zudem gibt es noch eine andere Art von Manna, die Mannaflechte (*Lecanora esculenta*), eine eßbare Flechtenart der orientalischen Steppen und Wüsten. Der Wind weht sie dort häufig zu wahren Massen zusammen (Mannaregen), die von den Einheimischen gesammelt und zu Brot verbacken werden. Die Mannaflechte ist eiweiß- und kalziumhaltig.

Es bestand folglich keine Notwendigkeit für eine Mannamaschine, auch wenn Erich von Däniken dies seine Leser glauben machen will. Die Erklärungen sind, wie wir gesehen haben, naturgemäß und einfach, dadurch aber nicht minder interessant. Es bedurfte nicht des Eingriffs oder der Hilfe von Dänikens »Göttern«. Die abschließende Stellungnahme des Biologen Dr. Hans-Joachim Günther, Oberrat an der Universität Dortmund, vom 15. Januar 1983 spricht für sich:

Auf Ihre Anfrage zur alttestamentlichen Bundeslade als Behälter für eine »reaktorbetriebene Manna-Maschine«, die für Herrn E. v. Däniken nach dem Studium der Veröffentlichung von Sassoon und Dale im New Scientist 4/76 »eine Rechnung ist, irrtumsfrei wie das kleine Einmaleins«, darf ich Ihnen als nicht mit extraterrestrischen Weltraumtechniken vertrauter, sondern ganz bescheidener irdischer Naturwissenschaftler antworten:

Das Gebiet des Geschehens, die »Heißwüste mit +58 °C und –10 °C« von heute dürfte es damals, 2000 bis 3000 Jahre vor d. Ztw., noch nicht gegeben haben. Die Paläoklimatologie weist vielmehr auf milderes Klima als Folge der vor ca. 5000 Jahren abgeklungenen letzten Eiszeit hin. Das bedeutet, daß in diesem Gebiet eher eine Steppen- bis Savannenvegetation geherrscht haben müßte. Und das bedeutet eine weniger dramatische Versorgungslage für die wandernden Israeliten als ein Gleichsetzen der heutigen geoklimatischen Gegebenheiten mit denen von damals.

Da den »Extraterrestrischen« immer eine gehörige Portion Intelligenz zugeschrieben wird, fällt es schwer, den Gedanken nachzuvollziehen, daß sie unter den geschilderten Umständen ihrem »Auserwählten Volk« ausgerechnet einen atombetriebenen »Bonbon-Automaten« überantwortet haben sollen. Den außerirdischen Intelligenzen wäre eine Art Hefeproduktion zur Vitaminversorgung – soweit dies in der Savanne überhaupt nötig gewesen wäre – wohl angemessener gewesen.

Die im Text angesprochenen Grünalgen als »Kohlehydrat-Produktions-Grundlage« können von Luft + Wasser + Energie (gemeint ist hier wohl Licht aus umgesetztem Atomstrom) nicht existieren, geschweige denn sich so rasant vermehren, daß sie mit ihrer Biomasse in der Lage wären, durch Assimilation die benötigte Menge Kohlenhydrate aufzubauen, die dann noch zu »Manna« veredelt werden müßten. Diese Grünalgen brauchen zunächst für das eigene Wachstum und die fortlaufende Vermehrung ihres Plasmas Stickstoffdüngung und ebenso Spurenelemente. Aber wie aus den wandernden Flüchtlingen – bei allem Respekt vor der Intelligenz der damaligen Erdenbewohner – im Schnellkurs ein Team zur Bedienung und Wartung der »Manna-Maschine« gedrillt worden sein soll, ist bei bescheidener Kenntnis der physikalisch-technischen Reaktorwartung sowie der Biotechnologie zur künstlichen Algenproduktion und der chemotechnischen Weiterbehandlung des »Algensumpfes« bis zur Manna-Reife verwirrend. Uns bleibt nur das Wundern.

Die von Sassoon und Dale aufgezeichneten Möglichkeiten und die gelegentlich erscheinenden Ergebnisberichte der weltweit laufenden Arbeiten zur gezielten Algenproduktion geben einem Autor noch lange nicht das Recht, so stark vereinfachend die technischen Realitäten zu überspielen und seinen Lesern vorzugaukeln, eine solch komplizierte Reaktor- und Biotechnologie könnte man in einer »Kiste« unterbringen, »eine Rechnung, irrtumsfrei wie das kleine Einmaleins«.

Mit diesen wenigen Hinweisen hoffe ich Ihren eigenen Zweifel kanalisiert zu haben, denn eine exakte Widerlegung kann erst erfolgen, wenn wirklich exakte Fakten und nicht nur Andeutungen vorliegen.

## Der Hesekiel-Schwindel

Jeder, der sich in der Bibel einigermaßen auskennt, hat schon von der Vision des Hesekiel gehört, in der er, geführt durch die Hand des Herrn, auf einen hohen Berg im Lande Israel gebracht wurde (Hesekiel 40). Dort zeigte man ihm »in göttlichen Gesichten« den zukünftigen Tempel in allen Einzelheiten, die er später aufschrieb, um sie für die Nachwelt zu erhalten.

Alle Textstellen in der Bibel weisen darauf hin, daß es sich bei dieser Vision um eine Zukunftsschau handelte und dieser Tempel einst im Lande Israel stehen soll. Für Erich von Däniken indessen ist diese Vision, wie könnte es anders sein, ein reales Erlebnis des Hesekiel gewesen. Bei seiner Argumentation stützt Däniken sich lediglich auf die Bibeltexte und seine Phantasie, weshalb ich mich bei meinen Gegenargumenten auch auf die Aussagen der Bibel und seine eigenen berufen werde.

Nach seiner Auffassung wurde Hesekiel von Außerirdischen in einem Raumschiff zu dem Tempel gebracht, denn nur so sei es zu erklären, daß der Prophet den Tempel in allen Einzelheiten beschreiben konnte. Demnach mußte der Tempel auch irgendwo auf unserer Erde zu finden sein. Dieser Gedanke veranlaßte ihn zu der Frage (5, S. 35 ff.):

»Wohin flogen die Außerirdischen den Propheten? Welcher Tempel entspricht der von ihm exakt gegebenen Schilderung? Diese Kernfragen stellte ich mir immer

162

wieder. Ich schleppte archäologische Wälzer in meine Werkstatt und suchte sie nach dem Tempel ab. Vier Tore mußte er haben, über einen Vorhof verfügen, Säulenhallen vorzeigen und einen Bach, der direkt neben dem Tempel entsprang und sich im Tal zum Strom ausweitete. Und: In der Nähe des Tempels existierte ›ein sehr hoher Berg‹.

Kam ein Inkatempel irgendwo in Südamerika in Frage? Nein, die dortigen Tempel haben weder vier Tore noch Säulen oder einen Vorhof ...

Ich begann, nach Tempeln in Hochtälern zu forschen. Die Post brachte mir den heißen Tip eines Lesers aus Deutschland. Karl Meier hieß der Wegweiser, der mir schrieb: In Srinagar, im Hochland von Kaschmir, gibt es verschiedene Tempel. Einer davon heißt seltsamerweise Judentempel, und dieser Tempel hat vier Tore, einen Vorhof und dazu eigentlich alles, was zu einem jüdischen Tempel gehört. Der liebenswürdige Herr fügte seinem Brief den Grundriß dieses Tempels bei Marand bei, 30 Kilometer von Srinagar entfernt.

Genauestes Kartenstudium ergab die frohstimmende Entdeckung, daß unmittelbar beim Tempel a) ein Bächlein entsprang, das sich b) im Kaschmir-Tal zu einem ausgewachsenen Fluß ›mauserte‹, und c) leuchtete im Hintergrund wirklich ›ein sehr hoher Berg‹, der Himalaya nämlich.«

Dazu wäre anzumerken, daß der Himalaya kein Berg, sondern ein Gebirge ist, das nichts mit dem »sehr hohen Berg« der Bibel zu tun hat, die berichtet, daß Hesekiel *auf* diesen Berg gebracht wurde und nicht, daß im Hintergrund ein Gebirge mit schneebedeckten Gipfeln leuchtet. Es ist außerdem zu lesen, daß der Prophet auf dem Berg »etwas wie den Bau einer Stadt gegen Süden« sah. Damit ist, wie sich später herausstellen wird, die gesamte

Tempelanlage gemeint, die sich laut Bibel einst auf der Spitze eines Berges befinden wird. Folgen wir aber weiter den Ausführungen von Däniken:

»War Hesekiel hierher verschleppt worden? Tatsächlich ist der Judentempel von Srinagar, auch ›Sonnentempel‹ genannt, die größte Tempelruine von Kaschmir (... *in göttlichen Gesichten führte er mich ins Land Israel und stellte mich auf einen sehr hohen Berg...*«, *Hesekiel 40,2 d.V.)*

Nachdem irgendwann gläubige Hindus den Tempel für ihre Zwecke umgebaut haben, sind heute nur noch drei Tore zu erkennen. Aber als ich im Sommer 1976 dort stand, sah ich in den Vorhof mit dem Haupttor, auch die sieben Stufen, das Heiligtum im Inneren. Da war das Bächlein neben den Ruinen, und da leuchtete der Himalaya, der ›sehr hohe Berg‹. Falls Hesekiel hierher gebracht worden war, hatte das Zubringerschiff im Tempelhof landen müssen.« (5, S. 351 f.)

Nun folgen einige Spekulationen darüber, daß die Außerirdischen radioaktive Spuren in einem Steinquader hinterließen, der »eine verteufelte Ähnlichkeit mit einem perfekten Betonguß hatte«.

Für Däniken stand somit fest, oder zumindest war er sich ziemlich sicher, daß er hiermit den Tempel gefunden hatte, den Hesekiel einst beschrieb, und so glaubte es auch seine Gemeinde. Dieser Glaube sollte indes nur einige Jahre währen, so lange, bis der Stoff für neue Bücher knapp wurde. Entgegen der einstmaligen Auffassung, daß kein Tempel in Südamerika in Frage kam, da die dortigen Tempel weder vier Tore noch Säulen oder einen Vorhof haben, wurde der Tempel nach Peru verlegt. Der Judentempel von Srinagar war damit abgeschrieben. Der neue Stern am Himmel der Spekulation hieß von nun an »Chavín de Huantar«, eine Tempelruine, die uns aus Kapitel 2 bekannt ist und die, vorausgesetzt, man nimmt es mit den Maßen nicht zu genau, eine geringe Ähnlichkeit mit dem Tempel des Propheten besitzt. Ansonsten bestehen aber keine Übereinstimmungen, die eine derartige Vermutung rechtfertigen könnten, was aus den nachfolgenden Vergleichen ersichtlich wird:

Hesekiel beschreibt einen inneren und einen äußeren Vorhof mit ihren Torbauten, an deren Pfeiler Palmwedel dargestellt waren. Die Tempelanlage von Chavín de Huantar weist bis auf zwei kleine Säulen im Hauptportal keine Säulen auf. Auf ihnen finden sich auch keine Abbildungen von Palmwedeln, denn Chavín diente einst dem in Südamerika weit verbreiteten Jaguar-Kult, der oft mit Menschenopfern verbunden war. Der Tempel, wie ihn Hesekiel in seiner Vision sah, war auch ungleich größer, als Chavín de Huantar. Dies geht aus folgendem Bibeltext hervor:

»Und als er den Tempel im Inneren ganz ausgemessen hatte, führte er mich hinaus zum Osttor und maß den ganzen Umfang des Tempels. Er maß die Ostseite mit der Meßrute: fünfhundert Ruten; und die Nordseite maß er auch: fünfhundert Ruten. Und er wandte sich zur Westseite und maß auch fünfhundert Ruten. **Nach allen vier Windrichtungen maß er. Und es war eine Mauer ringsherum, fünfhundert Ruten im Geviert,** damit das Heilige von dem Unheiligen geschieden sei (Hesekiel 42,15).«

Wenn man dem Propheten glauben darf, muß die gesamte Anlage einer riesigen Festung geglichen haben, oder dem Bau einer Stadt, umgeben von einer mächtigen Wehrmauer. Wie groß war nun die Stadt, wenn man die Angaben der Bibel auf heutige Maßeinheiten bezieht? Der Prophet spricht von fünfhundert Ruten im Geviert.

Eine Rute mißt sechs Ellen und eine Elle ca. 46 cm. Damit beträgt die Länge einer Rute 2,75 Meter. Das Ganze mit 500 multipliziert, ergibt eine Seitenlänge von 1,38 Kilometern. Erst wenn man sich eine Tempelanlage von so enormer Größe vor Augen führt, bekommt die Beschreibung des Propheten einen Sinn: ». . . und stellte mich auf einen sehr hohen Berg; *darauf war etwas wie der Bau einer Stadt gegen Süden*«.

Die Anlage von Chavín de Huantar nimmt sich dagegen recht winzig aus, wie Däniken schreibt (8):

»Von der westlichen Mauer des Castillo bis zur Südostecke mißt die Anlage 228 m, der bisher ausgegrabene Teil hat eine Breite von rund 175 m.«

Auch liegt Chavín de Huantar, entgegen den Bibeltexten, nicht auf einem hohen Berg, sondern in einem Hochtal der Anden, umgeben von Bergriesen.

Dazu Däniken in »Strategie der Götter« selbst: »Beim Dörfchen Machac (3180 m) war die Talsohle erreicht. Unübersehbar liegen die Ruinen von Chavín de Huantar unmittelbar an der Straße.«

Wie verhält es sich nun mit dem kleinen Bach bei Chavín de Huantar, der ja tatsächlich existiert und den Däniken mit dem in der Bibel gleichsetzt? Um dies zu beweisen schreibt er:

»Laut Hesekiel floß eine Quelle an der Südwand des Tempels. – Im heutigen Chavín de Huantar fließt ein Bächlein von Süden her, tangiert die Anlage aber an der Südostecke ... Zur Gesamtanlage steht im Buch *(Bibel, d. V.)* ein wichtiger Hinweis: An der ›südlichen Seitenwand‹ des Tempels fließt ein Wasser, ein Fluß, ›hinaus in den östlichen Landstrich‹ und ergießt sich ins ›Meer‹« (8).

An dieser Stelle wurde die Bibel etwas aus dem Zusammenhang zitiert, so daß ein falsches Bild entstand. Ich möchte daher nachstehend den gesamten Text, einschließlich der »vergessenen« Stellen zitieren:

»Und er führte mich wieder zu der Tür des Tempels. **Und siehe, da floß ein Wasser heraus unter der Schwelle des Tempels nach Osten;** denn die vordere Seite des Tempels lag gen Osten. Und das Wasser lief unten an der südlichen Seitenwand des Tempels hinab, südlich am Altar vorbei *(im Inneren des Tempels, d.V.)*. Und er führte mich hinaus durch das Tor *(Sie waren also zuvor beide im Tempel, d.V.)* im Norden und brachte mich außen herum zum äußeren Tor im Osten; und siehe, das Wasser sprang heraus aus seiner südlichen Seitenwand.« (Hesekiel 47).

Leider gibt es in Chavín de Huantar keinen Fluß, der unter der Schwelle des Tempels hervorspringt. Könnte es sein, daß die Quelle im Laufe der Jahrtausende versiegte? Ist diese Quelle für einen Beweis tatsächlich so maßgebend? Für Däniken scheint das der Fall zu sein, sonst hätte er sich des Baches wohl kaum in so ausführlicher Weise angenommen, um seine These zu stützen. Wie steht es um seine nun folgenden Vermutungen? (8)

»Das ›Wasser‹ des Hesekiel-Berichts mauserte sich zum Fluß, der in die östlichen Landstriche eilte. Tatsächlich fließt in Chavín de Huantar die kleine Mosna zuerst östlich bis zum Ort Huycaybamba, wo sie sich in den Río Marañon ergießt. Der Marañon fließt anfänglich in nördlicher Richtung, wendet sich dann aber über mehrere tausend Kilometer kompaßgenau in östliche Richtung ins Becken des Amazonas, der in den Atlantischen Ozean mündet, ins Meer.«

Hier wird also die Auffassung vertreten, der kleine Bach, den Hesekiel beschrieb, sei der Amazonas, und das Meer, in welches er mündet, der Atlantik. Diese Annahme wird auch mit folgendem Bibeltext begründet: »Und alle lebenden Wesen, alles was dort wimmelt, wohin der

Fluß kommt, das wird leben, und die Fische werden sehr zahlreich sein ... Und an diesem Fluß, auf seinen Ufern werden allerlei Bäume mit eßbaren Früchten wachsen; ...« (Hesekiel 47).

Nun, man muß zugeben, daß diese Textstellen sehr gut auf den Amazonas passen würden. Hat Däniken vielleicht doch recht? Der Amazonas ist ein Strom, in dem es von Leben wimmelt und seine Ufer sind von einer gewaltigen Anzahl großer Bäume gesäumt. Sah der Prophet wirklich diesen Fluß? Um das herauszufinden, wollen wir uns die entsprechenden Bibeltexte etwas genauer ansehen:

»Und der Mann ging heraus nach Osten und hatte eine Meßschnur in der Hand, und er maß tausend Ellen und ließ mich durch das Wasser gehen; da ging es mir bis an die Knöchel. Und er maß abermals tausend Ellen und ließ mich durch das Wasser gehen; da ging es mir bis an die Knie; und er maß noch tausend Ellen und ließ mich durch das Wasser gehen; da ging es mir bis an die Lenden. Da maß er noch tausend Ellen; da war es ein Strom, so tief, daß ich nicht mehr hindurchgehen konnte, denn das Wasser war so hoch, daß man schwimmen mußte und nicht hindurch gehen konnte. Und er sprach zu mir: Du, Menschenkind, hast du das gesehen? Und er führte mich zurück am Ufer des Flusses entlang. Und als ich zurückkam, siehe, da standen sehr viele Bäume am Ufer auf beiden Seiten. (*Aus diesem Satz wird ersichtlich, daß es sich um eine Vision handelte, da plötzlich Bäume dort stehen, wo es zuvor keine gab. d.V.*) Und er sprach zu mir: Dies Wasser fließt hinaus in das östliche Gebiet und weiter **hinab zum Jordantal** und mündet ins **Tote Meer. Und wenn es ins Meer fließt, soll dessen Wasser gesund werden,** und alles, was darin lebt und webt, wohin der Strom kommt, das soll leben.« (Hesekiel 47).

Betrachtet man den Bibeltext in seinem ursprünglichen Zusammenhang, werden seine Aussagen völlig klar und verständlich. Es wird gesagt, daß dieser visionäre Fluß einst in das Tote Meer münden wird, dessen Wasser dabei gesunden sollen. Um zu beweisen, daß der Text nur auf das Tote Meer bezogen einen Sinn ergibt, wollen wir uns nun auf eine Gedankenreise zu diesem Meer begeben, die am See Genezareth beginnen soll:

Auf seinem Weg von den Hängen des Hermon (2760 Meter) bewältigt der Jordan bis zum See Genezareth einen Höhenunterschied von 700 Meter auf einer Strecke von nur 40 Kilometern. Während er von hier aus in endlosen Windungen in Richtung des Toten Meeres fließt, wird die Vegetation allmählich spärlicher, nur an den Ufern wuchert noch dichtes Gestrüpp. Die Luft wird heiß und drückend, und unter der sengenden Sonne taucht zur Rechten die Oase Jericho auf. Bald darauf mündet er ins Tote Meer, das in eine trostlose Landschaft zwischen fast senkrecht abfallenden Felswänden eingebettet ist. Seine Wasseroberfläche liegt 400 Meter unter dem Meeresspiegel. Mehr als 8 Millionen Kubikmeter Wasser verdunsten täglich in diesem Hexenkessel. Was die Zuflüsse an chemischen Bestandteilen mit sich führen, bleibt in dem riesigen, 1292 Quadratkilometer großen Becken zurück. Die Luft ist von stechenden, beißenden Gerüchen erfüllt. Ölige Flecken von Asphalt treiben auf den Wellen. Es riecht nach Petroleum und Schwefel. Diese Umwelt ist absolut lebensfeindlich. Hier gibt es keine Muschel, nicht einen Fisch, weder Tang noch Korallen; nie ist ein Fischerboot über diesen See gefahren. Auch die Ufer sind trostlos und kahl; mächtige Ablagerungen von Salzen bilden den Strand. Selbst unter der Wasseroberfläche, dort wo es seichter ist, zeichnen sich große Salzkristallgebilde ab, während die umliegenden Felswände wie Brillanten in der Sonne blitzen.

Die Araber erzählen sich, daß vor langer Zeit kein Vogel lebend das andere Ufer erreichen konnte. Angesichts der aufsteigenden Gase seien die Tiere beim Überfliegen der Wasseroberfläche plötzlich tot in die Tiefe gestürzt.

Stellen wir uns nun in Anbetracht dieser lebensfeindlichen Umgebung, dieses »kranken« Wassers den riesigen, visionären Strom des Hesekiel vor, wie er sich mit enormen Wassermassen in die giftige Brühe des Toten Meeres ergießt. Mit einem Mal würde das Wasser verdünnt, der Spiegel ansteigen und der Salzgehalt von 26% auf vielleicht 4% sinken. Somit wäre das Wasser »gesund« und Leben wieder möglich.

Bezieht man aber den Bericht des Propheten auf den Amazonas und den Atlantik, ergibt das keinen Sinn, denn beide sind ohnehin reich an Leben.

Der Vollständigkeit halber möchte ich nun weiter aus der Bibel zitieren:

»Und es soll sehr viele Fische dort geben, wenn dieses Wasser dorthin kommt; und alles soll gesund werden und leben, wohin dieser Strom kommt. Und es werden an ihm die Fischer stehen. Von En-Gedi bis nach En-Eglajim wird man die Fischgarne aufspannen, denn es wird dort sehr viele Fische von aller Art geben, wie im großen Meer. Aber die Teiche und Lachen daneben werden nicht gesund werden, sondern man soll daraus Salz gewinnen. Und an dem Strom werden an seinen Ufern auf beiden Seiten allerlei fruchtbare Bäume wachsen; und ihre Blätter werden nicht verwelken, und mit ihren Früchten hat es kein Ende. Sie werden alle Monate neue Früchte bringen; denn ihr Wasser fließt aus dem Heiligtum. Ihre Früchte werden zur Speise dienen und ihre Blätter zur Arznei.«

Jenen Lesern, die noch mehr darüber wissen möchten, empfehle ich, die Texte Hesekiel 47,13 und 48,8 zu lesen.

Damit wäre belegt, daß die Tempelanlage in Chavín de Huantar nicht identisch ist mit dem Tempel des Propheten. Ebenfalls sicher ist, daß es sich bei dem Bericht des Hesekiel um eine Zukunftsschau handelte, die nichts mit derzeitig bestehenden Tempelanlagen zu tun hat.

Ob es den Tempel in Zukunft geben und wo er genau stehen wird, kann heute niemand beantworten, da es eine Sache des Glaubens und nicht der Wissenschaft ist. Viele Meinungen und Vermutungen wurden dahingehend geäußert, daß dieser visionäre Tempel einst in Jerusalem zu finden sein wird, dort, wo heute die Reste des alten Tempels stehen.

Man sollte indessen nicht versuchen, mit aller Gewalt und Beharrlichkeit die Maße und baulichen Gegebenheiten derzeitiger Tempelanlagen, wo auch immer sie sich befinden mögen, derart hinzutrimmen, daß sie sich notgedrungen, jedoch nur bei sehr unkritischer Betrachtung, in eine These einfügen. Auch entspricht es keiner wissenschaftlichen Arbeitsweise, wenn man den Exegeten, sofern die Bibelangaben nicht mit jenen Thesen übereinstimmen, arge »Tricks« zuschreibt, mit denen sie dem Bericht des Propheten »visionäres Leben« einhauchten. Man muß sich derzeit noch damit abfinden, daß es für die Götter-Astronauten-These keinen Beweis gibt.

Nun mag bei einigen Anhängern der Götter-Theorie der Eindruck entstanden sein, daß ich mich mit allen Kräften und Mitteln gegen diese These wehre, »weil nicht sein kann, was nicht sein darf«. Ein solcher Schluß aber wäre von Grund auf falsch, denn gegen die These an sich ist nichts einzuwenden, nur sollte man es vermeiden, sie durch aus dem Zusammenhang gerissene Texte und Halbwahrheiten zu stützen. Wenn man eines Tages einen echten wissenschaftlichen Beweis finden sollte, der bestätigt, daß fremde Wesen von anderen Sternensystemen die Erde vor Jahrtausenden besuchten, wäre ich sicher einer der ersten, die darüber schreiben würden. Doch ein solcher Beweis konnte bislang nicht beigebracht werden.

Ich bin jederzeit dafür, alte verstaubte Dogmen durch neue wissenschaftliche Erkenntnisse zu ersetzen, auch wenn diese Erkenntnisse unser derzeitiges Weltbild völlig zum Einsturz brächten. Dazu müßten jedoch Beweise vorliegen, die jeden Zweifel ausschließen.

Wenn jemand ein Sachbuch schreibt und darin Thesen veröffentlicht, die geeignet sind, das Weltbild der Menschen zu ändern, so ist dieser Autor an eine gewisse moralische Sorgfalts- und Wahrheitspflicht gebunden. Andernfalls werden seine Schriften zum geistigen Betrug.

Das Weltbild vieler Menschen wurde durch die Götter-Astronauten-These und deren »Beweise« erschüttert. Dies wäre nicht weiter tragisch, wenn das aufgrund echter, wissenschaftlicher Beweise geschehen wäre. In letzterem Fall müßten die Menschen das neue Weltbild akzeptieren, die einen früher, die anderen später, da es die Wahrheit widerspiegelte und somit gerechtfertigt wäre.

Ich kann nur jedem empfehlen, sich mit Büchern, in denen derartige Theorien behandelt werden, kritisch auseinanderzusetzen, hier und da mal einige Behauptungen zu überprüfen, soweit das möglich ist. Dies ist jedoch oft mit großen Mühen und einem hohen finanziellen Aufwand verbunden. Für diejenigen, die sich kritisch informieren möchten, sich aber diesen Aufwand nicht leisten können oder wollen, ist dieses Buch geschrieben. Allerdings konnte ich in meiner Arbeit aus Platzgründen nur einige wenige Themen aufgreifen. Ebenso erhebe ich nicht den Anspruch, daß all meine Entgegenhaltungen jeden Zweifel ausschließen. Es wird immer offenstehende Fragen geben. Sie zu klären, ist auch nicht der Zweck dieses Buches. Es soll dazu beitragen, diverse Weltuntergangstheorien, Geschichten über das Bermuda-Dreieck, Atlantis, UFOs etc. in einem anderen Licht zu sehen. Dies alles sind nichts weiter als moderne Märchen, die außer Nervenkitzel keinen Einfluß auf unser Denken und Handeln haben sollten. Das heißt jedoch nicht, daß niemand mehr neue und kritische Gedanken zum derzeitigen Weltbild äußern soll. Im Gegenteil, die Wissenschaft lebt ja von diesen neuen Gedanken. Sie ist sogar auf sie angewiesen, wenn sie nicht eines Tages verkümmern will. Es werden stets Menschen benötigt, die neue Impulse geben, veraltete Dogmen durch neue Theorien ersetzen, die dann schließlich, nach vielen Feuerproben, Bestandteil des derzeitigen Wissens werden.

Selbst Albert Einstein hat man anfangs nicht ernst genommen, bis man erkannte, daß er eine der größten und folgenschwersten physikalischen Theorien ins Leben gerufen hatte, eine Theorie, die einen Teil der Wirklichkeit exakt beschreibt. Aber auch diese Theorie wird einst erweitert und zu einer noch besseren, genaueren Beschreibung der Wirklichkeit geführt werden. Ja, schon heute zeigt Einsteins Theorie erste Lücken. In den Forschungsgebieten der theoretischen Physik, in denen sich Relativitätstheorie und Quantenmechanik berühren, erlauben Einsteins Gleichungen keine eindeutigen Lösungen mehr.

Die Wissenschaft befindet sich in einem stetigen Fluß, in dem laufend alte Erkenntnisse durch genauere ersetzt werden. Doch dieser Fluß ist nur durch neue Gedanken und Impulse gewährleistet, ohne die er stagniert. Überdies wird er fortwährend gebremst durch Wissenschaftler, die sich beharrlich an alte, überholte Lehrmeinungen klammern, die ihren alten Wissensschatz verteidigen, wie eine Glucke ihre Jungen. Aber langfristig gesehen werden sich immer die besseren Theorien durchsetzen, da die Mehrzahl der Wissenschaftler, entgegen mancher Ansichten, dem Neuen gegenüber doch aufgeschlossen ist. Diese Mehrheit wird stets die Fakten prüfen, bevor sie zu dem Schluß kommt: Dies ist unmöglich, oder so verhält es sich, und nicht anders.

Sie wird auch nicht von vornherein sagen: Das ist generell unmöglich und wird niemals möglich sein. Denn wer das behauptet, könnte später leicht eines Besseren belehrt werden. Und wenn tatsächlich etwas als unhaltbar erscheint, so kann diese Aussage immer nur auf dem derzeitigen Erkenntnisstand beruhen, auf den bezogen sie als zur Zeit gesichert angesehen werden kann. Niemand weiß, wie weit die Erkenntnisse in einigen Jahrzehnten oder Jahrhunderten fortgeschritten sein werden, zu einer Zeit, in der sich vielleicht vieles schon realisiert haben wird, was zuvor als unmöglich galt.

Wie hätte man noch vor hundert Jahren einen Wissenschaftler ausgelacht, der behauptet hätte, daß für einen Raumfahrer, wenn er sich mit Lichtgeschwindigkeit durch den Raum bewegte, die Zeit still stünde und er eine unendlich große Masse besäße. Oder wie hätte man reagiert, wenn er etwas von »Schwarzen Löchern«, nackten Singularitäten, Cloning und Genmanipulation erzählt hätte. Sicher hätte man ihn einen Phantasten, Spinner oder gar einen Geisteskranken genannt. Angesichts dieser Gedanken sollte man nie etwas von vornherein für unmöglich halten, aber auch nicht alles, was an »Wissen« angeboten wird, unkritisch hinnehmen.

Grenzenlos ist die Freiheit des Denkens; immer wieder wird es neue Entdeckungen geben, die ihrerseits wieder neue Fragen aufwerfen. Es ist kaum denkbar, daß wir jemals alles wissen, das absolute Wissen haben werden. Doch dies soll uns nicht davon abhalten weiterzuforschen, mehr Wissen zu erlangen, obwohl die Forschung der Menschheit nicht immer nur Gutes gebracht hat.

Theorien geben letztendlich nie die Wirklichkeit wieder, wohl aber beschreiben sie den einen oder anderen Teil der Wirklichkeit mehr oder weniger genau, manche sogar exakt. Sie dürfen daher immer nur als Annäherungen an die letztendliche Realität verstanden werden. Doch ob wir diese Realität mit unserer dreidimensional ausgerichteten Denkweise jemals erfassen werden können, bleibt fraglich. Wir leben, so scheint es, in einer für uns und unsere Wissenschaft objektiven Welt, deren Eigenschaften für uns meßbar und mit unseren Sinnen erfaßbar sind. Es ist unsere Welt; in ihr leben wir, und für uns ist sie größtenteils objektiv, auch wenn wir sie, von einer höheren Warte aus gesehen, nur subjektiv wahrnehmen. Wenn hundert Menschen gegen eine Ziegelmauer rennen, werden sie sicher sein, daß diese Mauer objektiv existiert, da dieses Abenteuer ihnen objektive Beulen zufügte. Die Sinneseindrücke dieser Menschen stimmten also mit der Realität überein. Doch für ein »Gespenst«, das durch die Mauer hindurchschwebte, wäre sie objektiv nicht vorhanden. Es könnte nie sagen, ob diese Mauer existiert, oder ob sie eine »Sinnestäuschung« ist. Die Erfassung unserer Welt hängt also in höchstem Grade von unseren Sinnen ab. Doch diese erfassen nur einen sehr kleinen Bereich der letztendlichen Realität. Unsere Ohren reagieren nur auf einen ganz bestimmten Frequenzbereich der Schallwellen, ebenso wie unsere Augen nur einen winzigen Teil des elektromagnetischen Wellenbandes »sehen«, den Bereich des für uns sichtbaren Lichts. Niedere Frequenzen spüren wir beispielsweise als Wärme. Es ist somit unmöglich, mittels unserer Sinne, die wahre Natur unserer Welt, so wie sie außerhalb unseres Bewußtseins existiert, wahrzunehmen. Wir erfahren daher nur einen schwachen Abglanz der Wirklichkeit. Wie würde uns wohl unsere Welt erscheinen, wenn es gelänge, die Sinne der Menschen bis aufs Äußerste zu erweitern, wenn wir Augen besäßen, die das gesamte elektro-magnetische Spektrum erfassen könnten, wenn wir Wärme als Farben wahrnehmen könnten etc. Ich denke, dies hätte weitreichende Konsequenzen, da die Fülle der Eindrücke und Informationen so überwältigend wäre, daß wir ein viel größeres, noch komplizierteres Gehirn benötigten, um alle diese Eindrücke koordinieren zu können. Wahrscheinlich würde ein Mensch, der plötzlich eine Erweiterung seiner Sinne erfahren würde, sich in unserer Welt überhaupt nicht mehr zurechtfinden. Er wäre mit einem Male gezwungen, sich auf eine völlig neue Wirklichkeit einzustellen, eine Wirklichkeit, die für ihn in seiner derzeitigen Existenzform nicht mehr zweckmäßig wäre. Es hatte schon einen Sinn, daß die Evolution uns mit Sinnen ausstattete, die nur einen kleinen Teil der Realität zu erfassen imstande sind, Sinne, die dazu geeignet sind, unsere Umwelt zweckmäßig zu handhaben, so daß wir mit ihr etwas anfangen können, bezogen auf unseren derzeitigen evolutionären Entwicklungsstand. Unsere Sinne sind ausreichend, um in unserer, durch unsere Sinne geschaffenen Wirklichkeit zu leben und zu überleben. Wir können daher niemals die letztendliche Realität erfassen, wohl aber eine Realität in der Realität entsprechend unserer Sinne. Und dies ist unsere eigene Rea-

lität, unsere eigene Welt, die wir mit unseren Sinnen für
uns objektiv erfahren können, sozusagen eine begrenz-
te, objektive Realität, die solange objektiv bleibt, wie
unsere Sinneseindrücke mit der Umwelt übereinstimmen, so lange, wie man auf dieser Erde gegen einen
Baum fahren kann und es in demselben Moment fürch-
terlich kracht.

Doch ändern diese Überlegungen nichts an der Tatsache, daß Theorien wissenschaftlich, auf unsere begrenz-
te, objektive Realität bezogen, beweisbar sein müssen,
bevor man ihnen offiziell zugesteht, daß sie einen Teil
der Wirklichkeit für uns ›objektiv‹ beschreiben. Andernfalls wird man sie verwerfen, als nicht haltbar ablegen. Es
sind also immer Beweise nötig, so wie es für die Gültig-
keit der ›Speziellen Relativtätstheorie‹ Beweise gibt, die
jederzeit experimentell nachvollziehbar sind.

Und diese Beweise gibt es zur Zeit für Dänikens Theorie nicht.

# Kapitel 5
# Intermezzo mit Phanta-
# dänikus

Es war einmal im Jahr 3114 n. Chr. Vor vielen Jahrhunderten hatte sich die Menschheit in einem mörderischen Krieg, der aber kein Atomkrieg war, bis auf einige wenige tausend Überlebende in einzelnen Ländern reduziert.

Geschockt durch die Auswirkungen des Krieges hatten sie kein Interesse an Wissenschaft und Technik mehr. Sie zogen es vor, ihr Dasein als Bauern zu fristen. Sie unterrichteten ihre Kinder auch nicht in technisch-wissenschaftlichen Dingen – und wenn, dann nur sehr oberflächlich.

Zehn Generationen später war von diesem wenigen technischen Wissen kaum etwas übrig. Das einzige, was die Menschen noch beherrschten, war ihre Sprache in Wort und Schrift.

Nach weiteren Jahrhunderten begannen sie erneut, sich für die Wissenschaft zu interessieren. Da das alte Wissen bis auf einige Fragmente völlig vergessen war, mußten sie wieder von vorn anfangen. Es gab zwar noch viele Hinterlassenschaften der ersten Zivilisation; da lagen Teile von Maschinen irgendwelcher Art herum, aber wie sie einstmals funktioniert und wozu sie gedient hatten, blieb ein Rätsel.

Erst nach einer langen Zeit, eben im Jahr 3114 n. Chr., hatten die Menschen erneut den technischen Entwicklungsstand erreicht, den wir vor zwanzig Jahren besaßen. Es gab bereits wieder Wissenschaftler der verschiedensten Disziplinen, die sich für die Vergangenheit interessierten. Aber es gab auch wieder Phantasten und Spekulanten. Einer von ihnen, nennen wir ihn ganz einfach Phantadänikus, stöberte eines Tages tief unten im Keller unter den Trümmern eines eingestürzten Hochhauses erhalten gebliebene Druckplatten eines Science-fiction-Romans aus dem 20. Jahrhundert und andere Dokumente auf. Die Archäologen brachten ähnliches ans Licht, darunter auch wissenschaftliche Literatur und Romane.

Sprache und Schrift hatten sich im Laufe der Zeit verändert, doch es gelang ihnen schließlich, die Schrift auf diesen Fragmenten zu entziffern.

Die Wisssenschaftler kamen aufgrund ihres eigenen bis dahin erworbenen Wissens bei den Science-fiction-Fragmenten zu dem Schluß, daß es sich dabei um erdachte Geschichten handeln müßte. Durch intensive Forschungsarbeit wiesen sie nach, daß die Menschen im 20. Jahrhundert bereits die Raumfahrt gekannt hatten.

Doch nun hatte Phantadänikus seinen großen Auftritt, und er fand viele Anhänger. Ihm war es nicht genug, daß die damaligen Bewohner der Erde bereits auf dem Mond gewesen waren. Er vertrat die These, daß man schon damals intergalaktische Reisen durchgeführt hatte, wofür er natürlich auch »Beweise« vorbrachte. Seine Thesen stützte er auf die Fragmente der Science-fiction-Romane, die er nicht als solche anerkannte, sondern sie für echte Überlieferungen aus alter Zeit hielt.

Wie sonst, sagte er, kann man sich erklären, daß die Menschen früher etwas von ›Schwarzen Löchern‹ im All wußten, Phänomene, die uns völlig unbekannt sind? Wie sonst konnten sie etwas über Raumzeitverschiebungen, Nullzeit und Zeitmaschinen schreiben? Sie müssen damals schon eine Technik besessen haben, die uns heute noch unvorstellbar erscheint, die es ihnen aber ermöglichte, intergalaktische Reisen durchzuführen.

Auf die Frage, wo denn die Spuren dieser Technik zu finden seien, denn schließlich müßte eine derartige Zivilisation außer ein paar alten Motorblöcken und elektronischen Bauteilen noch andere Gegenstände zurückgelassen haben, die auf eine so weit fortgeschrittene Raumfahrttechnik schließen lassen, antwortete Phantadänikus folgendermaßen:

Ich bin sicher, daß solche Beweise existieren; man muß nur suchen. Aber wo? Die Erde besteht zu zwei Dritteln aus Wasser; es gibt riesige Wüstengebiete...etc. Es ist also gar nicht so einfach, etwas aufzuspüren, das vielleicht tief unter dem Wüstensand oder auf dem Grund des Meeres liegt. Aber viel können wir sowieso nicht mehr finden, denn die damaligen Menschen, oder eine Gruppe von ihnen, ist vor dem Vernichtungskrieg ins Weltall geflüchtet und hat fast alle raumfahrttechnischen Maschinen und Geräte mitgenommen. Sie leben schon seit Jahrtausenden auf einem Planeten eines anderen Sternensystems. Wie soll man da ihre Raumschiffe finden, die sie wohlweislich alle mitnahmen, damit niemand ihnen folgen konnte. Und, meine Herren Wissenschaftler, vergessen Sie nicht die ›Beweise‹ und ›Indizien‹, die ich Ihnen vorgelegt habe. Sehen Sie nur dieses kleine Bauteil, das ohne jeden Zweifel einen Mikrocomputer darstellt. Wir besitzen zwar heute auch schon elektronische Denkmaschinen, doch haben diese im Vergleich zu dem Teil hier noch Riesenausmaße. Ich behaupte, eine Zivilisation, die imstande war, etwas Derartiges zu leisten, war auch mit Sicherheit zum intergalaktischen Raumflug fähig. Diese Zivilisation hatte seinerzeit schon überlichtschnelle Raumschiffe.

Die Wissenschaftler erwiderten darauf: »Man weiß zwar heute noch nicht, wie diese Mikrocomputer in der damaligen Zeit gefertigt wurden und zu welcher Leistung sie fähig waren. Dies ist aber noch kein Beweis dafür, daß man im 20. Jahrhundert bereits in der Lage war, den intergalaktischen, oder auch ›nur‹ den interstellaren Raumflug durchzuführen. Diese Mikrocomputer beweisen lediglich, daß man im 20. Jahrhundert den Menschen des Jahres 3114 auf diesem Gebiet um einige Jahre voraus war.«

Aber meine Herren, antwortete Phantadänikus, vergessen Sie bitte nicht dieses Aktenfragment einer damaligen militärischen Organisation, in dem diese Raumschiffe, die man UFOs nannte, eindeutig beschrieben werden. Sie bewegten sich mit mehreren tausend Kilometer pro Stunde durch die Atmosphäre, glühten hellrot und folgten einem Zickzackkurs. Diese Dokumente, meine Herren, sind zweifelsfrei echt. Ich bin davon überzeugt, daß es sich hier um Bruchstücke eines Testflugberichtes eines dieser überlichtschnellen Raumfahrzeuge handelt.

Aber, Herr Phantadänikus, wir als Wissenschaftler können zwar nicht ausschließen, daß es in ferner Zukunft einmal solche Raumfahrzeuge auf der Erde geben wird, doch ist dieses Fragment noch lange kein Beweis dafür, daß es sich bei diesen »UFOs« tatsächlich um Raumfahrzeuge gehandelt hat, und es liefert erst recht keinerlei Beweis dafür, daß, wenn es sich tatsächlich um Raumfahrzeuge gehandelt haben sollte, diese von der Erde stammten. Warum flogen die Alten zu jener Zeit wohl mit Flächenflugzeugen, wie wir sie heute besitzen, wenn sie derartige Raumfahrzeuge besaßen? Denn daß sie Flächenflugzeuge besaßen, ist einwandfrei durch archäologische Funde bewiesen.

Aber, meine Herren, entgegnete Phantadänikus, hier steht es doch schwarz auf weiß, daß diese Dinger damals glühten. Mit Sicherheit erzeugten sie eine gesundheitsschädliche, wenn nicht lebensgefährliche Strahlung, die den Flug dieser Schiffe nur in großen Höhen oder im Weltraum zuließ. Die Menschen des 20. Jahrhunderts waren also noch auf Flächenflugzeuge angewiesen. Phantadänikus war mit sachlichen Argumenten nicht zu überzeugen, und weil die Menschheit nicht klüger geworden war, glaubten viele an die Behauptungen von Phantadänikus und feierten jedes Jahr den 11. August als den Phantadänikus-Gedächtnistag, weil an diesem Tag im Jahr 3114 n. Chr. Phantadänikus sein erstes Buch veröffentlicht hatte.

# Kapitel 6
# Die UFO-Sekten

## Der Bestseller-Autor und ein Aprilscherz

»Im Juli 1947 stürzte über New Mexico ein UFO ab. Die Überreste des Objekts und seiner Insassen brachte man heimlich ins CIA-Hauptquartier. Durch einen aufsehenerregenden Prozeß werden nun wissenschaftliche Analysen und Geheimberichte über den *Roswell-Zwischenfall* erstmals der Öffentlichkeit zugänglich gemacht.«

So lautet der Klappentext des Buches mit gleichnamigem Titel von Charles Berlitz und William L. Moore, nach deren Angaben aus besagter Untertasse mehrere kleine Wesen geborgen und zu einem geheimen Stützpunkt gebracht wurden, wo man sie konservierte und für spätere Untersuchungen aufbewahrte.

Darüber hinaus vermuten die Autoren (2), daß eines jener Wesen überlebt haben könnte. Zu dieser Annahme führte sie eine Fotokopie von schlechter Qualität, die angeblich einen Außerirdischen zwischen zwei Soldaten zeigt (S. 130, 131).

In einem Ergänzungstext (S. 129), der die Überschrift »Beschreibung der Fremden« trägt, führen die Autoren aus:

»Das Bild, das angeblich einen fremdartigen Überlebenden eins UFO-Absturzes in der Obhut von zwei U.S.-Militärpolizisten zeigt, tauchte Berichten zufolge in den späten vierziger Jahren in Wiesbaden, Deutschland, auf und wurde dem Besitz eines damals dort stationierten U.S.-GIs zugeschrieben. Wie er in den Besitz eines solchen Bildes kam, bleibt ebenso unklar wie die Identität der beiden abgebildeten Soldaten, der Standort des Militärstützpunktes, wo das Foto angeblich aufgenommen wurde, und die genaue Beschaffenheit des tragbaren Atemgerätes, das offenbar zur Unterstützung des Atemvorgangs bei dem fremdartigen Geschöpf diente.«

Gab oder gibt es diesen Außerirdischen wirklich? Oder beruhen die Annahmen auf mangelnde Sorgfalt bei den Recherchen?

Laut Aussage der Autoren tauchte das Bild in den späten vierziger Jahren in Wiesbaden auf. Diesem Hinweis folgend wurde im Jahre 1981 eine überraschende Entdeckung gemacht. Aus dem Archiv des »Wiesbadener Tageblatt« kam ein über 30 Jahre alter Artikel ans Tageslicht, der genau jene Abbildung des Außerirdischen zeigte, die auch Berlitz und Moore verwandten, nur war dieses Bild von entschieden besserer Qualität. Die Überschrift zu dem Zeitungsbericht lautete:

*Fliegende Untertasse über Wiesbaden – eine riesige Flugscheibe zerschellte am Bleistädter Kopf – Besatzungsmitglied in sicherem Gewahrsam – kein Grund zur Beunruhigung*

»Flugzeuge kreisen über unserer Stadt. Man hört ihr seltsames Flirren bei Nacht und Tag. Hin und wieder sieht man eine Staffel. Ihr ungewöhnliches Leitwerk fällt Kennern auf . . .«

Von einem dunklen Dienstraum aus wurde der bläulich-schwarze Abendhimmel über Wiesbaden mit modernster Infrarot-Technik und gekoppelter Filmaufzeichnung überwacht, als plötzlich, kurz vor 20.00 Uhr, ein diskusförmiges Objekt auf dem Bildschirm erschien. Nach kurzer Filmauswertung wurde Alarm gegeben. Einer Dreieckspeilung zufolge war dieses Ding am Bleistädter Kopf abgestürzt.

Als wenige Minuten später Spezialkommandos dort eintrafen, fanden sie eine »metallisch gleißende, große Scheibe«, die sich in den Waldboden hineingewühlt hatte, anscheinend eine ›Fliegende Untertasse‹, die notgelandet war.

Aufregende Nachtstunden folgten, in denen das gesamte umliegende Gelände mit speziellen »Tele-Such-geräten« durchkämmt wurde. Dann, in den frühen Morgenstunden, griff man ein seltsames, einbeiniges Wesen auf, das sich gleitend auf einer rotierenden Scheibe (27) durch die Luft bewegte.

Es besaß vierfingerige Greifhände; die Finger waren durch »häutige Lappen« miteinander verbunden. Aus seinem unförmigen Kopf glotzten große, runde Augen, und die Nase glich einem schlanken Rüssel, oder einem Schlauch, der in einen seltsamen Koffer mündete, der von einem amerikanischen Militärpolizisten getragen wurde, und bei dem es sich wahrscheinlich um eine Art Luftdruckregler handelte.

Der geheimnisvolle »Mister X« aus dem Raumschiff wurde umgehend im Wiesbadener Neroberghotel untergebracht, wo er anscheinend unter strengste Bewachung gestellt wurde. »Die Amerikaner ließen sich in kein Gespräch ein.«

Um das eigenartige Wesen aus einer fremden Welt allmählich an den Luftdruck unseres Planeten zu gewöhnen, führte man es täglich zwischen 14 und 15 Uhr in der Umgebung des Nerotempels spazieren.

Für die Bevölkerung bestand keine Gefahr, da das Gebiet um die Absturzstelle weiterhin mit »einem dem Minen-Suchgerät ähnlichen Apparat« durchstreift wurde, um weiterer Besatzungsmitglieder habhaft zu werden, die hier und da schemenhaft in Erscheinung traten. Sogar die Anzahl der Radargeräte wurde erhöht. Zuletzt erging folgender Aufruf an die Bevölkerung:

»Wer irgendwelche Beobachtungen machen kann, der benachrichtige die Pressestelle der Stadt im Rathaus. Die Nachforschungen über die geheimnisvollen Vorgänge werden fortgesetzt, und wir selbst werden alles tun, um die Bevölkerung auf dem laufenden zu halten.«

*Links der »Außerirdische«, der am 1. April 1950 im »Wiesbadener Tagblatt« den Wiesbadener serviert wurde. Rechts der Hauptdarsteller, der damals fünfjährige Sohn des Fotografen, sowie zwei amerikanische Militärpolizisten, die als Komparsen mitmachten*

All dies geschah einem Bericht zufolge, der am Samstag, den 1. April 1950, im »Wiesbadener Tageblatt« (39) erschien und die Bevölkerung in helle Aufregung versetzte. Die Erregung legte sich jedoch, als am Montag, den 3. April, unter der Überschrift »Tüchtig reingefallen!« folgendes zu lesen war:

»Der 1. April hat es von je her in sich. In Wiesbaden trat er in diesem Jahr besonders häufig auf und brachte einen beachtlichen Teil der Bevölkerung in Zweifel und Verwirrung. Die fliegenden Untertassen wirbelten in der Luft und erregten die Gemüter so sehr, daß es sich Hunderte nicht nehmen ließen, Mister X bei einem Spaziergang auf dem Neroberg zu begrüßen.«

Die Idee zu diesem perfekt eingefädelten Aprilscherz, an dem sich sogar das amerikanische Militär beteiligte, stammte von Wilhelm Sprungel, einem Redakteur des Wiesbadener Tageblatts. Der geheimnisumwitterte Mister X war indessen niemand anderer als Peter Scheffler, der damals fünfjährige Sohn des Pressefotografen Hans Scheffler. Utensilien, wie Schlauch, Atemgerät, Kopf und Fußscheibe, wurden erst später von Hans Scheffler mit Tusche ins Foto eingezeichnet.

Zum abgestürzten UFO in New Mexico sei abschließend noch bemerkt, daß es sich dabei um einen niedergegangenen Armeewetterballon mit Target handelte. (21)


## Die UFOs haben alles unter Kontrolle

So wie es unter uns Mitmenschen gibt, die glauben, die »Außerirdischen Götter« hätten uns einst besucht, Götter, die in der Zukunft wiederkehren sollen, so gibt es auch Menschen, die an »Fliegende Untertassen« glauben. Und dann gibt es die Gruppe derjenigen, für die beide Themen nahtlos ineinander übergreifen, für die sowohl das eine, als auch das andere Tatsachen darstellen. Da nun jede Angelegenheit von zwei Seiten betrachtet werden sollte, und ich das Thema UFOs hier nicht pauschal aburteilen möchte, ist es notwendig, etwas genauer auf diese Materie und ihre Folgen einzugehen.

Als UFO bezeichnet man gemeinhin ein unidentifiziertes Flugobjekt, wobei ein derartiges Objekt nicht von vornherein mit einer »Fliegenden Untertasse« aus dem All, mit einem von intelligenten Lebewesen gesteuerten Weltraumschiff gleichzusetzen ist. Bei den UFOs handelt es sich lediglich um Erscheinungen, für die es in 3% aller Sichtungsfälle bisher keine konventionelle Erklärung zu geben scheint. Was die UFOs nun letztlich darstellen, kann niemand mit Sicherheit beantworten, da solche Objekte sich jeder wissenschaftlichen Untersuchung entziehen. Doch wie glaubhaft sind die UFOs und in welcher Weise beeinflussen sie unser Denken?

Wenn man selber eine derartige Erscheinung noch nicht beobachten konnte, gibt es wenig zu schreiben, doch sind mir einige seriöse Leute bekannt, darunter ein Professor der Physik und zwei Flugkapitäne von Verkehrsmaschinen, die mir glaubhaft versicherten, etwas Derartiges gesehen zu haben, nüchterne rational denkende Menschen, denen ich keine überhitzte Phantasie oder Täuschungsabsicht zutraue, Menschen, die von der Ausübung ihres Berufes her geschulte Beobachter sind. Sie gehen mit ihrem Erlebnis nicht an die Öffentlichkeit, aus Angst, sich lächerlich zu machen.

Von solchen Leuten gibt es viele, darunter hohe Militäroffiziere, Diplomaten und Staatspräsidenten – das Beispiel des ehemaligen US-Präsidenten Jimmy Carter ist ja hinreichend bekannt. Man kann all diese Menschen nicht einfach als Spinner abtun, zumal sie solche Phänomene eher nüchtern betrachten als euphorisch. Es hat Tausende von Sichtungen gegeben; 3% davon blieben bisher ungeklärt. Und um dieser 3% willen, die mit konventionellen Erscheinungen wie Wetterballonen, Luftspiegelungen etc. nicht erklärt werden können, ist es die Sache wert, wissenschaftlich erforscht zu werden.

Doch sind diese 3% noch längst kein Beweis dafür, daß es sich bei den UFOs um außerirdische Weltraumschiffe handelt. Dessen wäre man erst sicher, wenn eines Tages so ein Raumschiff aus einer anderen Welt in der Öffentlichkeit landen würde und man es an Ort und Stelle untersuchen könnte. Ich denke, die meisten Wissenschaftler wären wohl begeistert von einem derartigen Ereignis.

Aber bevor nicht ein solcher Beweis beigebracht wird, bleiben die UFOs eine Sache der Spekulation, der man in Zukunft wohl offen, jedoch äußerst kritisch, gegenüberstehen sollte.

Leider gibt es reichlich viel Phantasten, die ein Opfer ihrer eigenen Phantasie oder ihres Wunschdenkens wurden; und es gibt erwachsene Menschen, die in betrügerischer Absicht Geschichten erfinden und Fotos fälschen, nur um ihren ausgeprägten Geltungstrieb in der Öffentlichkeit zu befriedigen, aber auch Psychopathen, die in ihrem krankhaften Wunschdenken Dinge sehen, die einem normalen Menschen zur selben Zeit, am selben Ort, verborgen bleiben.

Neulich traf ich mit einem Mann zusammen, der mir ernsthaft versicherte, er habe »Dänikens gefiederte Schlange«, eine Gottheit von gigantischer Größe, beobachtet, während sie aus einem UFO gekrochen sei. Auch habe er laufend Kontakt mit den außerirdischen Göttern; sie würden ihn des Nachts manchmal beim Namen rufen, kurz vorher sei dann ein seltsames Pfeifen zu hören. Zu Anfang dieses Gesprächs konnte ich mir ein leichtes Lächeln nicht verkneifen, später empfand ich nur noch Mitleid.

Was bringt erwachsene Menschen dazu, sich von einem derartig hirnverbrannten Irrglauben gefangen nehmen zu lassen?

Ist es das nicht befriedigte Bedürfnis nach religiöser Erfüllung, nach einer außerirdischen Macht, die solche Menschen angeblich beschützt, das Suchen nach einer allmächtigen Vaterfigur, die ihnen die Kirche nicht mehr glaubhaft machen kann, da sie bereits von zu viel schwachsinniger Literatur beeinflußt wurden? Sind die raumfahrenden Götter zu einem Ersatz geworden für den Gott, den die Bibel verheißt, an den diese Menschen aber wegen der vielversprechenderen und vermeintlich logisch klingenderen Offenbarungen, die in der gesamten pseudowissenschaftlichen Schundliteratur verbreitet werden, nicht mehr glauben können?

Was sind das für Lehren, die bereits Ausmaße angenommen haben, die für einen vernunftbegabten Menschen nicht mehr nachvollziehbar sind?

Da wird in unserem wissenschaftlich »aufgeklärten« Zeitalter von bestimmten Gruppen und »Studiengesellschaften« eine wundervolle Landschaft mit Menschen und Tieren auf der Rückseite des Mondes propagiert – die Vorderseite ist ja auch zu leicht zu beobachten. Ständig stehen gottähnliche Wesen, die mit ihren blitzenden Raumschiffen in lauen Sommernächten auf der Erde landen, mit auserwählten Menschen in Kontakt, um sie anzuleiten und ihnen weise Ratschläge zu geben. Sie mischen sich unauffällig unter die Bevölkerung, um das Verhalten der Menschen zu studieren. Und nicht nur das – »*Die gesamte derzeitige Weltsituation ist bereits unter ihrer Kontrolle.* Alle Weltführer stehen gleichfalls unter Bewachung. Alle sogenannten Geheimkonferenzen, Planungen, Operationen, sowie die Entwürfe und Zeichnungen sind diesen Raumwesen bekannt . . . Durch ihre Weitsichtapparate können sie jede Phase unseres Lebens verfolgen«. (33)

Doch scheint es so, als übe im Moment noch die falsche »Götterpartei« die Kontrolle über die Erde aus, denn bis heute hat sich noch nicht viel zum Guten geändert. Dennoch wird bald vieles besser, denn die Bewohner von Mars, Mond, Venus und anderen Planeten in fernen Sonnensystemen haben uns bereits eine Patentlösung für den Frieden auf Erden gebracht, die da lautet: »Wenn ihr aufhören werdet, Tiere zu morden, um Euch mit deren Leichen zu ernähren, dann werdet ihr auch

bald aufhören, euch selbst in Kriegen umzubringen.«
(33) So einfach ist das: Eßt kein Fleisch und der Friede ist
euch gewiß!

Indes, eines ist ganz sicher. In Kürze wird es auf der
Erde keine Schwierigkeiten mehr geben. Nur, auf welche
Weise sie gelöst werden, darüber scheinen sich die einzelnen Kommandanten der interstellaren Raumschiff-
Flottenverbände noch zu streiten. Ein Problem, so
scheint es, wird sich dagegen von selbst erledigen, denn
die »Erde und Planeten unseres Sonnensystems nähern
sich mit unvorstellbarer Geschwindigkeit der alles ver-
ändernden Aura der Zentralsonne Alkyone im Siebengestirn. Dies wird das Angesicht der Erde von Grund aus
verändern. Versunkene Kontinente werden wieder
sichtbar werden, und die Meere werden zu einem Großteil in unterirdischen Räumen verschwinden … Je mehr
sich die Erde der Zentralsonne nähert, desto mehr Raumschiffe fremder Sonnensysteme werden sich ihr nähern
wollen«. (33)

Bei den Besatzungen dieser Raumschiffe scheint es
aber auch mögliche Bösewichte zu geben. Allerdings ist
auch für solche Fälle vorgesorgt, weil »falls deren
Absichten nicht freundlicher Art sind, werden sie von
den Weltraumpatrouillen der Raumschiffe unseres Sonnensystems angehalten und abgedrängt«.

Dies wird wahrscheinlich durch die Raumzivilstreifen
geschehen, die den Bösewichten die rote Kelle zeigt.

Dessen ungeachtet ist die Sache mit der Zentralsonne
im Siebengestirn wohl noch nicht sicher. Darum meint
Estralon, die heiße Blondine von der Venus: »Wir haben
erkannt, daß die Nationen der Erde die Kontrolle über
die gesamte Erdsituation verloren haben und in ihrer
ganzen Geteiltheit nicht fähig sind, einen Weltfrieden zu
etablieren.«

Wußte Estralon, als sie dies sagte, womöglich nicht, daß längst andere Außerirdische die Kontrolle über die Erde ausüben? Oder wollte sie nur nicht zugeben, daß selbst die »Götter« Fehler machen und ein vielleicht noch größeres Chaos anrichten als manche unserer Erdenpolitiker. »Deshalb«, verkündet Estralon weiter, »können wir nicht tatenlos zusehen, wie diese Erde zerstört wird, selbst wenn ein Großteil der Menschen es gar nicht besser verdienen würde. Wir Raumleute, eure älteren Brüder, werden, wenn es notwendig ist, Kräfte einsetzen, von denen ihr keine Vorstellung habt. *Wir werden die Erde vor ihrer Zerstörung bewahren* sowie jene, welche auserwählt wurden, die Führer des kommenden Zeitalters zu sein.«

Also nehmt Euch in acht, ihr Politiker, sofern ihr nicht zu den Auserwählten gehört; die Außerirdischen »wissen genau, wer und wo ihr seid«, und sie »werden einmal sehr schnell handeln, um die Erde von eurer Art zu befreien ...« – Warum habt ihr auch nicht auf den Abgesandten »Valdar« gehört?

»Valdar kam im geheimen auf die Erde, um höchste Regierungsmitglieder vieler Länder zu treffen, um interplanetarische Integration zu diskutieren und über Nukleartests und Luftverschmutzung zu sprechen; desgleichen war es seine Aufgabe, Regierungsoberhäupter vor möglichen Veränderungen unserer Lebensbedingungen zu warnen.« Wahrscheinlich wußte auch Valdar nicht, daß andere »Götter« die Erde kontrollieren, die allem Anschein nach einer anderen Weltraumpartei angehören, die gerade dabei ist, die Grünen zu bekämpfen.

Andererseits wurden »die Warnungen der Konföderation an die Welt über künftige drastische Änderungen, die bereits begonnen haben, von den Regierungen der Erde ignoriert«.

Warum wurden sie ignoriert? Die Anwort ist denkbar einfach: »Es gibt Gruppen von Individuen auf der Erde, die durch negative Kräfte kontrolliert werden. Diese negativen Agenten haben es geschafft, auf allen Ebenen unserer Gesellschaft, Regierungen und gebildeten Kreisen einzudringen und brachten es fertig, Dornen unter den Weizen zu säen ...«

Allerdings, intergalaktisch gesehen, müssen wir uns wohl keine allzu großen Sorgen machen, denn »Kumar« der Weltraumpilot versichert, daß erste Rettungsmaßnahmen bereits eingeleitet wurden, um unsere bedrohte Umwelt zu retten.

»Auf verschiedene Weise mußten wir eingreifen, um größere Zerstörungen auf eurer Erde, dem schönen Planeten Shan, zu verhüten. Wir wenden keine Gewalt an, aber der Auserwählten wegen hielten wir es bei gewissen Gelegenheiten für nötig, unsere Abwendungsmittel durch die Atmosphäre eures Planeten zu senden, *um den größten Teil der tödlichen Radioaktivität, die von euren sogenannten Wissenschaftlern freigelassen wurde, aufzusaugen und dadurch unschädlich zu machen.*«

Dies wohl mittels eines Elementarteilchenstaubsaugers.

Diese »Abwendungsmittel« reinigen außerdem noch unsere Flüsse und unsere Nahrung. Wir können also ruhig die Hände in den Schoß legen. Die Außerirdischen werden unsere Probleme schon lösen. Sie haben sich ja schon unauffällig unter uns Menschen gemischt, um aufzupassen. Nur bleibt schleierhaft, wieso trotz der Präventivmaßnahmen der »Götter« der saure Regen weiterhin unsere Flora und Fauna zerstört, warum trotz allem die Wälder und Flüsse sterben. Ob die Außerirdischen vielleicht technische Probleme mit ihren »Abwendungsmitteln« haben?

Und was geschieht, wenn all dies nicht funktioniert? Nur ruhig Blut, auch für diesen Fall haben die »Götter« vorgesorgt. Eine andere Weltraumpartei hat nämlich beschlossen, die Erde in eine neue Umlaufbahn zu bringen. Natürlich muß sie vorher noch von ihrer verseuchten Atmosphäre gereinigt werden und natürlich auch von allen Bösewichtern, denn die können nicht mit in die neue Umlaufbahn. Sie bleiben vielmehr »gebannt« an den ganzen Schmutz der alten Atmosphäre, einfach im Weltraum zurück, »während sich die Erde mit jeglichem Positiven zum gegebenen Zeitpunkt von dieser Atmosphäre lösen wird, angezogen durch ein höher liegendes Magnetfeld, eine andere Umlaufbahn einschlagend, die Bahn verlassend. Die zurückgebliebene niedere Geistespotenz wird sich mehr und mehr verdichten, wieder zusammenziehen und als schwerstofflicher Punkt im alten Magnetfeld haften. Eine lebende, träge Masse, noch lange Zeit der Dunkelheit angehörend.«

Dies widerfährt also allem »Negativen«, den Bösewichtern, den Luftverpestern, den Atombombenzündlern, den Wasserverschmutzern, Leuten, die ihre Abfälle in die Wälder kippen. Die »Götter« werden es ihnen schon geben! Welch eine Genugtuung für die von allem Negativen befreiten Seelen.

Den von den »Göttern« Auserwählten wird es dagegen besser ergehen. Sie werden auf einer neuen Erde mit dem Namen »Messias-Alfa-Tal ein Reich in Ehre« leben. In diesem neuen Reich wird das Leben bedeutend angenehmer sein, als auf der alten Erde. Dort gibt es weder böse Politiker, Umweltverschmutzer noch Krieg.

»Die Menschen« dort »vermeinen in Zeitlosigkeit zu leben, im ungewohnten Frieden und in der Stille auf Messias-Alfa. Auch läßt die mit lebensnotwendigen Substanzen angereicherte Atmosphäre kaum Hunger- und

Durstgefühl aufkommen und noch in geringerem Maße Müdigkeit – unfaßbar für die ›Geplagten‹ der alten Erde.«

Diese Prophezeiungen klingen in der Tat »unfaßbar« und verlockend. – Man stelle sich vor, eine »mit lebensnotwendigen Substanzen angereicherte Atmosphäre«, in der einem die gebratenen Tauben gleich in den Mund fliegen. Ebenfalls die sonstigen Aussichten sind mehr als rosig.

»Die Menschen erreichen auf Messias-Alfa alle ein sehr hohes Alter*... Im fortgeschrittenen Alter kann jeder, der sich zur Raumfahrt und zu Aufgaben im All berufen fühlt, die dafür vorhandene Akademie besuchen, zur Weiterbildung für Weltraumaufgaben... Wunderbare Freundschaften mit Bewohnern anderer Planeten werden geschlossen...« (33)

Doch bevor das alles in Erfüllung gehen kann, müssen die »Guten«, solche, die an die Götter glauben, von der Erde evakuiert werden, damit inzwischen die alte Müll-Erde gereinigt und in eine neue Umlaufbahn gebracht werden kann. Alsdann werden überall auf der Erde die fliegenden Untertassen landen.

Freilich, »nicht überall auf Erden ist genügend Platz für Landungen von Raumschiffen; daher werden auch Miniaturraumschiffe für den deutschsprachigen Raum unter der Abkürzung MR landen. Miniatur-Raumschiffe nennen wir sie deshalb, weil sie in ihrer Fortbewegung den Mutterschiffen angepaßt wurden. Ein Miniatur-Raumschiff und seine Inbetriebnahme wird nachstehend zum besseren Verständnis aufgezeichnet... Das MR ist ferngesteuert, ohne Besatzung, und ist beim Rückflug hinauf zum Mutterschiff von den Erdenmenschen selbst zu betätigen. Dazu sind nur zwei Handgriffe vonnöten... Im Innenraum sind sechs Sitzplätze angeordnet. Mehr als sechs Personen sind nicht zulässig«.

Offensichtlich ist dies eine Anordnung des Weltraum-TÜV, die mit Sicherheit im Fahrzeugschein einer jeden Untertasse vermerkt ist.

»Außerdem ist (für eure Begriffe durch eine Art Plexiglas) sichtbar angebracht, der Kontakter des MR mit einfachem Handhebel zu bedienen. Ebenso übersichtlich unter Verschluß *(wer hat den Schlüssel?, d.V.)* die Zündung. (Einstufensystem) ... Einer der Mitreisenden muß die Starthebel bedienen. Es werden nur relativ wenige Menschen evakuiert. Wegen geistiger Unreife wird der Großteil der Erdbewohner zurückbleiben wollen.«

Schließlich gelangen alle Guten in die großen Mutterschiffe, wo sie warten, bis die gereinigte Erde in einer neuen Umlaufbahn schwebt und sie die neue Erde, genannt »Messias-Alfa«, bevölkern können.

»Suchet das Leben jetzt nicht mehr in der Welt, die Zeit neigt sich dem Ende zu«, lautet die neue Parole.

Und zu guter Letzt soll auch noch »*Asthar*« zu Wort kommen, »Kommandant von 10 Millionen Weltraumschiffen« von der Weltraumstation *Share*:

»Und nun, Brüder und Schwestern auf Shan, bevor wir unsere Übermittlungen beenden, wünschen wir denjenigen unsere Liebe und unseren tiefsten Dank auszusprechen, die sich für wahrhafte Aufklärung eingesetzt haben.«

Bei soviel Schwachsinn, der laufend verbreitet wird, tut »wahre Aufklärung« wirklich not. Denn diese Zitate stammen nicht etwa, wie mancher Leser glauben mag, aus einem billigen Science-fiction-Roman, sondern aus einem Buch, dessen Inhalt Tausende erwachsener Menschen allen Ernstes für bare Münzen nehmen.

Diese zu bedauernden Menschen sind der festen

Überzeugung, es gäbe außerirdische Götter, die unsere Fehler ausbügeln, die unsere verseuchte Luft und unsere Flüsse reinigen und letztendlich den großen Krieg abwenden würden. Und wenn all das nicht hilft, werden die Gläubigen schließlich von den Göttern in ihren fliegenden Untertassen abgeholt und auf einer besseren Welt in Sicherheit gebracht. Diesen hirnlosen Außerirdischen sollte man so bald wie möglich den Verstand zurechtrücken, damit sie es in Zukunft unterlassen, bestimmten Erdenmenschen einen derartigen Unsinn einzutrichtern.

Ein solcher Irrglaube an sich wäre nicht weiter tragisch, wenn seine möglichen Auswirkungen auf unsere Gesellschaft nicht als Gefahr betrachtet werden müßten. Denn Menschen, die derartigen Gedanken anhängen, verlieren leicht jegliches Veranwortungsgefühl für ihre Umwelt und Mitmenschen, eben, weil sie ihre Hände in den Schoß legen und an die Hilfe durch Außerirdische glauben. Sie verhalten sich passiv, beteiligen sich nicht aktiv an einer besseren Gestaltung unserer Welt. Ihre einzige Aktivität besteht darin, ihren morbiden Glauben zu verbreiten, um noch mehr Menschen ›verrückt‹ zu machen, anstatt mitzuhelfen, die derzeitigen Mißstände zu beseitigen. Sie erkennen meist nicht, daß wir für die Zukunft eine noch aufwendigere (aber saubere) Technik benötigen, um möglichst allen Menschen ein menschenwürdiges Leben zu sichern. Viele sehnen sich nach einer heilen Welt, dem natürlichen Leben – ohne Umweltverschmutzung, ohne Atombomben; sie träumen von einem bäuerlichen Dasein wie im Mittelalter, ohne die Hast und Schlechtigkeit des modernen Lebens. Dieser Wunsch ist verständlich, doch sollte man der Tatsache ins Auge sehen, daß es ein »Zurück zur Natur«, zumindest für die hochtechnisierten Nationen, nie mehr geben wird. Und daran werden auch die fiktiven Untertassenpiloten nichts ändern.

Noch im Jahre 1800 lebten von einer Milliarde Menschen nur etwa 4% in Städten. 1978 waren es bereits 48% von 4,2 Milliarden. Das bedeutet, 2 Milliarden Menschen müssen heute zentral versorgt werden – mit Wasser, Lebensmitteln und Energie. Und dazu ist ein enormer technischer Aufwand nötig.

Ein unbeschreibliches Chaos bräche aus, wenn es nur für 2 Wochen keine Energie gäbe. Die Menschen in den Städten würden hungern und frieren. Es gäbe keine Nahrung mehr, denn kein Lkw, kein Zug und kein Flugzeug schaffte neue herbei. Und kein Licht würde des Abends die Wohnungen erhellen, kein Wasser den Durst löschen.

Aufs Land könnten diese Menschen auch nicht, da nicht genügend Fläche vorhanden ist. Und wer soll sie in der Zwischenzeit ernähren?

Millionen würden eines elenden Todes sterben. Wir leben heute in einem Wirtschaftssystem mit einem dichtmaschigen Netz industrieller und wirtschaftlicher Abhängigkeiten. In diesem System sind Energie und Technik lebensnotwendig, sie sind wie unser tägliches Brot. Natürlich bringt eine derartig technisierte Gesellschaft ihr Nachteile und Probleme mit sich, doch werden diese sicher nicht von außerirdischen »Göttern« beseitigt. Wir werden sie selbst lösen müssen – und zwar bald. Den Vorwurf der Weltflucht muß man auch bestimmten religiösen Gemeinschaften machen, die es für sinnlos erachten, sich aktiv an der Gestaltung einer besseren Welt zu beteiligen, die bemüht sind, stets neue Anhänger zu finden, um mit ihnen gemeinsam auf den Weltuntergang zu warten, obwohl es doch gerade die christliche Glaubenslehre gebietet, bis zum »Ende« alle

Kraft in den Dienst seiner Mitmenschen zu stellen; dazu gehört die Bewältigung der derzeitigen Probleme unabdingbar.

Solche Gruppen stellen neben den UFO-Sekten Extreme dar, die überall auf der Welt wie Krebsgeschwüre wuchern. Aberglaube und geistige Verwirrung lähmen bei ihnen jeglichen gesunden Menschenverstand. Die Fähigkeit des Menschen, verantwortungsbewußt zu handeln, wird beeinträchtigt, wenn nicht gar zerstört. Dieser Glaube ist in höchstem Maße schädlich nicht nur für unser System, sondern für alle Gesellschaftssysteme der Erde. Was treibt erwachsene Menschen, außer unerfüllten religiösen Sehnsüchten, auf solche Irrwege? Ist es die Resignation vor einer vermeintlich stets unmenschlicher, unnatürlicher werdenden technologischen Welt? Liegen die Fehler in unserer immerwährend auf Leistung ausgerichteten Gesellschaft, einer vom Überfluß geprägten Wegwerfgesellschaft, die ihren eigenen Wohlstand nicht mehr ermessen kann, in der geistig labile Menschen eine Flucht ins Irrationale suchen?

Gegen eine nüchterne Erforschung der Ursachen für unidentifizierte Flugobjekte und paranormale Phänomene ist nichts einzuwenden. Indes sollte man die Verbreitung von Irrlehren bekämpfen. Dies hängt jedoch ab von ein vermehrten Aufklärung seitens der Wissenschaft und der Bereitschaft der Politiker, sich für eine weitgehend natürliche Umwelt einzusetzen. Die Wissenschaftler sollten in Zukunft vermehrt Behauptungen aus pseudowissenschaftlich-religiösen Kreisen aufgreifen und sie widerlegen, zumindest aber die Gegenargumente vorbringen. Doch damit tun sie sich, bis auf wenige Ausnahmen, oft sehr schwer. Sie schieben derartige »Geschichten« mit einer bloßen Handbewegung beiseite, da es ihnen die Mühe einfach nicht wert scheint. Man kann für diese Haltung durchaus Verständnis haben, da Wissenschaftler zumeist nüchtern denkende Menschen sind, für die vieles so selbstverständlich geworden ist, daß sie oft nicht bemerken, daß sie beim Normalbürger zu viel Wissen und eine daraus resultierende Kritikfähigkeit voraussetzen. Ein solches Verhalten, so verständlich es sein mag, ist falsch. Die Wissenschaft muß, wenn sie in Zukunft nicht von »Unmündigen« umringt sein will, auf derartige Dinge eingehen, mögen sie noch so absurd erscheinen. Denn letztlich lebt die Wissenschaft von den Steuergeldern dieser Irrgläubigen, die technologische Welt verteufelnden Menschen.

# Kapitel 7
# Die physikalischen Wahrscheinlichkeiten

Nachdem wir eine ungefähre Vorstellung von dem besitzen, wie ernst derartige Spekulationen zu nehmen sind, möchte ich einmal ganz allgemein zu der These Stellung nehmen, die besagt, daß fremde Wesen von anderen Sternen unsere Erde einst besuchten. Außerdem wollen wir sehen, wie es um die Möglichkeit der interstellaren Raumfahrt steht und ob eine Technik denkbar ist, die es den Bewohnern anderer Systeme erlaubt, die immensen Entfernungen im Weltall in kurzer Zeit zu überwinden, um uns einen Besuch abzustatten.

Zunächst wäre natürlich die Frage zu stellen, woher solche Extraterrestrier kommen könnten, aus welchen Sternensystemen – oder ob sie gar in unserem eigenen Sonnensystem wohnen? Letzteres kann man zwar nicht mit absoluter Gewißheit verneinen, doch alle Forschungsergebnisse sprechen bisher eindeutig dagegen. Mittels der Voyager-Raumsonden hätte man beispielsweise längst Spuren einer außerirdischen Zivilisation in unserem Sonnensystem entdecken müssen.

Es ist daher äußerst unwahrscheinlich, daß es zur Zeit eine zweite technische Zivilisation in unserem Sonnensystem gibt.

Es bleiben uns also ›nur noch‹ die übrigen Sternensysteme, von denen das nächste etwa 4,2 Lichtjahre von der Erde entfernt ist. Da heißt, das Licht, welches von diesem System ausgeht und dabei mit einer Geschwindigkeit von 300 000 km pro Sekunde durch den Raum eilt, benötigt 4,2 Jahre, bis es endlich auf unsere Erde trifft. Die gleiche Zeit wäre auch ein Raumschiff unterwegs, das mit Lichtgeschwindigkeit auf die Erde zuraste.

Aus diesem einfachen Beispiel wird ersichtlich, wie nahezu unermeßlich die Entfernungen im Universum sind. Und es gibt noch unzählige andere Sternensysteme, die viel viel weiter entfernt liegen. Zu einigen benötigte man Tausende von Jahren, immer vorausgesetzt, man bewegte sich mit Lichtgeschwindigkeit.

Aber gerade diese Lichtgeschwindigkeit hat es in sich. Nach den heutigen wissenschaftlichen Erkenntnissen sieht es so aus, als sei sie eine unüberwindbare Grenze. Allein der Gedanke, ein Raumschiff bis kurz vor diese Barriere zu bringen, scheint unmöglich. Aber warum ist das so?

Zu Beginn des zwanzigsten Jahrhunderts entwickelte Albert Einstein seine spezielle Relativitätstheorie. Diese Theorie, deren Richtigkeit in den letzten Jahren durch zahlreiche Experimente bewiesen wurde, sagt unter anderem aus, daß die Masse eines Körpers, je mehr er sich der Lichtgeschwindigkeit nähert, enorm zunimmt, so daß er immer mehr Energie benötigt, um noch weiter beschleunigen zu können. Kurz vor Erreichen der Grenze wächst die Masse ins Unendliche, wobei die Energiemengen, die man dazu benötigt, unvorstellbar groß werden. Man könnte sich den Effekt so vorstellen, indem man annimmt, daß die aufgebrachte Schubenergie in den zu beschleunigenden Körper eintritt, um sich in diesem dann als Masse zu äußern. Denn nach Einstein bedeutet Energie = Masse multipliziert mit dem Quadrat der Lichtgeschwindigkeit $(E = m \cdot c^2)$.

Dieser Effekt der Massenzunahme bei relativistischen Geschwindigkeiten trat tatsächlich auf, als man in einem Experiment Elektronen bis auf 99% der Lichtgeschwindigkeit beschleunigte. Der dazu benötigte Energieaufwand war nicht nur größer als erwartet, sondern wahrhaft gigantisch.

Ein weiterer, aus der Relativitätstheorie resultierender Effekt ist die Verlangsamung der Zeit, entsprechend des Gamma-Faktors, bei Annäherung an die Lichtgeschwindigkeit. Das heißt: Für sich schnell bewegende Objekte vergeht die Zeit langsamer; alle Atome dieser Objekte laufen weniger schnell. Dies bedeutet aber nicht nur, daß ein Astronaut, der sich mit relativistischen Geschwindigkeiten bewegt, langsamer altert als die Menschen, die auf der Erde zurückblieben, sondern es bedeutet gleichermaßen, daß ein Raketenmotor, je mehr er sich der Lichtgeschwindigkeit nähert, aufgrund der Verlangsamung der Zeit immer weniger Leistung bringt. Brachte dieser Motor zuvor auf der Erde einen Schub entsprechend 1000 Gigajoule (GJ) pro Sekunde, so wird er bei Erreichen einer bestimmten Geschwindigkeit nur noch die Hälfte erzeugen, da bei dieser Geschwindigkeit die Zeit um die Hälfte langsamer vergeht. Das bedeutet: Während ein Astronaut in seinem Raumschiff eine Sekunde mißt, vergehen auf der Erde zwei Sekunden. Daraus folgt, daß der Motor bei dieser Geschwindigkeit nicht 1000 GJ pro Sekunde erbringt, wie der Astronaut nach seiner Borduhr errechnet, sondern 1000 GJ in zwei Sekunden, was einer Leistungsminderung von 50% entspricht. Von der Erde aus gesehen, würde die Leistung des Motors also nur 500 GJ pro Sekunde betragen.

Je mehr sich ein Raumschiff der Lichtgeschwindigkeit nähert, desto schwächer wird sein Antriebssystem. Man könnte vielleicht sagen, daß die Massenzunahme eines schnell bewegten Körpers lediglich ein Scheineffekt ist, bedingt durch die Verlangsamung der Zeit. Auf diesen möglichen Effekt aber werde ich später noch zurückkommen. Zunächst müssen wir davon ausgehen, daß es nach den heutigen wissenschaftlichen Erkenntnissen unmöglich ist, die Lichtgeschwindigkeit zu überschreiten. Dies wurde durch den Versuch, Elektronen bis kurz vor diese Grenze zu beschleunigen, eindeutig bewiesen. Nach jetzigem Erkenntnisstand können sich Raumfahrzeuge also nur mit Unterlichtgeschwindigkeit bewegen und würden selbst zu den nächsten Sternensystemen Jahrzehnte unterwegs sein.

Hiermit scheint zunächst bewiesen, daß ein Besuch Außerirdischer auf unserer Erde ausgeschlossen ist. Doch ist er das wirklich? Ist die Spezielle Relativitätstheorie von Einstein wirklich der Weisheit letzter Schluß? Beschreibt sie die Wirklichkeit so wie sie letztendlich ist oder nur einen Teil von ihr? Wir werden nachfolgend sehen, was physikalische Theorien bedeuten.

Physikalische Theorien sind stets Modelle, die immer nur als Annäherungen an die Wirklichkeit verstanden werden dürfen. Keine der bisherigen Theorien beschreibt die Wirklichkeit fehlerfrei, und jede der bisherigen Theorien wurde irgendwann durch eine exaktere ersetzt. So ersetzte Einsteins Theorie die Newtonsche Mechanik, deren geringe Abweichung von der Realität in unserer alltäglichen Welt der mittleren Längen und Geschwindigkeiten vernachlässigt werden kann, nicht aber unter Verhältnissen, wie sie bei sehr hohen relativistischen Geschwindigkeiten, oder bei sehr großer Schwerkraft herrschen. Es überrascht daher nicht, daß auch Einsteins Theorie erste Lücken zeigt. In den Forschungsgebieten der theoretischen Physik, in denen sich Relativitätstheorie und Quantenmechanik berühren, erlauben die Gleichungen der Relativitätstheorie keine eindeutigen Lösungen mehr.

Dies gilt zum Beispiel für schnell rotierende, große Schwarze Löcher oder für Schwarze Löcher, die so klein sind, daß für sie bereits quantenmechanische Effekte ebenso wichtig sind wie relativistische.

Theorien, wie die des englischen Physikers Stephen Hawking, der nachwies, daß Schwarze Löcher *entgegen der Relativitätstheorie* in bezug auf ihre Masse und Ausdehnung auch kleiner werden, ja, sogar kleiner werden

212

müssen, schlossen diese Lücken halbwegs, andere aber blieben bestehen.

Eine weitere Unstimmigkeit ergibt sich aus Einsteins grundlegender Annahme, daß es für einen Astronauten, der sich mit gleichförmiger Geschwindigkeit bewegt, unmöglich ist zu entscheiden, ob *er sich bewegt*, oder die Umgebung um ihn herum. Es hat sich nämlich herausgestellt, daß er dies doch kann, womit die kosmische Allgemeingültigkeit der Einsteinschen Theorie zu wanken beginnt.

Aber wie könnte dieser Astronaut feststellen, ob er sich bewegt oder seine Umgebung um ihn herum? Wäre etwa ein Meßverfahren denkbar, das ihm seine Geschwindigkeit gegenüber dem Raum anzeigt? Und wenn ja, woran sollte man diese Geschwindigkeit messen? Etwa direkt an dem das Raumschiff umgebenden Raum? Müßte dieser Raum dann nicht etwas enthalten, irgend ein Medium, das in direktem Bezug oder dessen Verhalten in direktem Bezug zur Geschwindigkeit des Raumschiffes steht? Könnte dieses Medium eine Art von Energie sein?

Die Antwort darauf ist: Ja!

»Der leere Raum ist mit einer Energie angefüllt, die einer Temperatur von 3 Grad (3K) über dem absoluten Nullpunkt entspricht. Die 3 K-Radioenergie ist die heutige Form der Strahlung aus einem gewaltigen Lichtblitz, der sich ereignete, als das Universum sehr jung war – vielleicht sichtbares Licht, ursprünglich so weiß wie die Sonne, aber heute in hohem Maße rotverschoben durch die nachfolgende Expansion des Universums. Man kann sich die Lichtwellen gestreckt vorstellen oder in ihrer Frequenz herabgesetzt, und zwar im gleichen Verhältnis, wie das Universum seit dem Lichtblitz gewachsen ist. Weil die Strahlung während fast der ganzen Zeit seit damals frei durch das Universum gelaufen ist, haben die Astronomen ein lückenloses Bild von heute bis zu dieser ursprünglichen Explosion.« (3)

Es ist also noch eine Restenergie vorhanden, die vom Urknall, von der Entstehung allen Seins, herrührt. Diese Energie ist überall im Universum gleich. Über Jahre hinweg hat man sorgfältige Messungen angestellt und niemals die geringste Abweichung in der Intensität der 3K-Radioenergie feststellen können.

Gerade diese 3K-Radioenergie ist es, die es einem Astronauten ermöglichen würde, seine gleichförmige Bewegung relativ zum Universum zu messen. Und dies entspricht nicht dem Geist der Speziellen Relativitätstheorie.

Man könnte so einen kosmischen Geschwindigkeitsmesser konstruieren, der mittels Antennen in der Lage wäre, die Intensität dieser 3K-Radioenergie mit hoher Genauigkeit zu messen. Dabei würde sich der Geschwindigkeitsmesser den Dopplereffekt zunutze machen, der bewirkt, daß die Mikrowellenenergie in Flugrichtung intensiver, jedoch nach hinten hin schwächer wird. Das heißt, in Flugrichtung wird die Wellenlänge der 3K-Energie kürzer und somit energiereicher, während sich die Wellenlänge nach hinten hin vergrößert und somit die Energie der Wellen abnimmt.

Wir alle haben diesen Effekt im Alltag schon einmal kennengelernt, wenn ein hupendes Auto an uns vorbeirast. So lange, wie das Auto sich nähert, vernehmen wir einen sehr hellen Hupton. Die Länge der Schallwellen ist also sehr kurz. Sobald der Wagen aber an uns vorübergerast ist, hören wir einen tiefen Ton von größerer Wellenlänge.

Laienhaft ausgedrückt könnte man daher sagen: Die Geschwindigkeit des Autos drückt die Schallwellen in

Fahrtrichtung zusammen und zieht sie nach rückwärts auseinander.

Dies ist aber nur möglich, weil der Schall in unserer Atmosphäre nur eine bestimmte Geschwindigkeit erreicht, denn würde sich die Eigengeschwindigkeit des Fahrzeuges zu der des Schalls hinzuaddieren, so gäbe es diesen Effekt nicht. Ähnlich verhält es sich mit dem Licht, das eine bestimmte Geschwindigkeit nicht überschreitet. Dort zeigt sich der Dopplereffekt in der Änderung der Wellenlänge des Lichtes, in der sogenannten Rot- und Blauverschiebung des Lichtspektrums.

Auf diese Weise könnte ein Astronaut seine Geschwindigkeit gegenüber dem Raum messen. Eilte er beispielsweise mit einem Hundertstel der Lichtgeschwindigkeit durch den Raum, zeigte sein Geschwindigkeitsmesser an, daß die Mikrowellenenergie vor ihm um 1% gestiegen ist. Steigert er seine Geschwindigkeit bis auf die Hälfte der des Lichtes, so wird er den Raum vor sich als rotes Leuchten wahrnehmen. Die Wellenlänge der 3K-Strahlung wird verkürzt und somit energiereicher (in bezug auf das Schiff). Beschleunigt der Astronaut nun bis in die Nähe der Lichtgeschwindigkeit, so verschiebt sich die Farbe des Raumes vor ihm über Grün nach Blau.

Wir sehen, die Einsteinsche Theorie ist gar nicht so unerschütterlich, wie sie zunächst schien, wohl aber beschreibt sie einen Teil der Wirklichkeit und den beschreibt sie sehr genau.

Doch die Schwächen der Einsteinschen Theorie wurden von den Physikern sehr wohl erkannt, weshalb man nun bemüht ist, die beiden großen Theorien der Relativistik für den Makrokosmos und der Quantenmechanik für den Mikrokosmos zu einer Theorie zu verschmelzen. Aber auch wenn das gelingt, wird diese große Theorie noch lange nicht der Weisheit letzter Schluß sein. Immer wieder wird es neue Denker geben, die in der Lage sind, diese große Theorie noch zu erweitern, zu einer noch besseren, genaueren Wirklichkeit zu finden, deren Verstehen uns vielleicht in die Lage versetzen wird, den überlichtschnellen Raumflug oder etwas, das dem gleichkommt, zu verwirklichen.

Die Möglichkeit überlichtschneller Raumfahrt, so unwahrscheinlich sie uns heute erscheinen muß, ist also nicht undenkbar; sie steht noch nicht einmal in direktem Widerspruch zur Relativitätstheorie.

Eine Technik, die dies auch für uns möglich machen würde, ist allerdings bis jetzt noch nicht in Sicht. Man müßte ganz neue Antriebstechniken entwickeln, die mit Hilfe von Kraftfeldern dem Raum eine Massenträgheit vortäuschen, die gleich null ist. Doch was ist eigentlich Massenträgheit und wodurch wird sie letztendlich bewirkt?

Massenträgheit äußert sich als Widerstand eines Massekörpers gegen eine Beschleunigung. Je schneller sich ein Massekörper im Raum bewegt, desto mehr Widerstand setzt er einer weiteren Beschleunigung entgegen.

Was aber bewirkt diese Massenträgheitszunahme? Wie kann der Widerstand gegen eine Beschleunigung bei anwachsender Geschwindigkeit zunehmen? Der Weltraum ist doch leer, abgesehen von einigen Materieteilchen, die überall vorhanden sind.

Um der Beantwortung dieser Frage näherzukommen, wollen wir zunächst festhalten, daß ein Massekörper, ob in Ruhe oder Bewegung, eine bestimmte Wirkung auf den ihm umgebenden Raum ausübt und diese Veränderung des Raumes wiederum Einfluß auf den Massekörper nimmt. Da man aber auf einen völlig leeren Raum keine Wirkung ausüben kann, muß daraus geschlossen werden, daß dieser Raum doch nicht leer ist, wie viele

Physiker annehmen. Es muß also etwas vorhanden sein. Nach Einstein erzeugt die Anwesenheit eines Masse-körpers eine Krümmung im Raum; die Geometrie des Raumes wird verändert. Doch was ist diese Krümmung? Was stellt sie dar? Wie könnte man sich die Krümmung eines absolut leeren Raumes vorstellen? Sie hat einen Einfluß auf den Zeitfluß. Eine Veränderung der Raum-metrik kann danach niemals ohne Folgen für den Zeitab-lauf bleiben, daher auch der Name Raum-Zeit. In der Raum-Zeit sind Zeit und Raum untrennbar miteinander verknüpft. Ohne Raum keine Zeit.

In den Experimenten der Teilchenphysik hat sich ge-zeigt, daß Materie spontan aus dem Nichts entstehen und ebenso plötzlich wieder im Nichts verschwinden kann (virtuelle Teilchen). Doch aus dem absoluten Nichts kann keine Materie entstehen. Nichts kann nur Nichts erzeugen.

Aber gerade dieses Nichts ist die Quelle allen Seins; aus ihm entstehen alle Formen. Der leere Raum ist ein dynamisches Feld, das ständig Materie hervorbringt und wieder in sich aufnimmt. Alle Materie stellt nur eine Ver-dichtung, eine Konzentration dieses einen alles schaf-fenden Feldes dar. Elektronen, Protonen und andere Teilchen können somit als kleine, dichte Wirbel oder Knoten in diesem einen Feld verstanden werden. (3a) Die Physiker nennen es Quantenfeld und die damit ver-bundene Theorie Quantenfeldtheorie.

Nach dieser Theorie sind Materieteilchen Manifesta-tionen elektromagnetischer Felder. Es gibt also keinen Gegensatz mehr zwischen festen Teilchen und dem sie umgebenden Raum. Da alle Materie aus diesem Raum bzw. Quantenfeld entsteht, bleibt jenes Feld die letztend-liche Wirklichkeit. Dieses das ganze Weltall erfüllende Feld ist nicht statisch sondern dynamisch und wandel-

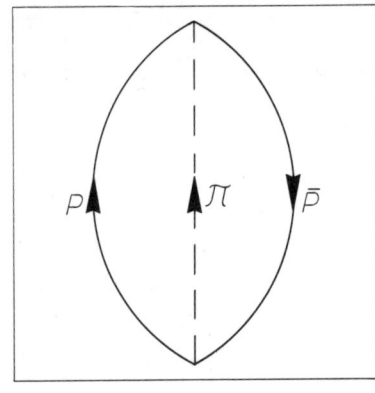

Die Unterscheidung zwischen Materie und leerem Raum mußte endgültig aufgegeben werden, als man entdeckte, daß virtuelle Teilchen spontan aus der Leere entstehen und wieder in die Leere (Feld) zurückkehren können. Dies geschieht ohne Anwesenheit irgendwelcher Nukleonen oder anderer stark wechselwirkender Partikel. Das obenstehende Diagramm stellt einen solchen Prozeß dar: Ein Proton (p) ein Antiproton (p̄) und ein Pion (π) werden aus dem Feld, der alles schaffenden Leere herausgebildet und verschwinden wieder im Feld.

bar. Es läßt ständig Materieteilchen in einem ewigen Rhythmus entstehen und wieder vergehen.

Nach Hermann Weyl (3a) ist ein Masseteilchen ein winzig kleiner Teil dieses Feldes, in dem die Feldstärke extreme Werte annimmt. Eine hohe Feldenergie wird dabei auf einen sehr kleinen Raum konzentriert. Der Energiewirbel ist aber keineswegs exakt gegen das einheitliche Feld abgegrenzt. Er läuft vielmehr wie eine Welle über eine Wasseroberfläche durch das Feld. Ebensowenig, wie eine Wasserwelle immer aus den selben Wassermolekülen besteht, besteht dieser Energieknoten immer aus dem gleichen Stoff des ihn umgebenden Feldes. Ein Elektron besteht also zu keiner Zeit aus ein und derselben Substanz. Vielleicht kann ein Teilchen als eine schnell rotierende, kreisförmig angeordnete, stehende Welle verstanden werden, die eine bloße Störung des vollkommenen Zustandes des Feldes darstellt. Dieses Feld ist die immer und überall anwesende Leere, aus der das Proton die Pi-Mesonen schöpft. Es enthält die Möglichkeit für alle Formen in der Teilchenwelt. Es ist ein allgegenwärtiges Kontinuum, das einen Teilchenaspekt besitzt, eine diskontinuierliche »körnige« Struktur. In ihm sind alle materiellen Objekte untrennbar mit ihrer Umgebung verbunden. Ihre Eigenschaften sind nur Wechselwirkungen zwischen ihnen und der übrigen Welt. Es ist wie ein riesiges Netz von Abhängigkeiten zwischen den einzelnen Teilen eines Ganzen, in dem die Materieteilchen lediglich durch ein Zusammenwirken mit anderen in ihren Eigenschaften erkennbar werden. Diese Abhängigkeiten bzw. Wechselwirkungen reichen bis weit ins Universum hinaus, bis zu den entferntesten Galaxien. Wir leben somit in einem dynamischen Universum, in dem alle Wechselwirkungen miteinander verkettet sind. In ihm kann jede Art von Materieteilchen in eine andere verwandelt werden. Sie gehen aus dem Feld hervor und kehren in das Feld zurück.

Dieses einheitliche Feld aber hält bei der Erschaffung von Teilchen immer eine gewisse Ordnung. Erzeugt es ein Elektron mit negativer Ladung, bringt es im gleichen Augenblick auch ein Anti-Elektron mit positiver Ladung hervor, so daß die Energiebilanz des Feldes stets ausgeglichen ist. Photonen bestehen beispielsweise aus einem Elektron-Antielektronpaar und sind deshalb ihre eigenen Antiteilchen. Wenn man es so ausdrücken darf, sind im Quantenfeld ein negativer und ein positiver Aspekt vereinigt, der immer dann zum Ausdruck kommt, wenn Materie entsteht.

Zu jedem Teilchen wird also ein Antiteilchen (Antimaterie) gebildet, das in seiner Masse dem normalen Teilchen entspricht und sich nur durch seine entgegengesetzte Ladung von diesem unterscheidet. Dieser Ladungsunterschied hat indes weitreichende Konsequenzen: denn trifft ein Teilchen mit seinem Anti-Teilchen zusammen, vernichten sich beide zu reiner Energie.

Nun wird der Leser fragen: Wie ist dann die Entstehung des Universums überhaupt möglich gewesen, wenn dieses Feld zu jedem Teilchen ein Anti-Teilchen erschuf, also eine Symmetrie aller Teilchen vorgelegen hat? Danach hätten sich doch nach dem Urknall augenblicklich alle Teilchen gegenseitig vernichten müssen und das Universum, wie wir es heute kennen, wäre nie entstanden. Es kann daher bei der Entstehung des Kosmos keine perfekte Symmetrie vorgelegen haben. Warum das so ist, werden wir im nächsten Kapitel ausführlich behandeln. Vorerst wollen wir uns weiter mit den möglichen Eigenschaften des Feldes und den sich daraus ergebenden Konsequenzen für die Raumfahrt beschäftigen.

Nach Stephen Hawking kann auch eine starke Raumkrümmung, wie sie durch Schwarze Löcher hervorgerufen wird, Materie erzeugen. Dabei kann die Raumkrümmung wiederum als Konditionierung des Feldes verstanden werden. Materie übt damit einen bestimmten Einfluß auf den Raum oder das Feld aus und umgekehrt. Nimmt man die Konditionierung des Raumes um einen Massekörper als gegeben, könnte man sagen, daß dieser verdichtete Raum auch die Rotationsbewegung eines Massekörpers um seine eigene Achse mitvollzieht. Folglich wäre das Resultat des Michelson-Morly-Experiments, die Frage betreffend, ob der Raum leer ist oder nicht, ohne Belang.

Man könnte so den Widerstand eines Massekörper gegen eine Beschleunigung als Wirkung des ihn umgebenden Feldes betrachten. Auch könnte man ihn, wie schon zuvor angedeutet, als Scheinträgheitseffekt, bedingt durch die Verlangsamung der Zeit, ansehen.

Eine Konditionierung des Feldes bzw. die Krümmung der Raum-Zeit um einen Massekörper bewirkt eine Verlangsamung der Zeit, so wie unsere Erde durch ihre Masse den Raum bzw. das Feld um sich herum konditioniert und damit die Zeit beeinflußt. Je näher sich ein Massekörper zur Erdoberfläche befindet, je dichter ist auch das Feld und um so langsamer vergeht die Zeit für diesen Körper. Für einen Apfel am Baum läuft die Zeit also schneller ab, als für einen, der am Boden liegt. Hier ist es so, daß die Masse der Erde die Zeitdilatation bewirkt. Wäre es nun denkbar, daß ein Massekörper, der auf die Lichtgeschwindigkeit hin beschleunigt, mit zunehmender Eigengeschwindigkeit auch zunehmend den Raum konditioniert und somit auch die Zeit um sich herum verlangsamt?

Wenn ja, würde das bedeuten, daß die Massenzunahme eines mit relativistischen Geschwindigkeiten bewegten Massekörpers wirklich nichts weiter als ein Zeit-Trägheits-Effekt wäre. Demnach würde ein solcher Körper nur durch seine Geschwindigkeit eine größere Konditionierung der Raum-Zeit bzw. des Feldes um sich herum und somit eine Verlangsamung der Zeit bewirken. Und diese Zeitdilatation ist es dann, die dem Astronauten – wie schon erwähnt – eine Massenzunahme suggerieren würde, weil sein Raketenmotor mit zunehmender Geschwindigkeit an Leistung verliert, obwohl er sie aus der Sicht des Astronauten beibehält. Für ihn scheint lediglich die Masse des Raumschiffs zuzunehmen, da er von der Erde aus betrachtet die Leistung mit längeren Zeiteinheiten mißt, die er aber nicht als solche erkennen kann, weil seine Uhr einfach langsamer geht.

Das heißt: Für den Beobachter auf der Erde leistet der Raketenmotor nicht mehr wie zuvor auf der Erde gemessen 1000 GJ in einer Sekunde sondern 1000 GJ in zwei Sekunden. Damit wäre die Leistung aus Erdsicht auf 500 GJ pro Sekunde geschrumpft. Kurz vor Erreichen der Lichtgeschwindigkeit erhöht sich, bedingt durch den Gammafaktor, diese Zeitdifferenz um ein Vielfaches, bis schließlich die Zeit bei Erreichen der Lichtgeschwindigkeit still steht und somit der Motor von der Erde gesehen seine 1000 GJ Schubleistung in einer unendlich langen Zeit, also überhaupt keine Leistung, mehr erbringt. Von all dem bemerkt unser Astronaut nicht das geringste. Nach seiner Uhr leistet der Motor ebensoviel wie zuvor. Für ihn ist alles lediglich ein Effekt der Massenzunahme.

Aus diesen Gedanken ergibt sich, daß es unmöglich ist, die Lichtgeschwindigkeit zu erreichen; es kann vielmehr nur eine asymptotische Näherung erfolgen. So gesehen, wäre die Massenzunahme bei einer Beschleunigung in Richtung auf die Lichtgeschwindigkeit ein Zeitfeld-Trägheitseffekt; so möchte ich ihn nennen.

Natürlich könnte man die Sache auch andersherum sehen, nämlich insofern die Massenzunahme real ist und der Raum bzw. das Feld durch die erhöhte Masse laufend mehr konditioniert wird und die Zeitdilatation eine Folge der Massenzunahme ist. Das Ergebnis wäre freilich dasselbe. In beiden Fällen würde das Feld eine Wirkung auf den Massekörper ausüben und umgekehrt. Man könnte die Annahme so formulieren, daß der Massekörper ein Zeitfeld um sich herum aufbaut, das im ersten Fall eine Schein-Massenzunahme bewirkt, im zweiten dagegen erst durch die reale Massenzunahme hervorgerufen wird.

Aber führen wir uns nochmal ersteren Fall vor Augen, bei dem die Massenzunahme als Zeitfeld-Trägheitseffekt angenommen wurde. Aus diesem Effekt ergäben sich einige Möglichkeiten für die Raumfahrt. Wenn wir annehmen, die Massenträgheit sei eine Wirkung des konditionierten Feldes um einen Körper und somit der

Zeitdilatation, wäre es denkbar, dieses Feld zu dekonditionieren, was zur Folge hätte, daß die Zeit im Raumschiff wieder schneller liefe und ein Raumschiff leichter beschleunigen könnte. Wie dies allerdings zu bewerkstelligen wäre bzw. ob so etwas überhaupt möglich ist und welche Konsequenzen sich daraus für die Materie des Raumschiffes ergäben, das zu entscheiden wären, wenn überhaupt, nur Physiker in der Lage, weshalb dieser Gedanke lediglich als Denkanstoß verstanden werden soll.

Kommen wir aber nochmals auf vorgenannten Effekt zurück, der besagt, daß schnell bewegte Körper das Feld um sich herum konditionieren und damit ein Zeitfeld aufbauen. Bezieht man diesen Effekt nun auf alle Elementarteilchen und Atome, ergeben sich daraus einige interessante Konsequenzen.

Es ist bekannt, daß Teilchen wie Protonen, Elektronen, Quarks etc. einen Eigendrehimpuls oder Spin besitzen. Nehmen wir beispielsweise das Proton in einem Wasserstoffatom. Durch seine schnelle Drehbewegung bzw. seinen Spin konditioniert es das Feld um sich herum; es baut ein Zeitfeld auf. Dieses Zeitfeld wäre in seiner Intensität an der Peripherie des Protons größer als an den beiden Drehachspunkten, da sich ein gedachter geometrischer Punkt auf der Peripherie schneller bewegt als an den Drehachspunkten. Das würde bedeuten, daß die Zeit zur Peripherie hin verlangsamt wird, während sie an den Drehachspunkten fast unverändert bleibt.

Wie könnte man sich nun die Gravitationswirkung zwischen zwei Teilchen vorstellen? Wie können sich zwei Massen anziehen, deren Zeitfelder identisch sind?

Man muß einfach annehmen, daß das einheitliche Feld stets bestrebt ist, einen Zeitfeldausgleich herzustellen und zwar in der Weise, als es dazu tendiert, seinen

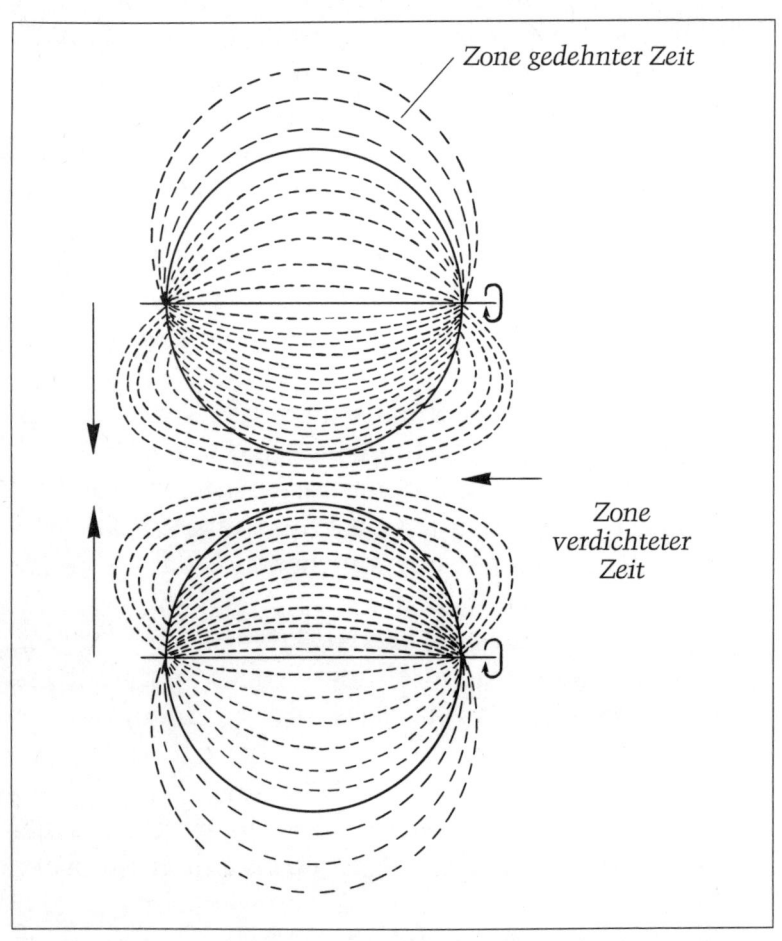

*Gravitationswirkung zweier Protonen aufeinander mittels Zeitfelder. Die übrigen Kräfte wurden nicht berücksichtigt.*

ursprünglichen, nicht verdichteten Zustand der schnelleren Zeit wiederzuerlangen. Diese Tendenz äußert sich als das Bestreben zweier oder mehrer Felder langsamer Zeit, sich gegeneinander aufzuheben bzw. sich abzuschwächen.

Stellen wir uns vor, zwei gleiche Massekörper befinden sich in nächster Nähe zueinander, dann ist die Gravitationswirkung in der Mitte zwischen ihnen aufgehoben. Man könnte sagen, das Feld zwischen ihnen wird dekonditioniert. Zwischen beiden Körpern entsteht damit eine Zone schnellerer Zeit, die um so ausgeprägter wird, je mehr sich die Körper einander nähern. Betrachten wir nun einen dieser Massekörper für sich. Zunächst einmal ein Proton. Ein Proton besitzt im Gegensatz zur Erde eine Achse von schnellerer Zeit. Wie schon erwähnt, verlangsamt sich die Zeit von der Achse zur Peripherie hin. Nähert sich diesem Proton nun ein anderes, werden die Zeitfelder zwischen ihnen gegeneinander abgeschwächt. Zwischen den beiden Achsen wird die Zeit beschleunigt bzw. das Feld dekonditioniert, während das Feld langsamer Zeit hinter den Achsen unverändert bleibt (s. gegenüber).

Bei einem Massekörper wie unserer Erde verhält es sich ähnlich, nur mit dem Unterschied, daß die Erde keine Achse schnellerer Zeit besitzt, sondern einen geometrischen Punkt schnellerer Zeit in ihrem Zentrum, da sich dort alle Gravitationskräfte gegeneinander aufheben. Im Gegensatz zur Zeitachse des Protons ist dieser Punkt nicht feststehend; er verändert sich, sobald sich ein anderer großer Massekörper der Erde nähert oder sie umrundet, wie der Mond das tut. Durch die Gezeitenwirkung des Mondes beschreibt der Punkt der schnellsten Zeit im Erdinneren eine Kreisbahn. Anders dürfte es aussehen, wenn der Mond der Erde sehr nahe kommt oder sie berührt. Dann verschiebt sich die Zone der schnellsten Zeit vom Zentrum in Richtung auf die Peripherie (s. S. 226). Ebenso würde es sich verhalten, wenn drei, vier oder mehrere Massekörper einander näherkommen. In diesem Fall lägen die Zentren der schnellsten Zeit zwar an

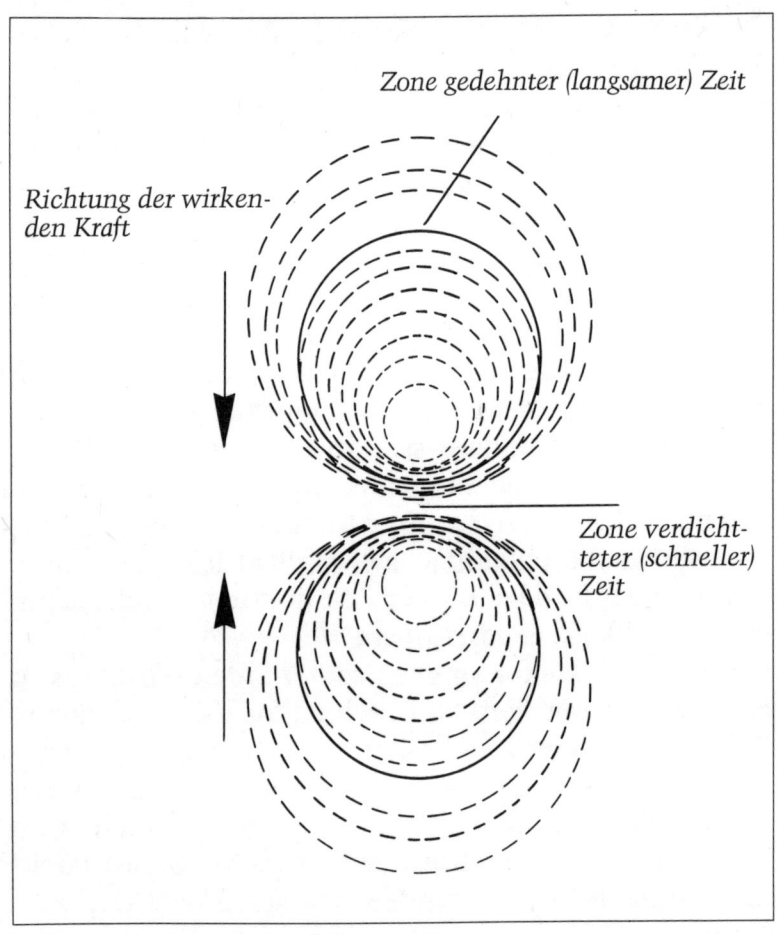

*Gravitationswirkung zweier Massekörper aufeinander*

der Peripherie eines jeden Massekörpers, jedoch im Zentrum der Massekörperballung, während die Zonen langsamer Zeit (verdichtetes Feld) allesamt zur Außenseite verschoben wären. Dadurch aber, daß das Feld immer bestrebt ist, sich in seiner Intensität bzw. Dichte auszugleichen, üben die außenliegenden Zonen langsamer Zeit einen ›Druck‹ nach innen aus. Bildlich gesprochen:

Die Zonen langsamer Zeit möchten sich einander nähern, um sich gegenseitig aufzuheben. Sie werden aber durch die Massekörper daran gehindert. Deshalb werden die einzelnen Massekörper vom verdichteten Feld selbst ›aufeinandergedrückt‹.

Zusammenfassend könnte man die Gravitationswirkung als relativistischen Zeitfeldeffekt der Elementarteilchen beschreiben, wobei das einheitliche Feld die Tendenz zeigt, einen Zeitfeldausgleich zu schaffen, indem es die Masseteilchen zusammenschiebt. Teilchen mit Spin sind also von einem Zeitfeld umgeben, wodurch ihre für uns dauerhafte Existenz erst möglich wird. Wahrscheinlich sind diese Teilchen sogar mit dem Zeitfeld identisch und somit nur Zonen gedehnter Zeit bzw. Verdichtungen des einheitlichen Feldes. Daraus wäre zu folgern, daß nur Teilchen mit einem Eigendrehimpuls oder Teilchen, die sich mit relativistischen Geschwindigkeiten durch das Feld bewegen, stabil sind, da für sie die Zeit langsamer geht, bzw. stillsteht. Ein Photon beispielsweise müßte demnach verschwinden, wenn man versuchte, es unter die Lichtgeschwindigkeit zu bringen. Ebenso würde ein ansonsten sehr kurzlebiges Teilchen stabil werden, wenn man es auf Lichtgeschwindigkeit beschleunigte. Es hätte einfach keine Zeit mehr zum Verschwinden.

Kehren wir aber nochmals zurück zum Verhalten der Zeitfelder von großen Massekörpern bei Annäherung an andere große Massekörper. Wir hatten angenommen, daß dabei das Zentrum der schnellsten Zeit an die Peripherie rückt und dadurch die Körper vom verdichteten Feld selbst ›aufeinandergedrückt‹ werden.

Auch diese Gedanken ergäben einige Ansatzpunkte für mögliche Raumantriebe: Gelänge es nämlich, die Zone schneller Zeit vom Zentrum eines Massekörpers an

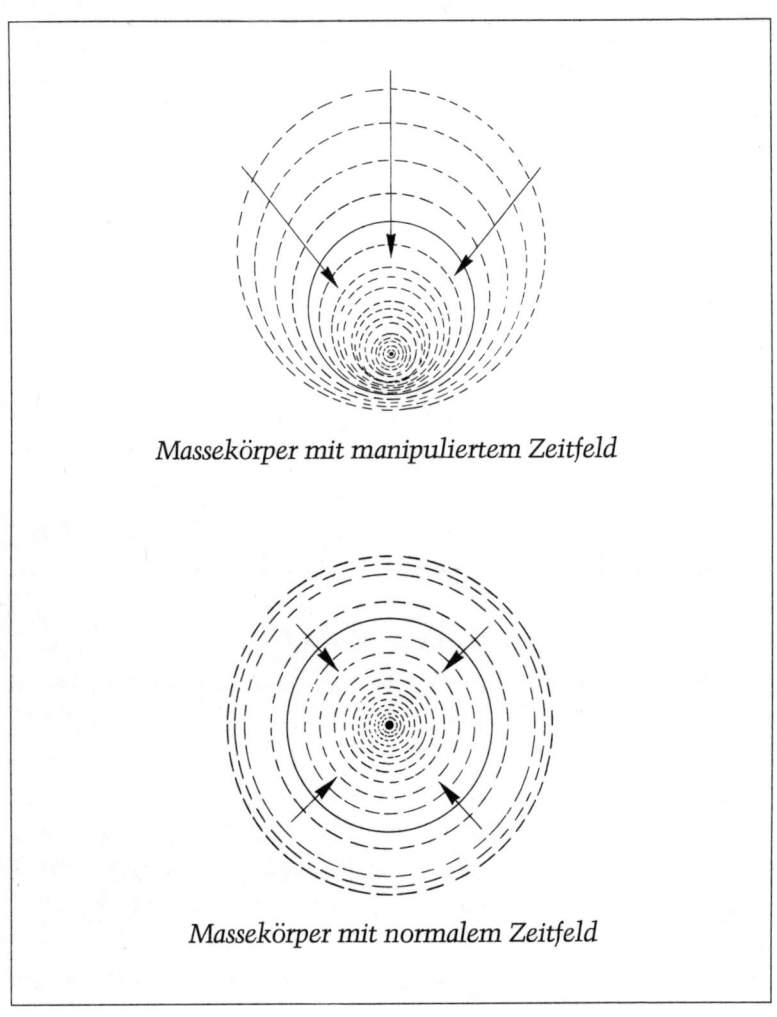

*Massekörper mit manipuliertem Zeitfeld*

*Massekörper mit normalem Zeitfeld*

*Die Zonen schneller Zeit sind jeweils dicht gekennzeichnet*

seine Peripherie zu rücken, ohne die Anwesenheit eines zweiten Massekörpers, wäre es denkbar, daß dieser Körper in Richtung auf das konditionierte Feld hin beschleunigt, jedoch immer in Richtung eines zweiten Massekörpers. Möchte ein Raumschiffpilot zu einem bestimmten

Planeten gelangen, so dreht er einfach die Zone langsamer Zeit seines Schiffes in Richtung auf den Zielplaneten, während die Zone schneller Zeit auf den Startplaneten zeigt und so dessen Gravitationsfeldwirkung zum Teil abschirmt. Ein Raumschiff könnte sich auf diese Weise von Planet zu Planet, von Sonne zu Sonne bewegen. Allerdings wären die dabei vorhandenen Zugkräfte der Felder so gering, daß jede herkömmliche Rakete einem solchen Schiff weit überlegen wäre.

Anders sähe es aus, wenn es gelänge, eine Technologie zu entwickeln, mit der es einem Raumschiff möglich ist, konditionierte Feldeinheiten, sozusagen ›Pakete‹ langsamer Zeit, mit Lichtgeschwindigkeit in eine bestimmte Richtung zu senden. Solche ›Feldpakete‹ in schneller Reihenfolge ›abgeschossen‹, würden wahrscheinlich einen Antrieb darstellen, der unsere herkömmlichen Systeme bei weitem übertreffen dürfte. Das Problem dabei ist jedoch, solche Feldeinheiten zu erzeugen; es liegt weniger in der Theorie als in der technischen Durchführung. Nach Burkhard Heim ist es nämlich möglich, elektromagnetische Felder in Gravitationsfelder, in Felder langsamer Zeit umzusetzen. Dazu müßten nach Heim völlig neue Werkstoffe konzipiert werden, die eine derartige Umwandlung durch spezifische Eigenschaften überhaupt erst zulassen. Sollten sich die Berechnungen von Heim im Experiment bestätigen, stünde einer interstellaren Raumfahrt nichts mehr im Wege.

Auch sollte man untersuchen, ob es möglich ist, das einheitliche Feld durch starke elektrische bzw. elektromagnetische Felder, die meiner Meinung nach nur Varianten des einheitlichen Feldes darstellen, direkt in der Weise zu beeinflussen, daß ein Raumantrieb denkbar wird.

Auf einen Zusammenhang dieser Art scheint die Eigenbewegungstendenz von Plattenkondensatoren, die unter sehr hoher Spannung stehen, hinzuweisen. Sie wurde erstmals von dem amerikanischen Physiker Thomas Townsend Brown in Zusammenarbeit mit seinem ehemaligen Physikprofessor Dr. P. A. Biefeld entdeckt. Dabei wurde festgestellt, daß ein extrem hochgeladener Plattenkondensator eine Bewegung in Richtung seines positiven Pols zeigte. Dieser Effekt wurde später als Biefeld-Brown-Effekt bekannt. Spätere Versuche in einem Labor der französischen Firma »La Société Nationale de Construction Aeronautique Sud-Ouest« (SNCASO) zeigten, daß der genannte Effekt auch im Hochvakuum auftrat und zwar wesentlich intensiver, als bei Versuchen in der Atmosphäre. Die Versuchsmodelle von Brown waren in der Lage, selbstständig vom Boden abzuheben und erreichten beachtliche Geschwindigkeiten.

Ob nun ein Raumantrieb auf der Basis des Biefeld-Brown-Effekts technisch machbar ist, soll und kann hier nicht entschieden werden.

Fest steht jedoch, daß dieses einheitliche Feld, aus dem alles hervorgegangen ist, Eigenschaften besitzen muß, die alles bisher Gedachte in den Schatten stellen. Eigenschaften, die alle bekannten Naturkräfte, wie die chromodynamischen Kräfte der Quarks, die elektrische Kraft und letztlich die Gravitation beinhalten. Vielleicht stellen auch all diese Kräfte Vereinfachungen bzw. Varianten des einheitlichen Feldes dar. Vielleicht ist es sogar denkbar, durch geeignete Manipulation jenes »Superfeldes« die Wirkung der einen oder anderen Kraft ›herauszuschälen‹ bzw. sie zu verstärken. Und vielleicht wird uns das eines Tages in die Lage versetzen, den Gravitationsaspekt des Feldes, eventuell durch Fortnahme dieser oder jener Kraft, zu verstärken, ja vielleicht sogar, wie schon beschrieben, zu richten. Sollte das gelingen, wird es ohne Zweifel möglich sein, sich mittels Kraftfelder durch den Raum zu bewegen. Dazu müßte man jedoch erst in der Lage sein, das Feld und seine Eigenschaften zu begreifen. Erst wenn das geschehen ist, wird man es in der Weise beeinflussen können, daß Raumreisen, sei es mit Geschwindigkeiten, die knapp unter der des Lichts liegen, oder solche, die einem überlichtschnellen Raumflug gleichkommen, durch Manipulation der Raum-Zeit bzw. des Feldes, durchführbar werden.

Deshalb sollte sich die Wissenschaft noch intensiver als bisher mit diesem Thema befassen, da wir einen derartigen Antrieb für die Zukunft dringend gebrauchen können, zumindest, um unseren Atommüll und sonstige Giftabfälle auf wirtschaftliche Weise in den Weltraum zu transportieren. Doch nicht nur für diesen Zweck wäre er sinnvoll: Die Weltbevölkerung nimmt stetig zu, so daß wir, falls es nicht gelingen sollte, ihr Wachstum unter Kontrolle zu bekommen, in absehbarer Zeit neuen Lebensraum benötigen werden.

Die Menschheit muß also, sofern sie sich nicht selbst vorher durch einen Krieg ausrottet oder an Hunger und der selbst herbeigeführten Umweltverschmutzung zugrunde geht, auf andere Planeten übersiedeln, so utopisch das heute noch klingen mag.

Der nächstliegende Planet, der sich für eine solche Besiedlung eignen würde, ist die Venus, die aber in ihrem jetzigen Zustand noch viel zu lebensfeindlich ist. Ihre Oberflächentemperatur beträgt fast 500 Grad Celsius, und der atmosphärische Druck ist neunzigmal höher als auf der Erde. Die Gashülle besteht zu ca. 90% aus Kohlendioxid und ist damit für uns nicht atembar. Den Rest machen Wasserdampf und sonstige Gase aus. Diese Umweltbedingungen bieten aber, so fremd das scheinen mag, die besten Voraussetzungen für eine »Terra-Bildung«, eine Bewohnbarmachung der Venus für uns Menschen. Die hohen Temperaturen werden lediglich durch den hohen Kohlendioxidgehalt und den damit verbundenen Treibhauseffekt hervorgerufen. Man braucht also nur den Kohlendioxidgehalt zu vermindern und Sauerstoff zu erzeugen, um für uns annehmbare Verhältnisse zu schaffen.

Nach dem amerikanischen Wissenschaftler Carl Sagan (26) ist dies sogar, im Vergleich zu anderen Projekten der Terra-Bildung, relativ einfach: Man bringt Tonnen einer bestimmten Algenart, der blaugrünen *Cyanophyzeen*, in die Venusatmosphäre. Diese Art überlebt selbst bei Temperaturen, die über 300 Grad Celsius liegen und ist damit geradezu prädestiniert, unter solchen Bedingungen zu existieren, ja, sich sogar drastisch zu vermehren. Innerhalb weniger Jahre wandeln sie durch Photosynthese das Kohlendioxid bis auf einen kleinen Rest in Sauerstoff um. Dadurch verschwindet der Treibhauseffekt, und die Oberfläche des Planeten kühlt ab. Bei einer bestimmten Temperatur kondensiert dann der Wasserdampf aus und regnet auf den immer noch heißen Venusgrund nieder, steigt als Dampf wieder auf und bewirkt durch die dauernd anhaltende Konvektion eine rasche Abkühlung.

Wenn es schließlich soweit ist, daß die Temperaturverhältnisse einen gefahrlosen Aufenthalt gewährleisten, bringt man Pflanzen und Tiere in die neue Welt. Einige Zeit später werden ihnen die ersten Siedler folgen. Da aufgrund der langsameren Eigenrotation des Planeten jeder Tag und jede Nacht fast 60 Erdentage dauert und die Nächte mit eisigen Schneestürmen unseren arktischen Wintern ähneln, müssen sich die Siedler schnell sichere Unterkünfte und Energieversorgungssysteme bauen, was größtenteils von intelligenten

Maschinen übernommen werden kann. Doch letztlich wird man auch dieses Problem bewältigen; und sofern die Siedler aus den Fehlern, die bislang auf der Erde gemacht wurden, gelernt haben, werden sie in einem Paradies leben. Dazu gehört jedoch eine völlig andere Geisteshaltung, als sie bis jetzt auf der Erde vorherrscht, eine Haltung, die sich nicht gegen die Natur richtet und in der Lage ist, auf Waffen und die sonstigen schädlichen und vernichtenden Erscheinungen unserer derzeitigen Erdenzivilisation zu verzichten.

Um aber all dies verwirklichen zu können, benötigen wir einen neuen, effektiveren Raumfahrzeugantrieb. Wie schon angedeutet, gibt es für einen solchen Antrieb bereits ein Konzept von wissenschaftlicher Seite, womit ich nochmals auf die Arbeiten von Burkhard Heim zu sprechen kommen möchte. Heim ist wahrscheinlich der einzige Physiker der Welt, der von einer allgemeinen und voraussetzungslosen Grundlage ausgeht, um alles Geschehen mathematisch zu erfassen:

»Er entwickelte eine umfassende Theorie mit einem System von 92 nichtlinearen tensoriellen Differentialgleichungen, welche alle raumzeitlichen Strukturen zu beschreiben gestatten. Aus diesem Gleichungsatz folgen 36 Eigenwertspektren metrischer Strukturstufen, die wegen der notwendigen Invarianzforderungen eindeutig auf einen sechsreihigen Tensor zweiten Grades zurückgeführt werden können. Da die Komponenten dieses sechsreihigen Tensors energetische Zustände der Elementarstrukturen sind, muß unsere Welt in Wahrheit über sechs Weltdimensionen verfügen. Im besonderen zeigt sich, daß die drei Transdimensionen imaginär, also zeitartig sind. Reelle Komponenten würden zu Instabilitäten der Gravitationsbewegungen und der Grundzustände der Atomhüllen führen. Insbesondere ergeben sich aus den Heimschen Gleichungen bei Vernachlässigung bestimmter Größen sowohl die allgemeine Relativitätstheorie, als auch die Quantentheorie ... Seine aus der Theorie konsistent ableitbare Formel, die sämtliche Massen der Elementarkorpuskel und Resonanzen exakt beschreibt, wird von der Fachwelt als starker Beweis für die Richtigkeit seiner kosmologischen Theorie gewertet.

Als außerordentlich bedeutsam im Zusammenhang mit künftigen Raumantrieben erweist sich die Verknüpfung des Phänomens Gravitation mit den Quanten der Materie. Heim zeigt in seiner Theorie, daß der Feldvektor jeder Elementarfläche aus zwei zueinander orthogonalen Anteilen besteht, von denen sich der eine als echter Gravitationsvektor, der andere aber als Vektor des Zusatzfeldes erweist, das von ihm als Zwischenfeld oder Mesofeld bezeichnet wurde. Dieses Mesofeld bedingt eine dynamische Wechselwirkung zwischen einer Gravitationsfeldwirkung und einer Materiefeldwirkung. Aus den zugehörigen Operationsgleichungen folgen zwei duale Erscheinungsformen des Mesofeldes, welche Heim mit kontrabarischem und dynabarischem Zustand bezeichnet. Unter dem Einfluß des kontrabarischen Feldzustandes läßt sich die elektromagnetische Strahlungs-Energie unmittelbar in eine gravitive Beschleunigung umwandeln. Bei Überkompensation des irdischen Schwerefeldes kann ein Aggregat aus kontrabarischen Transformatoren vom Boden abheben und sich mit wachsender Geschwindigkeit in den Weltraum hinausbewegen.« (28)

Sollte sich dieses Verfahren eines Tages als technisch durchführbar erweisen, würde das bedeuten, daß die Insassen eines Raumschiffes, welches nach diesem Prinzip beschleunigt würde, nicht die geringsten Beschleuni-

234

gungskräfte verspürten. Dies wird dadurch möglich, daß eine gravitive Bewegung analog zum freien Fall erfolgt und somit extrem hohe Beschleunigungswerte möglich werden, die in verhältnismäßig kurzer Zeit zu relativistischen Geschwindigkeiten führen.

Auf eine weitere Möglichkeit zum unterlichtschnellen Raumflug weisen die theoretischen Überlegungen des Physikers Dr. Robert L. Forward hin, der seine Arbeit im »American Journal of Physics« veröffentlichte. Dr. Forward beschreibt darin einen möglichen Weg, künstlich Gravitation zu erzeugen. Es handelt sich dabei um einen riesigen Ring, um den spulenförmige Röhren gewikkelt sind. Wenn man nun durch diese Röhren sehr schnell »ultrakalte Neutronen« (sehr langsame Neutronen) pumpt, entsteht im Inneren des Rings ein einseitig gerichtetes Gravitationsfeld und außen, um den Ring herum, ein entgegengesetzt gerichtetes Feld.

Hätte man nun einen derart aktivierten Ring von mehreren hundert Metern Durchmesser draußen im Weltraum und flöge ein Raumschiff in Richtung des inneren Feldes durch den Ring hindurch, so würde es, sofern die bewegten Massen des Ringes ausreichten, auf der anderen Seite des Ringes hinauskatapultiert und könnte so bis nahe an die Lichtgeschwindigkeit kommen. Die ultrakalten Neutronen in der Röhrenspule würden dabei um den Energiebetrag verlangsamt, welcher der Energie zur Beschleunigung des Raumschiffes entspricht. Am Zielort benötigte man selbstverständlich einen zweiten Ring, um die Geschwindigkeit abzubremsen, indem man entgegen der Feldrichtung in den Ring einfliegt. Dieses Verfahren besäße, ebenso wie das zuvor beschriebene, den Vorteil, daß die Astronauten nicht die geringsten Beschleunigungskräfte verspürten, da jedes Atom innerhalb des Feldes gleichmäßig beschleunigt würde.

Natürlich ist diese Methode heute noch technisch undenkbar, aber theoretisch durchaus fundiert. Sie zeigt zumindest, daß der interstellare Raumflug mit Fast-Lichtgeschwindigkeit heute schon theoretisch möglich ist.

Ein weiteres Beispiel wäre die Photonenrakete nach Professor Eugen Sänger. Diese Rakete benötigt ›Tanks‹, in denen, eingeschnürt von Magnetfeldern, Materie und Antimaterie getrennt voneinander lagern. Hinten in der ›Brennkammer‹ werden Materie und Antimaterie ›zusammengesprüht‹, wodurch sie sich unter Freisetzung enormer Energien vernichten und in Photonen zerstrahlen. Diese Photonen besitzen laut Einstein einen Impuls und bilden somit die idealste Stützmasse für eine Rakete, bedingt durch die höchstmögliche Stützmassengeschwindigkeit.

Das Ganze wäre also mit einer riesigen Taschenlampe vergleichbar, die sich mittels Lichtdruck durch den Raum bewegt. Wie könnte nun eine Reise mit einer derartigen Rakete aussehen?

Um dies zu veranschaulichen, berechnete Professor Sänger exakt die Reise zu einem 100 Lichtjahre entfernten Sternensystem, die hier sinngemäß wiedergegeben ist (21):

Ein Photonenraumschiff liegt abflugbereit auf einer Weltraumstation, welche die Erde umkreist. Das Gewicht des Schiffes beträgt 100 000 Tonnen, wovon 99 900 Tonnen den Treibstoffanteil ausmachen. Das Schiff startet mit einer Beschleunigung von 9,81 m/sec$^2$, was unserer normalen Erdanziehungskraft gleichkommt. Für die Besatzung bestehen also die gleichen Schwereverhältnisse wie auf der Erde; sie spüren keinen Unterschied.

So rasen sie dahin, in die Weiten des Kosmos, auf einer phantastischen Reise zu anderen Welten, auf einer Reise, die für sie in der Zukunft enden wird. Die Besatzungsmitglieder haben ihre Frauen und Männer mitgenommen, da zu dem Zeitpunkt, an dem sie zurückkehren werden, keiner ihrer Freunde und Bekannten auf der Erde mehr am Leben sein wird. Nach etwa 5 Jahren Bordzeit haben sie die halbe Strecke zu dem anvisierten Sternsystem hinter sich. Nun muß das Schiff um 180 Grad gedreht werden, um mit der gleichen Beschleunigung wie zuvor zu verzögern. Dies ist notwendig, damit es nicht am Zielplaneten zerschellt oder gar daran vorbeifliegt.

Nach genau 9,79 Jahren an Bord landet die Besatzung auf ihrem Zielplaneten. Auf der Erde sind inzwischen 101,94 Jahre vergangen. Die Familien und Freunde der Astronauten sind längst gestorben.

Sie sind auf einem Planeten gelandet, der eine phantastische Flora und Fauna besitzt. Es gibt Pflanzen und Tiere, die sie sich in ihren kühnsten Träumen nicht hatten ausmalen können. Die neue Welt gleicht einem Paradies, das sie nur ein Jahr lang für sich allein haben werden. In dieser Zeit werden die Forschungsaufträge erledigt, neuer Treibstoff aus Materie und Antimaterie wird hergestellt. Dieser Treibstoff ist für die Rückreise unabdingbar, da auf der Hinreise der gesamte Treibstoff verbraucht wurde. Einige Mitglieder sind so begeistert von der neuen Welt, daß sie am liebsten dort blieben.

Der Gedanke, daß inzwischen ein Atomkrieg die Erde verwüstet haben könnte, bestärkt diesen Wunsch, denn eines steht fest: Die Rückreise zur Erde bedeutet erneut einen Schritt ins Ungewisse. Man überlegt, ob es nicht sinnvoller wäre, sich niederzulassen und diesen Planeten zu bevölkern, eine neue, bessere Welt aufzubauen. Doch trotz solcher Überlegungen beschließt man nach einem Jahr, die Rückreise anzutreten. Nach 10,79 Bordjahren oder 102,94 Erdjahren ist es dann endlich soweit. Don nernd hebt das Schiff vom Boden ab und reitet auf einem grellen Lichtstrahl ins All hinaus. Um es sich ein wenig bequemer zu machen, wählen die Astronauten diesmal eine Eigenbeschleunigung von 2,81 m/sec$^2$. Somit wiegt ein Besatzungsmitglied, das zuvor auf der Erde noch 70 kg auf die Waage brachte, nur noch 19,67 kg. Es kann sich so viel leichter bewegen.

Während der Rückreise erleben die Reisenden erneut überwältigende Farbenspiele. Leuchteten beim Start noch alle Sterne gelb, so wechseln jetzt die Farben der vor dem Schiff liegenden Sterne zunächst auf grün, dann auf blau, auf violett, bis sie zu ultraviolett übergehen und somit für das menschliche Auge unsichtbar werden.

Nach 34,19 Bordjahren landet das jetzt nur noch 100 Tonnen schwere Raumschiff auf der Erde. Dort sind inzwischen 210,04 Jahre vergangen. Man bestaunt die altertümliche Technik unserer Astronauten, denn auf der Erde hat man inzwischen ganz andere Technologien entwickelt, vielleicht solche, die den überlichtschnellen Raumflug ermöglichen.

Von dem Start unseres Raumschiffes wissen die Erdbewohner nur noch aus ihren Geschichtsbüchern. Man hatte angesichts der langen Zeit, die vergangen war, überhaupt nicht mehr mit einer Rückkehr gerechnet, obwohl die Möglichkeit natürlich jederzeit bestand. Aber den Ur-Ur-Enkeln der Menschen, die unsere Astronauten einst vor Jahrhunderten auf die Reise schickten, kommt es dennoch wie ein Märchen vor, das sich plötzlich bewahrheitete.

Wer weiß, vielleicht wird ein derartiger Raumflug eines Tages Wirklichkeit. Diese fiktive Reise ist jedenfalls exakt berechnet und eine logische Folge bereits heute bekannter und bewiesener Theorien, die Einsteinsche Relativitätstheorie eingeschlossen.

Es ist also grundsätzlich nicht undenkbar, daß Außerirdische, sei es mit unterlichtschnellen, sei es mit für uns unvorstellbaren überlichtschnellen Raumfahrzeugen die Erde in der Vorzeit besucht haben. Ebenso kann man nicht mit Sicherheit ausschließen, daß sie uns vielleicht heute noch besuchen. Voraussetzung dafür ist allerdings, daß man ebenso wie eine Reihe ernstzunehmender Wissenschaftler an die Existenz solcher Zivilisationen glaubt. Es soll aber nicht verschwiegen werden, daß die Zahl derjenigen Wissenschaftler, die eine Existenz von anderen Zivilisationen ausschließt, mindestens gleich stark ist, und auch sie können gute Gründe für ihre Ansichten vorzeigen. Wenn man aber zu den Befürwortern gehört, ist die Möglichkeit nicht auszuschließen, daß einige dieser Zivilisationen uns wissenschaftlich und technisch gesehen um Jahrhunderte, vielleicht sogar um Jahrtausende voraus sind und bereits eine Technologie besitzen, von der wir heute nicht einmal zu träumen wagen.

Dies ist jedoch nur eine Annahme; einen wissenschaftlichen Beweis gibt es dafür nicht.

Ebenso wenig ist es bis heute bewiesen, auch durch Dänikens sogenannte »Beweise« nicht, daß Außerirdische unsere Erde jemals besucht haben. Aber auch der Gegenbeweis existiert nicht.

So muß es vorerst eine Sache des Glaubens und der Spekulation bleiben, die erst zu einem Beweis wird, wenn man hier auf der Erde auf echte Hinterlassenschaften der Außerirdischen stößt. Dies könnte beispielsweise eine Handlampe oder ein technisches Gerät anderer Art sein, das man eingepreßt in einem Jahrtausende alten Köhleflöz oder eingetropft in einem Stalakmiten einer Tropfsteinhöhle findet. Dinge also, bei denen man durch Altersbestimmung der sie umgebenden Stoffe sagen könnte: Sie stammen aus dieser oder aus jener Zeit. Wir sehen, daß es für Dänikens Theorie keinen echten Beweis gibt. Und die angeblichen Beweise, die er uns in seinen Büchern liefert, sind, wie wir inzwischen erkannt haben, nicht im entferntesten Beweise, ja nicht einmal Indizien.

# Kapitel 8
# Wissenschaft – Glaube – Götterastronauten

Wie konnte es dazu kommen, daß der Götterastronauten- und UFO-Glaube für viele Menschen unserer Zeit zu einer Ersatzreligion geworden ist? Ist der Glaube an raumfahrende Götter wirklich attraktiver, als an den Gott, den wir aus der Bibel kennen? Bedeutet es wirklich etwas, an das man sich heute klammern sollte? Befriedigt er wirklich ein Bedürfnis nach Religion? Was hat ein Gläubiger von diesen Göttern zu erwarten? Sind sie wirklich ein Ersatz für den Gott der Bibel?

Angenommen, wir Menschen wären in 500 Jahren in unserer Technik so weit fortgeschritten, daß wir ohne Mühe in der Lage wären, interstellare Raumflüge durchzuführen. Eines Tages erreichten wir einen Planeten, auf dem sich ebenfalls intelligentes Leben entwickelt hat. Vielleicht befände sich diese Zivilisation gerade auf dem Entwicklungsstand, wie er auf der Erde vor rund 2000 Jahren anzutreffen war. Nun landet das irdische Raumschiff, während es unter der Bevölkerung des neuen Planeten Erstaunen, Angst und Bewunderung hervorruft. Für diese Wesen stellen unsere Astronauten wahrhaft göttliche Wesen dar, in ihren blitzenden Raumanzügen, mit ihrem donnernden »Himmelswagen« und allem, was dazugehört. Nachdem sie ihre Forschungsarbeiten beendet haben, machen die Irdischen den dort lebenden Wesen klar, daß sie wiederkommen werden, worauf sie den Planeten verlassen. Tief beeindruckt von dem Geschehen erheben jetzt die fremden Wesen unsere Weltraumfahrer zu »Göttern«. Im Laufe der Zeit entwickelt sich daraus eine Art Kult, eine neue Religion, die noch über Generationen hinweg erhalten bleibt, so wie Erich von Däniken es sich vorstellt.

Nun taucht erneut die Frage auf: Welchen Nutzen hätten diese fremden Wesen von ihrem Glauben an irdische Astronauten-Götter? Für sie stellten diese Götter eine

Art höhere Wesen dar, während sie in unseren Augen ganz normale Erdenbürger mit all ihren Schwächen und Fehlern wären.

Der Leser möge sich einmal vorstellen, er wäre bei dieser fiktiven Weltraumexpedition dabeigewesen und lebte nun in dem Bewußtsein auf der Erde weiter, daß fremde Wesen eines anderen Sternensystems ihn zum »Gott« befördert hätten. Würde er, durchschnittlich wie alle Mitmenschen, sich nicht die Frage stellen, was diese Wesen nun von ihm als »Gott« erwarteten? Käme er sich nicht ein wenig lächerlich vor bei dem Gedanken, nun plötzlich für andere ein höheres Wesen aus einer fremden Welt zu sein?

Die Wahrscheinlichkeit eines solch unbehaglichen Gefühls ist groß. Ebensowenig, wie die Wesen in dieser Fiktion einen Nutzen vom Glauben an unsere Astronauten von der Erde hätten, haben wir einen Nutzen vom Glauben an Untertassenpiloten und Dänikens »Götter«. Schließlich wären diese »Götter«, falls sie wirklich existieren, mit Sicherheit nicht viel höher einzustufen, als wir Menschen in bezug auf unsere zuvor erdachten Wesen. Sie hätten ebenso ihre Schwächen und Fehler wie wir; eine überlegene Technik würde dies keineswegs aufheben. Es gäbe also nichts, was uns bei genauerer Betrachtung dazu verleiten könnte, in ihnen höhere Wesen zu sehen, denn diese »Götter« wären ebenso wie wir aus dem Kosmos hervorgegangen, hätten eine ähnliche Entwicklung durchgemacht und würden sich wahrscheinlich mit ähnlichen Problemen herumschlagen wie wir Menschen. Wir könnten daher, falls sie existieren, nichts von ihnen erwarten, das es wert wäre, in ihrer bloßen Existenz eine Ersatzreligion zu suchen. Es ist sogar anzunehmen, daß sich solche Wesen gleichermaßen mit der Frage, ob es einen Schöpfer des Universums, eine alles umfassende Intelligenz gibt, beschäftigen. Woher sollten sie auch mehr darüber wissen, wo sie doch gleichermaßen wie wir Menschen ein Produkt des Universums wären.

Kann es daher sinnvoll sein, einen Gott, wie ihn uns unsere Religion verkündete, gegen irgendwelche Astronauten von fernen Welten einzutauschen?

Sicher enthält die Bibel viele Widersprüche, die es einem rational denkenden Menschen unmöglich machen, all ihre Aussagen wörtlich zu nehmen; doch wir dürfen nie vergessen, daß sie einem anderen Zweck dient, als der wissenschaftlich korrekten Aussage über die Entstehung der Welt.

Doch abgesehen von diesen Widersprüchen – ist es in der heutigen Zeit mit unseren wissenschaftlichen Erkenntnissen noch möglich, an einen Weltschöpfer zu glauben? Sprechen nicht alle Forschungsergebnisse dagegen? Sind wir nicht schon viel zu aufgeklärt, um überhaupt noch an derartige Dinge glauben zu können? Sind Wissenschaftler nicht durchweg Menschen ohne Glauben an eine transzendentale Wirklichkeit?

Die Wahrheit ist: Kein Wissenschaftler kann heute überzeugend gegen eine transzendentale Ursache unserer Welt argumentieren! Dies ist auch nicht die Absicht der Wissenschaft, nur wäre wissenschaftliche Arbeit unter der Annahme, alles werde durch einen weisen ›Allgeist‹ hervorgerufen und gelenkt, nicht mehr möglich. Wissenschaft bedeutet das Bemühen, die Natur ausschließlich mit Hilfe von meßbaren, objektivierbaren Vorgängen zu erklären. Das schließt aber nicht aus, daß sich hinter all den Vorgängen doch eine transzendentale Ursache verbergen könnte, ein Weltschöpfer, der alle in der Natur ablaufenden Vorgänge erst dadurch ermöglichte, daß er die Gesetze begründete, nach denen sie ablaufen. (11) Dies bestreiten auch die Wissenschaftler nicht, nur wehren sie sich gegen die Annahme, die gesamte Welt sei so unvollkommen, daß sie ständig des Eingreifens eines allmächtigen Schöpfers bedürfe.

Daran sollten auch die Vertreter der Kirchen denken, wenn sie manche heute vielleicht noch ungeklärten Naturvorgänge mit dem ständigen Eingreifen Gottes zu erklären versuchen, Dinge, die früher oder später von der Wissenschaft gelöst werden. Eine Welt, die der ständigen Beeinflussung und Mitwirkung ihres Schöpfers bedarf, damit sie funktionieren kann, wäre nicht nur unvollkommen, sondern auch mit der Allmacht eines solchen Schöpfers in keiner Weise vereinbar. Wenn man an einen Gott glauben will, so sollte man ihm immerhin zutrauen, das Universum so geschaffen zu haben, daß es allein, ohne seine direkte Mitwirkung, funktioniert.

Die Wissenschaft hat also im Grunde nichts gegen die Annahme einer alles schaffenden Intelligenz; vielmehr versucht sie den von ihr ›erdachten‹ Naturgesetzen, nach denen sich alle Vorgänge in der Natur abspielen, auf die Schliche zu kommen, und dies ohne die Voraussetzung, alles werde durch das unmittelbare Wirken des Schöpfers in Gang gehalten.

Diese Transzendenz gab lediglich den Anstoß zur Entstehung des Weltalls und, wer so glauben will, zur Entstehung des Lebens. Alles weitere geschah dann von selbst, lief in Bahnen ab, die durch die Naturgesetze vorgeprägt waren.

Doch was spricht letztendlich für einen Weltschöpfer? Diese Frage ist nicht mit wissenschaftlichen Argumenten zu beantworten, da sich die Wissenschaft nicht mit der Schöpfung selbst, sondern mit den Naturgesetzen und den daraus resultierenden Wirkungen beschäftigt.

Kurzum, sie fragt nach dem »Wie« und nicht nach dem »Warum« allen Seins. Deshalb können die nun folgenden Gedanken auch nur rein philosophisch-spekulativer Natur sein, was nicht ausschließt, daß wir nicht auch auf diese Weise zu einem brauchbaren Ergebnis kämen. Allerdings wird dieses Ergebnis nicht wissenschaftlich beweisbar sein; vielmehr soll es von dem Gedanken befreien, daß wissenschaftliche Forschungsergebnisse die Annahme eines Weltschöpfers jemals widerlegen könnten oder wollten.

Viele berühmte Wissenschaftler wie Wernher von Braun oder Max Planck waren tief religiös empfindende Menschen. Daran vermochten auch neue wissenschaftliche Erkenntnisse nichts zu ändern. Diese Männer wurden, im Gegenteil, durch diese Erkenntnisse weiterhin in ihrem Glauben bestärkt.

Deshalb soll hier für eine Transzendenz plädiert und deutlich gemacht werden, warum die Annahme einer solchen vernünftig erscheint. Dazu müssen wir uns zunächst weit in die Entstehungsgeschichte des Universums zurückversetzen, an den Zeitpunkt, mit dem alles begann.

Am Anfang existierte weder Zeit noch Raum. Nur ein undefinierbares Etwas war vorhanden, das »Es« heißen kann. »Es« begann nun zu schwingen, zu »vibrieren«. »Es« bewegte sich und erzeugte damit Energie. Die Energie wuchs stetig an, da »Es« sich immer schneller bewegte. Dadurch erzeugte »Es« in sich eine diskontinuierliche »körnige« Struktur, die Photonen. Bei einer Temperatur von sechs Milliarden Grad ($6 \times 10^9$ Grad) passierte dann etwas Merkwürdiges: Die Energie der Photonen war jetzt so groß, daß sie beim Zusammenprall Elektronen und Anti-Elektronen (Positronen) aus dem Nichts erzeugten (aus »Es«, dem Feld). Es bildete sich ein

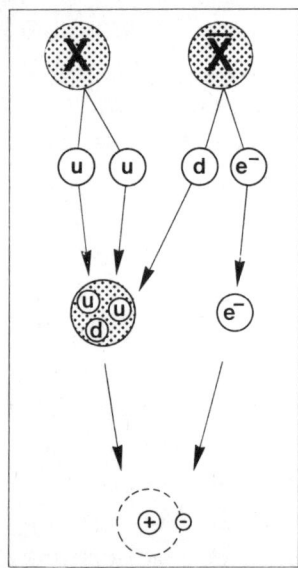

Ein X-Teilchen bildet zusammen mit seinem Antiteilchen (X̄) drei Quarks (uud) und ein Elektron (e⁻). Die drei Quarks bilden ein Proton. Proton und Elektron verbinden sich zu einem Wasserstoffatom.

Wasserstoffatom

Gleichgewicht von Elektronen, Positronen und Photonen, bei dem alle drei Teilchenarten den gleichen Raum einnahmen. Mit der Erzeugung dieser Teilchen schuf »Es« Raum und Zeit; es schuf seinen materiellen Aspekt in sich selbst. Ständig vernichteten sich Elektronen und Positronen zu Photonen, und ständig wurden durch Kollision von Photonen neue Teilchen-Antiteilchen-Paare gebildet. Die Elektron-Positron-Paare erzeugten bei ihrer Vernichtung aber nicht nur Photonen, sondern auch Neutrino-Antineutrino-Paare $(e^- + e^+ = v_e + v_e)$.

Alles wurde von »Es« zusammengehalten. Und wiederum stellte sich ein Gleichgewicht zwischen allen Teilchen ein. Ständig erhöhte »Es« seine Energie. Bei einer Temperatur von $10^{13}$ Grad wurden Proton-Anti-proton-Paare und Neutron-Antineutron-Paare erzeugt. Die Temperatur stieg weiter auf $10^{14}$ Grad, was zur Folge hatte, daß Protonen und Neutronen verschwanden; sie konnten bei einer derartigen Energie nicht mehr existieren. Statt dessen traten die Quarks und Gluonen auf den Plan. Nun geschah eine ganze Weile nichts, bis die Temperatur einen Wert von mehr als $10^{28}$ Grad erreichte und die X-Teilchen erzeugte, die bewirkten, daß alle Teilchen ihre Individualität verloren. Elektronen waren nun nicht mehr von Quarks zu unterscheiden. Sie bildeten eine Einheit und nur eine Kraft war wirksam zwischen ihnen.

Eine Temperatur von $10^{28}$ Grad entspricht einer Energiedichte von $10^{103}$ GeV pro Liter Rauminhalt. Um zu begreifen, wie unfaßbar groß diese Energie ist, stelle man sich vor, alle Teilchen des sichtbaren Universums ($10^{80}$ Teilchen) würden in einen Rauminhalt von einem Liter gepreßt, dann hätte man jedoch bei weitem noch nicht die Energie, die einer Temperatur von $10^{28}$ Grad entspricht. Man könnte daher sagen: Das ganze Universum entstand ursprünglich aus einem Rauminhalt von weniger als einem Liter, aus einem winzigen Punkt unvorstellbarer Energie.

»Es« brachte sich also auf eine Temperatur von $10^{28}$ Grad (Ab $10^{32}$ Grad hören Zeit und Raum erneut auf zu existieren, da es dann keine Teilchen mehr gibt, und alles ist verschmolzen in einem »Brei« von Energie.) Zu diesem Zeitpunkt schleuderte »Es« alle Teilchen auseinander oder ließ sie auseinanderstieben, in einer gewaltigen Explosion, dem Urknall. Das Volumen von »Es« wuchs nun mit Lichtgeschwindigkeit. Bei dieser explosionsartigen (18) Ausdehnung kam ein thermisches Ungleichgewicht zustande. »Es« kühlte sich nicht gleichmäßig ab, wodurch mehr Quarks als Anti-Quarks entstanden.

Diese überschüssigen Quarks bildeten dann unser Universum, die materielle Schöpfung, indem sie sich zu Protonen und Neutronen vereinigten, die sich später wiederum mit den Elektronen zu den ersten Wasserstoffatomen zusammenschlossen. Damit war die Urmaterie für das Universum, wie es sich uns heute bietet, geschaffen. Es existierten bereits alle bekannten Naturkräfte, die erst durch die rasche Abkühlung ihre Individualität erhalten hatten, ohne die die materielle Schöpfung nicht möglich gewesen wäre. Dieser Individualität der Naturkräfte haben wir es zu verdanken, daß sich das Leben, wie wir es heute kennen, entwickeln konnte; eine Abweichung in den Naturkonstanten hätte jegliches Leben verhindert. Wir Menschen existieren nur, weil die heute bekannten Naturkräfte, wie Gravitation, elektrische Kraft und die chromodynamische Wechselwirkung eine ganz bestimmte Stärke besitzen. Auch das Fehlen einer dieser Kräfte war bei der kosmischen Evolution undenkbar.

Nehmen wir nur einmal an, die Gravitation wäre nicht vorhanden gewesen. Niemals hätten sich die riesigen Wasserstoffwolken zu Sternen zusammenballen können, den leuchtenden Sonnen der ersten Generation, in deren Zentrum die ersten schweren Elemente durch atomare Fusionsprozesse der leichteren Atomkerne zusammengebacken wurden. Diese Fusionsprozesse hätten auch nicht stattfinden können, wenn die Gravitation erheblich schwächer gewesen wäre. Bei geringeren Schwerkräften würden die Sterne kleiner ausfallen; der Schwerkraftdruck im Inneren wäre zu gering, um die nötigen Temperaturen zu erzeugen.

Eine zu starke Gravitation hingegen würde die Sterne überhitzen und sie schließlich zu einem Schwarzen Loch kollabieren lassen. Zuvor aber würden sie sehr schnell ›brennen‹ und dabei mehr Energie abstrahlen, als für die Entstehung des Lebens auf den umliegenden Planeten günstig wäre. Nur dem Umstand, daß die Fusionsprozesse in unserer Sonne, bedingt durch ein stabiles Zusammenwirken der Fundamentalkräfte, langsam ablaufen, verdanken wir unsere Existenz. Ein Gleichgewicht zwischen Kernreaktionen und Strahlung läßt die Energie langsam fließen, läßt unsere Sonne träge und gleichmäßig ›glühen‹ und damit ihre Strahlen zu unserem Lebensspender werden. Daher hätte es verheerende Folgen, wenn sich auch nur eine der Naturkräfte in ihrer Stärke ändern würde.

Unsere Sonne ist ein Stern der zweiten Generation; sie wird uns noch für Jahrmillionen mit Energie versorgen. Die Sterne der ersten Generation hingegen waren nicht so stabil. Sie vergingen in gewaltigen Explosionen, wobei sie die schweren Elemente als Staub in die Weiten des Kosmos schleuderten. Aus jenem Sternenstaub und den restlichen Gasen bildete sich dann Milliarden Jahre später unsere Sonne mit ihren Planeten, darunter auch unsere Erde, die nun als glutrote Kugel im Schwerefeld ihres Sterns schwebte. Als sich die Erde mehr und mehr abzukühlen begann und bereits eine feste Kruste gebildet hatte, waren alle gasförmigen Bestandteile in den Weltraum entwichen, sowie alle leichteren Elemente, die nicht in der Erdkruste gebunden waren. Die immer noch heiße Oberfläche war nackt und felsig, bis sich die ersten ›feuerspeienden Berge‹, gebildet durch kochende Lava, aus der brodelnden Tiefe emporstreckten und in gewaltigen Eruptionen Unmengen an Wasserdampf, Kohlendioxid, Wasserstoff, Stickstoff, Methan und Ammoniak an die Oberfläche schleuderten. Auch die bis dahin in der Kruste festgehaltenen, für die Entstehung des Lebens so wichtigen leichteren Elemente, gelangten so nach oben. Auf diese Weise war die Uratmosphäre entstanden, eine lebensfeindliche, kochende Gasmasse, die von gewaltigen Stürmen um einen Planeten gepeitscht wurde, der einem tobenden Inferno glich. Schließlich, nach langen Zeiträumen der Abkühlung, kondensierte der Wassergehalt der Uratmosphäre aus, und der große Regen begann. Wahre Fluten stürzten vom Himmel, wurden auf der immer noch heißen Oberfläche zum Kochen gebracht und stoben als dampfende Gasmassen augenblicklich wieder in die Höhe. Es war finster, nur Blitze, hervorgerufen durch pausenlos tobende Gewitter, durchzuckten mit grellem Schein die Dunkelheit.

Der kontinuierliche Jahrtausende anhaltende Prozeß der Konvektion in der Atmosphäre bewirkte eine noch raschere Abführung der auf der Erdkruste vorhandenen Wärme in den Weltraum, bis endlich die Oberfläche so weit abgekühlt war, daß sich erste Seen in den Bodensenken bildeten, die dann mehr und mehr zur Größe von Ozeanen wuchsen.

Die Atmosphäre war jetzt klar, und Wolken zogen um die Erde. Unter der Wirkung der starken UV-Strahlung und der Blitze wurden die chemischen Verbindungen der Ur-Atmosphäre, die auch im Wasser der Ozeane verteilt waren, zu ersten organischen Makromolekülen zusammengeschweißt, den Biopolymeren (Aminosäuren, Polypeptide, Nukleinsäuren, Porphyrine), die als Bausteine für ein Leben, wie wir es kennen, unerläßlich waren.

Die Entstehung des Lebens konnte also beginnen. Aber wie? Alles was in der Ur-Suppe herumschwamm, war doch ›tote‹, ›dumme‹, nichtdenkende Materie. Das einzig Vorhandene waren die Bausteine für das Leben, jene komplizierten Biopolymere und die Bedingungen, um diese Bausteine zu erhalten. Doch für sich genommen hatten diese Moleküle, so kompliziert sie auch sein mögen, noch nicht das geringste mit Leben zu tun. – Es war eben tote Materie, die überall im Wasser herumschwamm. Genauso hätte es für alle Zeiten bleiben können. Kein Mensch war da, den dieser Zustand gestört hätte oder der in der Lage gewesen wäre, etwas daran zu ändern. Wie sollten sich die ›dummen‹, leblosen Moleküle auch weiterentwickeln? Es bestand nicht die geringste Notwendigkeit. Materie ist ja nicht intelligent; deshalb ›mochte‹ sie für alle Zeiten dort verharren, ohne daß sich etwas ergeben hätte, auf einer völlig sterilen Erde, in einem vollkommen sterilen Universum.

Doch es war nicht so. Diese ersten organischen Makromoleküle blieben nicht untätig. In einem Jahrmillionen fortschreitenden Entwicklungsprozeß schlossen sie sich zu den ersten primitiven Zellstrukturen zusammen, welche sich durch Mutation und Selektion den jeweiligen Umweltbedingungen anpaßten. Sie begannen sich zu teilen, immer kompliziertere Strukturen aufzubauen, bis schließlich in einem ungeheuer langen Zeitraum unsere Flora, Fauna und nicht zuletzt wir Menschen entstanden waren. Dieser Ablauf war indessen nur möglich durch die ›Erfindung‹ des genetischen Codes, mit dem es den ersten, primitiven Lebensformen gelang, sich zu reproduzieren und damit die bis dahin gemachten Erfahrungen an ihre Nachkommen weiterzugeben.

Durch die umweltbedingte Auslese (Selektion) überlebten nur diejenigen Lebensformen, die zum Überleben geeignet waren. Diese erzeugten wiederum identische Nachkommen, denen alle bis dahin gemachten Fortschritte innewohnten. Außerdem schufen sie auch solche, die geringfügig von ersteren abwichen. (Mutation). Waren diese neuen, etwas andersartigen Formen nun zufällig geeigneter, auf bestimmte Umweltbedingungen zu reagieren, mit ihnen fertig zu werden, so besaßen sie gegenüber den alten einen Vorteil, der letztlich zu ihrer zahlenmäßigen Dominanz führte. Doch ebenso, wie es vorteilhafte Mutationen gab, entstanden auch solche, die der Umwelt schlechter angepaßt waren und somit nicht überleben konnten. Nur die besser angepaßten Formen waren am Ende fähig, ihre ›Erfahrungen‹ weiterzuvererben, wodurch der Fortschritt in der Entwicklung erst realisierbar wurde. Es standen also, bedingt durch die Mutation, stets genügend Varianten zur Verfügung, von denen nur die geeigneten überlebten.

Schon allein die ›Erfindung‹ des genetischen Codes muß uns dadurch, daß sie die Evolution erst ermöglichte, als eine alles überbietende Leistung der Materie erscheinen, die durch den darauffolgenden, relativ einfach zu erklärenden Entwicklungsprozeß mittels Mutation und Selektion keineswegs geschmälert wird.

Doch warum das alles? Warum entstand aus ›lebloser‹ Materie die erste lebende Zelle und warum entwickelte sich diese weiter? Was war der ›Antrieb‹, der die ›dumme‹ und ›tote‹ Materie veranlaßte, sich zu organisieren, sich zu immer komplizierteren Strukturen zu entwickeln? Materie kann nicht denken, kein bestimmtes Ziel verfolgen, auch wenn es nur das des Fortbestehens wäre; fortbestanden hätte sie auch, ohne sich zu organisieren.

Sie verblieb hingegen nicht in ihrem ursprünglichen Zustand, sondern nahm das ›Risiko‹ auf sich, lebendige Formen anzunehmen, Formen, die stets ums Überleben kämpfen, sich der harten Umwelt anpassen mußten. Es war ein erbitterter Kampf ums Überleben, ein Kampf, der Jahrmillionen andauerte und bis heute nicht zu Ende ist.

Wie könnte man der ›leblosen‹ Materie oder dem Zufall eine derartige Leistung zutrauen? Für die Materie bestand einfach keine Notwendigkeit, Leben hervorzubringen, eben weil sie ›leblos‹ ist.

Vor einigen Jahren (25) versuchte eine amerikanische Forschergruppe mit Hilfe eines leistungsfähigen Computers die Wahrscheinlichkeit zur Bildung biochemischer Verbindungen aus allen Elementen des periodischen Systems exakt zu ermitteln. Dabei wurden die thermochemischen Daten von 25 Ausgangselementen sowie 500 daraus möglichen Verbindungen nebst zugehörigen Reaktionsenthalpien und genügend Varianten aller thermodynamischen Zustandsbedingungen, wie Druck und Temperatur, eingespeichert. Bei diesem Rechenvorgang erhielten alle denkbaren Atomkombinationen und Molekülstrukturen gleiche Möglichkeiten. Das Resultat dieser Berechnungen war insofern erstaunlich, als es für die Bildung der präbiotischen Verbindungen derart geringe Wahrscheinlichkeiten verhieß, da sich das Leben innerhalb der verfügbaren Zeiten niemals hätte entwickeln können. Selbst wenn man statistische Gewichte in die Wahrscheinlichkeitsrechnung einführt, bleibt das eigentliche Problem ungeklärt. Solche statistischen Gewichte oder Präferenzen sind in der Physik und der Chemie bekannt. Beispielsweise in einem Gasgemisch führen sie zu ganz bestimmten Partnerkombinationen bei den zufälligen Zusammenstößen von Molekülen aller vorhandenen Arten. Aus dieser Sicht könnte man auch die Bevorzugung bestimmter chemischer Elemente beim Aufbau biologischer Stoffe verstehen. Aber warum das so ist, weiß niemand. Niemand kann sagen, warum die Atome unterschiedliche Strukturen und chemische Valenzen besitzen, oder alle chemischen Reaktionen mit unterschiedlichen Aktivierungsenergien ablaufen. Vielleicht ist die Ursache in der Wahrscheinlichkeitsstruktur quantenmechanischer Prozesse zu suchen. Aber selbst, wenn dem so wäre, bliebe immer noch die Frage nach dem ›Warum‹ der Wahrscheinlichkeitsstruktur.

Ein weiteres Rätsel ergibt sich daraus, daß Leben einen

Prozeß darstellt, bei dem innerhalb eines räumlich und zeitlich begrenzten Systems durch fortwährende Aufnahme von Energie aus der Umgebung ein Zustand erhöhter Ordnung aufrechterhalten wird. Diese erhöhte Ordnung, oder verminderte Entropie, wird gegenüber dem unbelebten Ausgangszustand der chemischen Elemente künstlich hergestellt und in einem gleichmäßigen Austausch mit der Umwelt bewahrt. Dies aber entspricht nicht dem Entropie-Gesetz, nach dem die Entropie im gesamten Kosmos stets zunimmt. Das heißt: Von einem Ort erhöhter Energie, beispielsweise von einem Kessel mit heißem Wasser, fließt die Energie immer zu einem Ort mit niederer Energie, zum Beispiel der kalten Umgebungsluft. Und je größer das Energiegefälle bzw. die Temperaturdifferenz, desto schneller fließt die Energie bzw. die Wärme. Wenn man diesen Vorgang umkehren könnte, wäre die Welt von allen Energieproblemen erlöst.

Aus all diesen Gedanken ergibt sich quasi die Unmöglichkeit der Entstehung von Leben bzw. der Organisation der ›leblosen‹ Materie zu lebendigen Formen auf der Basis des Zufalls. Daß die Materie dieses ›Kunststück‹ dennoch fertigbrachte, dafür sind wir heute der ›Lebende Beweis‹. Daraus müssen wir schließen, daß Materie doch nicht so leblos, so ›dumm‹ ist, wie wir meinen. Sie besitzt scheinbar eine ihr ureigene Tendenz, sich zu organisieren, Leben hervorzubringen, intelligentes Leben. Erst wer weiß, wie enorm kompliziert allein eine einzige menschliche oder tierische Zelle aufgebaut ist, kann ermessen, welche Leistung die Materie direkt oder indirekt vollbrachte, von unserem menschlichen Organismus ganz zu schweigen.

Man könnte somit sagen, daß Materie einen gewissen ›Trieb‹ besitzt, oder aber ›angetrieben‹ wird, um mehr

256

oder weniger intelligentes Leben zu ›schaffen‹. Ob dieser ›Trieb‹ nun eine Folge des Zusammenspiels der Naturkräfte und der Naturgesetze, oder letztlich auf ein ordnendes, kreatives Prinzip zurückzuführen ist, bleibt vorerst unerheblich. Fest steht jedoch, daß die Materie, ob unmittelbar, intelligentes Leben hervorbrachte. Deshalb wollen wir im folgenden zunächst annehmen, daß Materie ebenfalls ›Intelligenz‹ besitzt, Spuren von Intelligenz, die in ihrer Gesamtheit unsere heutige Intelligenz ausmachen, ebenso wie menschliche Zellen ›intelligent‹ sind, die sich zum menschlichen Körper organisieren, oder ein Mensch intelligent ist, der eine komplizierte Maschine konstruiert und baut.

Allerdings ist keine Maschine so kompliziert wie der menschliche Organismus, wiewohl zugegeben werden muß, daß keine technische Maschine eine derartige lange, sich über Jahrmilliarden erstreckende Versuchs- und Bauzeit hinter sich hat wie der Mensch. Denn der Mensch entwickelte sich nicht dadurch, daß sein Organismus, wie bei einer Maschine, intelligent vorausgeplant wurde, sondern er ist in einer unendlich lang erscheinenden ›Versuchsreihe‹, bedingt durch die Umwelteinflüsse, entstanden.

Das bedeutet nicht, daß es nicht eine alles umfassende Intelligenz geben könnte, die diese Entwicklung nicht vorausgesehen haben könnte, indem sie Naturgesetze und Kräfte, oder ein mit diesen verbundenes Prinzip schuf, nach dem es einfach zu dieser ›Versuchsreihe‹ kommen mußte. Alle lebenden Geschöpfe befanden und befinden sich damit in einem ewigen Experimentierstadium, bewirkt durch die Umwelt und damit der Materie. Die Natur bastelte mit Hilfe der Mutation und Selektion so lange an ihnen herum, bis sie das waren, was sie heute sind. Und die Entwicklung dauert an; es ist kein

Ende abzusehen. Die Evolution war ein Kampf der Materie gegen sich selbst. Sie schuf sich selbst die Widerstände, gegen die sie anzukämpfen hatte und ohne die keine Entwicklung möglich gewesen wäre.

Materie besitzt daher eine Tendenz, intelligentes Leben hervorzubringen, ohne selbst im kleinsten Teil, in atomarer Form Intelligenz zu besitzen, wie sie uns Menschen heute zu eigen ist. ›Intelligenz‹ kann also nur in rudimentärer Form vorliegen, die erst Bewußtsein und Intelligenz, wie wir sie verstehen, hervorbringt, wenn Materie sich organisiert. Vielleicht ist es ähnlich wie bei einem Ameisenstaat oder bei den Termiten. Jede Ameise für sich besitzt noch keine Intelligenz; erst wenn man den gesamten Staat als eine Art Überorganismus betrachtet. Ebenso wie unser Körper ein Überorganismus der einzelnen Zellen ist, beginnen ›intelligente Eigenschaften‹ sichtbar zu werden. Man führe sich die Bauten vor Augen, die diese kleinen Wesen zu schaffen imstande sind, mit ihren perfekt ausgeklügelten Klimaeinrichtungen. Wenn es nun gelänge, das gesamte Wissen dieses Ameisenstaates auf eine einzelne Ameise zu übertragen, wäre dann diese Ameise nicht in gewisser Weise ›intelligent‹, einmal abgesehen von der physiologischen Unmöglichkeit dieses Gedanken. Ist unser Gehirn nicht etwas Ähnliches, ein Organ, in dem die Erfahrungen vieler Generationen, vor allem aber unsere eigenen Erfahrungen stecken? Und ist diese gesammelte Erfahrung nicht letztlich die Erfahrung der Materie?

Ist dann die Intelligenz nicht in gewisser Weise eine Konditionierung der Wirkung der Naturgesetze und der Naturkräfte durch Ansammlung von Informationen durch die Materie?

Wenn wir sagen, Materie ist in Wirklichkeit nicht tot, sondern zu ungeahnten Leistungen fähig, müssen wir als nächstes zu klären versuchen, was Materie überhaupt ist und woher sie kommt.

Ein Atom besteht aus dem Kern und seiner Schale. Im Kern befinden sich Protonen und Neutronen, während auf der Schale die Elektronen kreisen. Ohne näher auf den genauen Aufbau eingehen zu wollen, sollten wir uns fragen, woraus diese Teilchen denn letztendlich bestehen. Sie bestehen aus den sogenannten Quarks, Aufwärts- und Abwärtsquarks mit und ohne Charme, werden darauf manche antworten. Doch aus welchem Stoff bestehen nun wieder die Quarks; kann man sie überhaupt noch als materiell ansehen?

In einem vorhergehenden Kapitel sprachen wir vom Begriff des Quantenfeldes, des alles erschaffenden Feldes, der großen ›Leere‹, in der die einzelnen Materieteilchen quasi nur Verdichtungen, Energiekonzentrationen darstellen, eine Störung des vollkommenen Zustands dieses Feldes. Also sind Materieteilchen, wie Elektronen, Protonen sowie alle übrigen Teilchen, nicht mehr in direkter Weise als materiell zu bezeichnen, da sie durch eine Konditionierung des alles durchdringenden Feldes hervorgerufen werden, ähnlich wie Wirbel in einem Wasserbecken. Diese Teilchen sind zwar träge und besitzen außer einer Form noch bestimmte andere physikalische Eigenschaften, doch stellen diese Eigenschaften lediglich spezifische Erscheinungsformen des Feldes dar. Und dadurch, daß diese Erscheinungsformen fähig sind, miteinander in Wechselwirkung zu treten, ist es möglich, daß Materie, wie wir sie kennen, überhaupt existiert.

Materie kann daher als das Resultat eines phantastischen Zusammenspiels der einzelnen Manifestationen des Feldes definiert werden, die uns den Eindruck einer gewissen Kompaktheit oder Festigkeit vermittelt, da wir selbst ein Produkt dieser Manifestationen sind. Ein Ziegelstein beispielsweise erscheint uns nur deshalb als hart und gegenständlich, weil unser Körper sowie alle Dinge auf unserer Erde aus denselben organisierten Erscheinungsformen des Feldes bestehen, aus Elektronen, Protonen und Neutronen. In Wahrheit aber sind wir gar nicht so kompakt wie man glauben mag, sondern wir Menschen und auch alle übrigen materiellen Erscheinungen bestehen größtenteils aus leerem Raum.

Um dies zu verdeutlichen, stellen wir uns einen Eisenstab vor, der vor unseren Augen größer würde, einschließlich der Atome, aus denen er besteht. Bald wäre der Stab so weit gewachsen, daß wir nur noch eine riesige, sich scheinbar ins Unendliche erstreckende Wand vor uns sähen. Als nächstes würde diese Wand beginnen diffus zu schimmern, bis sie schließlich vor unseren Augen verschwinden würde. Wir blickten nunmehr durch die riesigen Hohlräume, die zwischen Atomkern und Elektronen existieren. Nach einer weiteren Zeit könnten wir, mit etwas Glück, einen Atomkern von der Größe einer Brombeere entdecken, der von stecknadelkopfgroßen Elektronen in einigen Kilometern Entfernung umkreist würde. Der Abstand zwischen den Atomkernen wäre so groß, daß ein Mensch nur mit Hilfe seiner Sinne kaum in der Lage wäre, von einem Kern aus die anderen zu finden, es sei denn, er stieße durch Zufall mit der Nase darauf.

Wir sehen, die Materie ist gar nicht so kompakt wie sie uns scheint; sie ist zwar real vorhanden, doch auch in gewisser Weise eine Illusion, geschaffen durch ein Zusammenwirken der spezifischen Manifestationen des Feldes. Dieses Feld verstand es aber ebensogut, sich zu Materie zu organisieren, wie es die Materie später verstand, ›materielles Leben‹ hervorzubringen.

Damit wäre der Ursprung allen Seins in jenem Feld zu suchen, in ›Es‹, das alles durchdringt und den ›Geist‹ der Materie darstellt. Da dieses Feld in seiner ursprünglichen Form nicht aus einzelnen Einheiten, wie Atomen, besteht, sondern aus einem Ganzen und wenn Atome eine Minimalform von ›Intelligenz‹ besitzen, so müßte das Feld über das gesamte Potential an Intelligenz verfügen, ebenso wie unsere Gehirnzellen in ihrer Gesamtheit die menschliche Intelligenz bewirken, oder alle Ameisen eines Staates einen ›Überorganismus‹ bilden. Das Feld formt also die Materie, es übt einen Einfluß auf sie aus.

Andersherum hat aber auch die Materie einen Einfluß auf das Feld und zwar in der Weise, als sie im Feld eine Art geordnetes Muster hinterläßt, das der englische Biologe Rupert Sheldrake (29) als morphogenetisches Feld bezeichnet.

Auf die Existenz solcher formgebenden Felder schließt man aufgrund verschiedener Phänomene in der Natur, unter anderem aus der Tatsache, daß nach der Extirpation der Augenlinse eines Wassermolchs dieser eine neue Linse aus dem Irisrand regeneriert, obwohl die Linse bei normaler embryonaler Entwicklung auf völlig andere Weise, nämlich von der Haut gebildet wird. (29) Woher haben die Zellen der Iris das ›Wissen‹ um Form und Beschaffenheit einer Augenlinse?

Dieser Gedanke setzt voraus, daß vor der Entstehung des formgebenden Feldes die Materie in ihrer Form (Molekülstrukturen) bereits bestand. Eine andere, weitaus wahrscheinlichere Möglichkeit besteht darin, daß Materie zwar bestimmten Naturgesetzen gehorcht, wodurch die Sonnen und Planeten im Weltall entstanden, sie selbst aber keinerlei Intelligenz besitzt oder keinen ›Trieb‹ sich zu lebenden Organismen zu organisieren. Dies geschah dann durch präexistente formgebende Fel-

261

der in embryonaler Form, die aber wiederum als Manife-
tationen des alles schaffenden Feldes zu verstehen sind.
Diese formgebenden Felder stellen eine Art Schablone
dar, nach der sich die Materie organisiert und die der Materie stets einen Schritt voraus ist. Danach wären die Mutationen in der Evolution auf Veränderungen dieser Felder zurückzuführen. Durch jene Veränderungen ›expe-
rimentierte‹ das einheitliche Feld während der Evolution
und schuf so in einer langwährenden Versuchsreihe die
verschiedenen Lebensformen, die auf diese Weise den
jeweiligen Umweltbedingungen optimal angepaßt wurden.

Es ist außerdem anzunehmen, daß die gesamten Kör-
perfunktionen, im besonderen bei höherentwickelten
Lebewesen, von einem graduellen und komplizierten
Verbund organisierender und steuernder Felder bewirkt
werden. Das bewußte Selbst bedient sich nach Sheldrake
sogenannter motorischer Felder, die, verbunden mit dem
materiellen Körper und abhängig von seinen physiko-
chemischen Zuständen, mit ihm interagieren. Das bewußte Selbst ist jedoch nicht identisch mit den motorischen Feldern, auch besteht seine Erfahrung nicht in den
Veränderungen, die im Zentralnervensystem durch
energetische und formbildende Ursachen ablaufen. Es
beeinflußt die motorischen Felder, bleibt ihnen aber
übergeordnet.

Dies berechtigt zu der Annahme, daß im Kosmos eine
Hierarchie kreativer Instanzen existiert, die neue formgebende und motorische Felder erzeugen können. Diese
kreativen Instanzen könnten selbst bewußte Seinsformen darstellen, die imstande sind, ihre Kreativität
durch untergeordnete Seinsformen auszudrücken.
Dabei sind alle Seinsformen wiederum als Manifestationen des alles schaffenden Feldes zu verstehen.

Ganz gleich, welche Möglichkeit man nun in Betracht zieht: z.B. diejenige bei der die Materie Intelligenz in rudimentärer Form besitzt und sich dadurch organisierte oder ob man die Existenz formgebender Felder, ein ordnendes Prinzip, voraussetzt – es steht jedenfalls fest, daß die gesamte Schöpfung das Werk des einheitlichen Feldes ist, auf welche Weise auch immer. Auch dürfte sicher sein, daß dieses Feld seine ›Erfahrungen‹ erst durch die materielle Schöpfung machen konnte, vorher kein absolutes Wissen besaß, sondern dieses erst durch ›Hinzulernen‹ erlangte, was jedoch für seine Intelligenz unmaßgeblich bleibt. Man kann es daher als reinste Form der Intelligenz betrachten, die das gesamte Universum in sich und aus sich heraus schuf, indem es ›beschloß‹, ein ordnendes Prinzip für die Entstehung des Lebens, die Materie und die mit ihr verbundenen Naturkräfte, wie die Gravitation, die elektrische Kraft, die starke und die schwache Kernkraft, sowie die daraus resultierenden Naturgesetze hervorzubringen.

Damit schuf es eine Welt in Raum und Zeit, eine Welt, die wir als selbstverständlich hinnehmen, die wir uns aber anders nicht vorstellen können. Es brachte einen Kosmos hervor, der programmiert ist, Leben hervorzubringen. Ob dieses Feld nun die Macht hat, mit einem Schlag die gesamte Materie wieder aufzulösen, in sich aufzunehmen oder ob es die Macht hat, in den Ablauf der von ihm geschaffenen Naturgesetze einzugreifen, bleibt ebenfalls ohne Belang. Dieses alles schaffende Feld ist es jedenfalls, das wir mit Welt-Schöpfer meinen. In diesem Welt-Schöpfer ist das gesamte Universum vorhanden. Er ist das Universum und wir sind nur kleine Spuren von Bewußtsein und Intelligenz in ihm. Er ist das Sein an sich, das große kosmische Bewußtsein, das ist und sein wird. Dieses Bewußtsein besitzt, wenn es unser menschliches Bewußtsein in sich zu schaffen in der Lage war, zweifelsohne selbst eine Art personalen Charakter, der unsere menschlichen Vorstellungen jedoch bei weitem übersteigen dürfte. Und wir Menschen haben Teil an diesem Bewußtsein, sind wir doch letztlich ein winziger Bruchteil von ihm selbst.

Demnach wäre die gesamte materielle Welt nur eine Illusion, eine Fiktion, hervorgerufen durch dieses Bewußtsein, in das wir nach unserem körperlichen Absterben wieder zurückkehren werden, als eigenständige Bewußtseinseinheiten, in eine andere Wirklichkeit, frei von Raum und Zeit.

Und vielleicht werden wir dort eine noch schönere vielseitigere Welt vorfinden, geschaffen durch das unendliche Sein, dessen Sinn in ihm selbst begründet ist, ebenso wie der Sinn des Lebens im Leben selbst liegt.

Diese These möchte ich gegen den hauptsächlich von Däniken verbreiteten »Götter-Astronauten-Glauben« setzen, eine These, die mehr verspricht, als Dänikens »Götter« zu halten in der Lage wären. Denn als Däniken behauptete, der Schöpfer, von dem die Bibel spricht, sei nichts weiter als ein außerirdischer Raumfahrer oder eine Gruppe davon gewesen, degradierte er ›Ihn‹ zu einem Wesen, das in keiner Weise bewundernswerter wäre, als wir Menschen der Erde.

Sicher enthält die Bibel unzählige Widersprüche, die ihren ›wahren Kern‹ verbergen, doch das liegt daran, daß sie von Menschen verfaßt wurde, von Menschen mit all ihren Fehlern, welche die ›Inspiration‹ mit eigenen Gedanken vermengten. Wenn jemand also ein ganz natürliches Bedürfnis nach Religion verspürt, so sollte er es im Glauben an diesen Weltschöpfer zu befriedigen versuchen und sich nicht an irgendwelche außerirdischen »Götter« klammern.

# Anhang

## Danksagungen

Hiermit möchte ich allen danken, die mir bei meiner Expedition behilflich waren und dazu beitrugen, dieses Buch zu schreiben. Dieser Dank gilt besonders auch den vielen Indios, die uns weiterhalfen.

Luis Vargas, Gouverneur
Prof. Gonzales, Gouverneur
Nelson Ruis, Sekretär von Herrn Vargas
Juan Carillo Rios, Pilot
Segundo Zamora, Bergführer
Marcello Valencia, Lehrer
Padre Pino, Leiter der Mission in Macas
Prof. Padre Porras, Leiter des archäologisches Instituts der Universität Catholica in Quito
Padre Flores, Schuldirektor
Prof. Dr. rer. nat. Wolfram Peperle (FH), Dortmund
Prof. Dr. A. Gerstenhauer, Universität Düsseldorf
Prof. Dr. E. Althaus, Universität Karlsruhe
Prof. Dr. Mayer-Opificius, Universität Münster
Prof. Dr. F.K. Dörner, Universität Münster
Dr. H.J. Günther, Universität Dortmund
Dipl. Physiker Rolf Fuhrich
Frau Dr. Annette Manger-Scheller
Agfa Gevaert AG
E. Merck AG
B. Kreimeier
Walter Hain
Dipl. Physiker Burkhard Heim

# Quellenangaben

1. Baumann, Peter/Kirchner, Gottfried, *Terra X. Rätsel alter Weltkulturen*, Frankfurt 1983
2. Berlitz, Charles/Moore, William L., *Der Roswell-Zwischenfall. Die UFOs und die CIA*, Hamburg; Wien 1981
3. Calder, Nigel, *Einsteins Universum*, Frankfurt 1980
3a. Capra, Fritjof, *Der kosmische Reigen. Physik und östliche Mystik – ein zeitgemäßes Weltbild*, Bern 1977
4. Däniken, Erich von, *Aussaat und Kosmos. Spuren und Pläne außerirdischer Intelligenzen*, Düsseldorf
5. Däniken, Erich von, *Beweise. Lokaltermin in fünf Kontinenten*, Düsseldorf 1974
6. Däniken, Erich von, *Erinnerungen an die Zukunft. Ungelöste Rätsel der Vergangenheit*, Düsseldorf 1968
7. Däniken, Erich von, *Prophet der Vergangenheit. Riskante Gedanken um die Allgegenwart der Außerirdischen*, Wien 1979
8. Däniken, Erich von, *Strategie der Götter. Das achte Weltwunder*, Düsseldorf 1982
9. Däniken, Erich von, *Der Tag an dem die Götter kamen. Der 11. August 3114 v. Chr.*, München 1984
10. Däniken, Erich von, *Zurück zu den Sternen. Argumente für das Unmögliche*, Düsseldorf 1969
11. Ditfurth, Hoimar v., *Am Anfang war der Wasserstoff*, Hamburg 1972
12. Dörner, Friedrich-Karl, *Kommagene. Götterthrone und Königsgräber am Euphrat*, Bergisch Gladbach 1981
13. Fritzsch, Harald, *Vom Urknall zum Zerfall. Die Welt zwischen Anfang und Ende*, München 1983
14. Gadow, Gerhard, *Erinnerungen an die Wirklichkeit. Erich von Däniken und seine Quellen*, Frankfurt 1971
15. Hain, Walter, *Irrwege der Geschichte. Revision der Götterastronauten und Atlantis*, Wien 1981
16. Heim, Burkhard, *Der kosmische Erlebnisraum des Menschen*, Innsbruck 1982
17. Ivanoff, Pierre, *Maya* (Monumente großer Kulturen), Wiesbaden 1974
18. Katz, Friedrich, *Vorkolumbische Kulturen*, München 1969
19. Kaufhold, Peter, *Auf den Spuren des Erich von Dänikens*, Düsseldorf 1982
20. Keller, Werner, *Und die Bibel hat doch recht*, Düsseldorf 1955
21. Mächtle, Walter, *Physik, die uns angeht*, Gütersloh
22. Mason, J. Alden, *Das alte Peru*, Zürich 1965

23. Reiche, Maria, *Geheimnis der Wüste*, Stuttgart 1976
24. Sänger, Eugen, *Raumfahrt. Heute-morgen-übermorgen*, Düsseldorf 1963
25. Sänger-Bredt, Irene, »Extraterrestrisches Leben im Spiegel der Statistik«. Aus *Neue Beweise der Prä-Astronautik*, Rastatt 1979
26. Sagan, Carl, *Aufbruch in den Kosmos*, München 1982
27. Sagan, Carl, *. . . und werdet sein wie die Götter. Das Wunder der menschlichen Intelligenz*, München · Zürich 1978
28. Schneider, Adolf, *Besucher aus dem All*, Freiburg 1973
29. Sheldrake, Rupert, *Das schöpferische Universum. Die Theorie des morphogenetischen Feldes*, München 1983
30. Sigma, Rho, *Forschung in Fesseln*, Wiesbaden 1972
31. Stingl, Miloslav, *Die Inkas. Ahnen der Sonnensöhne*, Düsseldorf · Wien 1978
32. Thompson, J. Eric S., *Die Maya. Aufstieg und Niedergang einer Indianerkultur*, München 1968
33. Veit, K./Leona, A., *Evakuierung in den Weltraum*, Wiesbaden 1982
34. White, Steward E., *Das uneingeschränkte Weltall*, Zürich 1983

*Zeitschriften*

35. John Frankland, »The los Tayos Expedition«, *Caving International Magazine*, Nr. 1/1978, Oktober
36. *Contra. Zeitschrift gegen Aberglauben und Pseudowissenschaft*, Nr. 1, Wien 1982
37. *ibid*, Nr. 2, Wien 1983
38. »Botschaft vom Unbekannten«, Interview mit Juan Moricz, *Der Spiegel*, Nr. 12/1973
39. »Fliegende Untertassen über Wiesbaden«, *Wiesbadener Tagblatt* vom 1. April 1950


*Weitere Literatur*

Berry, Adrian, *Die große Vision*, Düsseldorf · Wien 1978
Breuer, Reinhard, *Das anthropische Prinzip. Der Mensch im Fadenkreuz der Naturgesetze*, München 1983
Calder, Nigel, *Der Schlüssel zum Universum. Das Weltbild der modernen Physik*, Hamburg 1981
Disselhoff, Hans-Dietrich/Linné, Sigvald, *Altamerika*, Baden-Baden 1964
Ditfurth, Hoimar v., *Kinder des Weltalls*, Hamburg 1970
Ditfurth, Hoimar v., *Wir sind nicht von dieser Welt. Naturwissenschaft, Religion und die Zukunft des Menschen*, Hamburg 1981

Eccles, John C./Popper, Karl R., *Das ich und sein Gehirn*, München 1982

Fuchs, Walter, *Leben unter fernen Sonnen. Wissenschaft und Spekulation*, München · Zürich 1983

Heim, Burkhard, *Der Elementarprozeß des Lebens*, Innsbruck 1982

Lissner, Ivar/Rauchwetter, Gerhard, *Der Mensch und seine Gottesbilder*, Olten 1982

Oberth, Hermann, *Katechismus der Uraniden*, Wiesbaden 1966

Otto, Walter F., *Die Götter Griechenlands*, Frankfurt 1970

Porras, Pedro, *Arquelogia de la Cueva de los Tayos*. Centro de Publicaciones Pontificia Universidad Catholica de Ecuador, Quito 1979

Puttkamer, Jesco v., *Der erste Tag der neuen Welt*, Frankfurt 1981